云南省法检两院录用工作人员考试面试教程

马慧娟等　编著

云南大学出版社

编委会成员

前　　言

　　国家公务员制度的建立和推行，是我国政治体制改革的主要组成部分，是党中央、国务院的一项重大决策，是我国政治生活中关乎落实依法治国，推进法治化进程的一件大事。它通过对行政机关工作人员、司法机关工作人员实行科学化、法制化管理，建立一套适应社会主义市场经济体制的人事管理制度，建立激励竞争机制。通过公平竞争，选贤任能，加强勤政廉政建设，提高工作人员素质，保障公务员队伍的优化、廉洁，提高行政效率，树立司法权威，促进科学发展，对我国现代化建设事业具有重要的意义。

　　1995年1月6日，原人事部录用司在昆明召开全国考试录用工作会议，提出了"整体推进、重点突破、强化监控、稳步发展"的工作方针，要求在中央、省、地（市）、县、乡五级政府机关全面推进考试录用制度，真正做到平等竞争、择优录用行政机关公务员；1996年，云南省省级和部分地、县机关首次向社会公开招考国家公务员；2002年，人事部在总结了公务员考试录用工作的基础上，提出从2002年起公务员录用考试遵循"分类考试、突出能力、方便考生、定时定期"的原则，进一步创新考试内容、方法，改革考试组织和管理，严格考试、考核，提高考录工作的科学化、规范化水平，确保新录用公务员的政治和业务素质，促进中央、国家机关工作人员结构优化。

　　为进一步推进云南省各级人民法院、人民检察院考试录用工作的科学化、规范化和制度化建设，根据《中华人民共和国公务员法》和中共中央组织部、最高人民法院、最高人民检察院《关于进一步加强地方各级人民法院、人民检察院录用工作的通知》（组通字〔2004〕50号）等有关规定，中共云南省委组织部、云南省高级人民法院、云南省人民检察院2005年4月15日下发了《关于印发〈云南省各级人民法院、人民检察院录用工作人员实施办法〉的通知》（云组发〔2005〕7号），总结近年来法院、检察院考试录用公务员工作的经验，结合我省法检系统干部队伍建设的实际情况，于2005年起单独开展了法检系统录用考试工作（简称法检"两院考试"）。至今云南省已经连续十年单独开展并顺利完成法检系统录用工作人员考试工作。

　　云南省法检"两院考试"包括笔试和面试两部分。笔试部分为"公共科目考试"和"专业科目考试"两个科目。"公共科目考试"同公务员考试的"行政职业能力测验"考核一致，强调考生的政治素质，主要测查考生从事国家机关工作必须具备的政治素质及其工作潜能。值得广大考生注意的是：2007年、2008年中央国家机关"行政职业能力测验"考试题型有了新变化，除考题呈现出逐渐走向更难、更费时的特点之外，主要的变化还有"演绎推理"名称改为"逻辑判断"、常识判断主要侧重法律知识应用。"专业科目考试"注重法律专业知识技能的考核和测查自不待言，考核的内容和范围包括《法理学》《宪法》《行政诉讼法》《民法》《刑法》《民事诉讼法》《刑事诉讼法》。

　　面试是法检"两院考试"中最为关键的环节之一，是考生真正走上法检两院工作人员岗位的必经程序。面试与笔试考核的内容要点、知识点有着重要的区别。面试是进行动态的、全方位、多角度的"立体"考察，主要考察考生在实践中的、外显的综合素质和行动的能力，除了法律专业实践能力考察外，还涉及考生的心理素质、交往礼仪等方面的素质能力。要求每一位考生都应当以审慎的态度来对待面试，并且必须将面试考核的"法律专业知识点"作为日常训练进行积累，并将其放在与笔试训练同等重要的地位来对待。

本书为广大法检"两院考试"的考生开阔视野，并对面试的一般理论、面试特点、面试设计、面试流程、面试考试技巧、面试准备等方面进行介绍。同时，又针对法院、检察院的司法岗位、非司法岗位两种不同的面试方法——"模拟法庭控辩面试""结构化面试"形式入手，分别就不同面试形式进行模拟题目分析，对广大考生进行面试理论指导，以期达到理论指导实践，事半功倍的效果。

本书作者从考官的角度，帮助考生梳理面试应考的法律专业理论知识点（面试重点法律条文、重点司法解释），并且有前瞻性地编写大量的刑事案例、民事案例、行政案例。同时提供面试训练的标准和方法，指导考生进行面试准备及其面试过程中的技巧，力争为广大考生、考生提供丰富有益并卓有成效的面试知识和面试技能，提高法检"两院考试"考生的面试成绩。

本书具有以下特点：（1）针对性与相对广泛性。本书针对公务员考试和法检"两院考试"，包括公安类（含监狱系统）考试中通过笔试进入了面试的考生；同时，本书包含了大量理论及实例，并与其他面试相联系，对各事业单位面试，各公司、企业招聘工作人员面试，各社会组织、团体的面试等，都具有突出的指导意义及应用价值。（2）权威性与相对灵活性。本书由云南财经大学等资深公务员教材编写与培训教授专家主笔，内容全面，紧扣考试内容，力争做到理论与实践相结合；面试理论再辅之以大量的实践考题，让广大考生有身临其境的感觉。同时，本书选编了近年来的一些面试真题，并根据各种题型和难度系数，准备了多角度的参考答案，供考生参考使用。（3）新颖性与相对统一性。因考试内容更新快，所以本书力求反映法检"两院考试"的，包括公安类（含监狱系统）考试中的新特点、新信息；在内容上，亦兼顾了中央与地方考试、公务员考试与法检"两院考试"内容信息。在此基础上，本书也突出各类考试中一些重要的、统一的、重复多次考察的考核点及知识点，并提供不同角度的参考答案，供考生实践和应用。

本书是云南财经大学法学院、云南警官学院、昆明理工大学法学院、法律实务专家学者智慧与汗水的结晶。由于受多种因素的限制，未尽之处、疏漏之处在所难免，恳请各方批评指正。

马慧娟

2015 年 2 月 15 日

目　　录

第三编 法检两院（司法岗位、非司法岗位）面试实战

第一编 面试理论分析与解读

第一章　面试概述

通过本章学习，考生可以了解把握法院、检察院"两院考试"面试的基本理论和面试的基本内容；对面试的形式、面试的方法、面试的组织和实施，并且对实施的程序有基本的把握，能够对法院、检察院"两院考试"面试的理论基础、理论内容、实践运行、面试评价等整体内容做到心中有数；最终才能真正具有理论指导实践的效果，才能真正对法院、检察院"两院考试"考生的面试考试、面试评价等方面有所帮助和有所指导。

第一节　面试基本理论

《中华人民共和国公务员法》第二十八条规定：公务员录用考试采取笔试和面试的方式进行，考试内容根据公务员应当具备的基本能力和不同职位类别分别设置。另据研究表明，80%以上的组织，在其人员的招聘与录用工作中，都是借助于面试这一甄选手段来完成的。可见，面试是相对于笔试而言的一种测试方式，其在公务员的录用考试和其他单位的人员选聘中，都发挥着极为关键的作用。

一、面试的概念及特征

（一）面试的概念

所谓面试，是指在特定场景下，通过精心设计，以考官与考生双方面对面地观察、交谈等双向沟通形式，了解考生素质特征、能力状况以及求职动机等的人员甄选方式。其中，"在特定场景下"是面试的主要特征，这一特征与日常的观察、考察有很大的区别。日常生活中人与人之间也经常会面对面地观察与交谈，但那是在自然场景下进行的。"精心设计"使面试与一般性的交谈、面谈、谈话相区别。面谈与交谈，强调的只是面对面的直接接触形式与情感沟通的效果，它并非经过精心设计；"面对面地观察、交谈等双向沟通方式"，不仅突出了面试"问、听、察、析、判"的综合性特点，还使面试与一般的口试、笔试、操作演示、背景调查等人员素质测评的形式区别开来。口试强调的只是口头语言的测评方式及特点，而面试还包括对非口头语言行为的综合分析、推理与判断。

面试是各级各类组织选拔人才时普遍采用的测评手段，目的是为了测评考生的综合素质。面试包括以下构成要素：

1. 面试目标。

面试目标，是指面试将要达到的效果。对于用人单位的法院、检察院来说，面试的目标在于能够通过面试过程对考生素质进行有效测评，选拔出德才兼备，并且具备较好法律专业水平的高素质人才；而对于考生来说，面试目标在于成功地进入法院、检察院的相关职位，以实现自己的求职愿望、工作愿望和发展事业的愿望。

2. 面试内容。

面试内容，也叫测评项目或测评要素，指用人单位希望通过面试来对考生进行考察的各项素质的总和，是用人单位用以判断考生是否符合任用条件的具体项目和测评要素。在法院、检察院的模拟控辩面试中，面试内容主要表现为刑事案件和民事案件。

3. 面试方法。

面试方法，是指面试活动的组织方式。它是影响面试效果的重要因素之一。不同的面试方法对考生素质测评的侧重点也不同，常见的面试方法很多，如结构化面试、无领导小组讨论的方法，法院、检察院的模拟控辩面试等。

4. 面试考官。

面试考官，是面试过程中的一方参与人，在面试中基于主导地位，扮演十分重要的角色，对面试结果有决定性作用。面试考官的任务是了解考生在面试中的专业素质、综合素质及其行为表现，并进行成绩评定。

5. 面试考生（考生）。

面试考生，是面试的另一方参与人，也是面试试题的直接承受者。在面试中，考生通过对面试试题的"反应"，即作答，达到被测试的目的。

6. 面试试题。

面试试题，主要指面试考官向考生提出的各种不同的要求。面试方法不同，提出的要求也不相同。在自由式面试中，这种要求表现为"随意的话题"；在结构化面试中，这种要求表现为精心设计的一个个具体的"问题"；在法院、检察院的模拟控辩面试中，主要表现为刑事案件和民事案件的模拟控辩、模拟代理。

7. 面试时间。

面试时间，是面试在时间维度上的体现。一般而言，面试时间越长，面试结果可信度越高。但是，受各种要素影响，面试时间往往比较短。因此，如何在较短时间内得到全面准确的考生信息是面试考官应准确把握的问题。

8. 面试考场。

面试考场，是面试活动在空间维度上的体现。面试时，场地的大小、温度的高低、光线的明暗，以及噪音、干扰等因素对面试都有很大影响，不可忽视。在法院、检察院的模拟控辩面试中，主要是针对刑事案件和民事案件的背景，由考生抽签决定角色后，进行模拟控辩和模拟代理。

9. 面试信息。

面试信息，是考官信息与考生信息的统称。前者主要指考官对考生下达的测评指令，以及考生的行为反应所表现的态度等；后者则主要指在面试测评过程中，考生根据考官的提问进行反应，以及对考官各种不同的反应表现出的不同态度。

10. 面试评定。

面试评定，指面试考官利用事先拟定的测评标准，根据考生的行为表现对其各项素质进行评分或评价。

（二）面试的特征

法院、检察院公务员面试是国家机关工作人员录用环节中的重要一环。与求职者的资格审查、笔试、工作演示、试用等人员甄选方式相比，具有以下几个显著特征：

1. 内容灵活性。

面试内容对于不同的考生来说是相对变化的、灵活的，具体表现在以下几个方面：

（1）面试内容因考生的个人经历、背景等情况的不同而无法固定。例如，两位考生同时应聘档案管理岗位，一位有多年从事档案管理工作的经历，另一位是应届档案管理专业的大学本科毕业生。在面试中，对前者应侧重于询问其多年来从事档案管理工作方面的实践经验，对后者则应侧重于了解其对该专业基础知识掌握的情况以及在校学习期间的情况。

（2）面试内容因工作岗位不同而无法固定。不同工作岗位，其工作内容、职责范围、任用资格条件等都有所不同。例如，国家技术监督局的有关技术监督岗位和人事部的考录岗位，无论其工作性质、工作对象，还是任职资格条件，都有很大差别，因此，其面试的内容和形式都有所不同，面试题目及考察角度都应各有侧重。

（3）面试内容因考生在面试过程中的面试表现不同而无法固定。面试的题目一般应事先拟定，以供提问时参照。但并不意味着必须按事先拟定好的题目逐一提问，毫无变化，而要根据考生回答问题的情况，来决定下一个问题问什么、怎么问。如果考生回答问题时引发出与拟定的题目不同的问题，考官还可顺势追问而不必拘泥于预定的题目。

总之，从考官的角度看，面试内容既要事先拟定，以便提问时有的放矢，又要因人因事（岗位）而异，灵活掌握；既要能让考生充分展示自己的才华，又不能完全让考生漫无目的地自由发挥，最好是在半控制、半开放的情况下灵活把握面试内容。

2. 过程双向沟通性。

面试是考官和考生之间的一种双向沟通过程。在面试过程中，考生并不是完全处于被动状态。考官可以通过观察和谈话来评价考生，考生也可以通过考官的行为来判断考官的价值判断标准、态度偏好、对自己面试表现的满意度等，从而来调节自己在面试中的行为表现。因此，面试不仅是考官对考生的一种考察，也是主客体之间的一种沟通、情感交流和能力的较量。考官应通过面试，从考生身上获取尽可能多的有价值的信息；考生也应抓住面试机会，获取那些关于应聘单位、职位及自己关心的信息。

3. 手段多样性。

面试手段特指在面试过程中，考官用以测评考生素质所采用的不同方法，同一种方法在不同面试中或者同一面试的不同阶段也会有不同的表现形式，这种多样化的特点是其他人才测评方式所不具备的。在所有的面试手段中，谈话与观察是最重要的两种形式。

谈话是面试过程中的一个非常重要的手段。在面试过程中，考官通过向考生提出各种问题，考生要对这些问题进行回答，考官能否正确地把握提问技巧十分重要，他不仅可以直接地、有针对性地了解考生某一方面情况或素质，而且对于驾驭面试进程，营造良好的面试心理氛围，都有重要影响。

观察是面试过程中的另一个主要手段。在面试中，要求考官善于运用自己的感官，特别是视觉，观察考生的非语言行为。它不仅要求考官在面试中要善于观察考生的非语言行为，而且要能明确考生的行为类型，进而借助于表象层面推断其深层心理。对考生非语言行为的观察，主要有面部表情的观察和身体语言的观察。国外一项研究表明，在求职面试中，从考生面部表情中获得的信息量可达50%以上。在面试过程中，考生的面部表情会有许多变化，考官必须能观察到这种表情的变化，并能判断其心理活动。例如，考生面部涨得通红、鼻尖出汗、目光不敢与考官对视，便反映其自信心不足、心情紧张；考生的目光久久盯着地面或盯着自己的双脚、默不作声，反映其内心矛盾或正在思考。当考官提出某一难以回答或窘迫的问题时，考生可能目光暗淡、双眉紧皱，带着明显的焦急或压抑的神色。总之，考官可以借助对考生面部表情的观察与分析，判断考生的自信心、反应力、思维的敏捷性、性格特征、情绪、态度等素质特征。

此外，在面试过程中，听觉的运用也十分重要，考官应倾听考生的谈话，对考生的回答进行适度的反应，当考生的回答与所提问题无关时，可进行巧妙的引导。在倾听考生谈话时，应边听边思索，及时归纳整理，抓住关键之处。对考生的谈话进行分析，比如是否听懂了考官的提问，是否抓住了问题的要害，语言表达是否具有逻辑性、层次性、准确性等。还可根据考生讲话的语音、语速、腔调等来判断考生的性格特征等。比如声音粗犷、音量较大者多为外向性格；讲话速度快者，多为性格急躁者；爱用时髦、流行词汇者大多虚荣心较强等。

4. 对象单一性。

面试的形式有单独面试和集体面试。面试的问题一般因人而异，测评的内容应主要侧重个别特征，同时进行则会相互干扰。所以，即便在集体面试中多位考生可以同时位于考场之中，但考官不是同时向所有的考生发问，而是逐个提问、逐个测评，即使在面试中引入辩论、讨论，评委们也是逐个观察考生表现的。

5. 时间持续性。

面试与笔试的一个显著区别在于，面试不是在同一个时间展开，而是逐个地进行，而笔试却不论报考人数的多少，均可在同一时间进行，甚至不受地域的限制。这是因为笔试的内容有统一性，且侧重于知识考察，考察内容具体，答案客观标准，主观随意性较小，面试则不同。

首先，面试是因人而异逐个进行的，考官提出问题，考生针对提问进行回答，因此，其考察内容灵活多变。考察内容不像笔试那么单一，既要考察考生的专业知识、工作能力和实践经验，又要考察其仪表、反应力、应变力等，因此只能因人而异、逐个进行。

其次，面试一般由用人部门主持，各部门、各岗位的工作性质、工作内容和任职资格条件等不同，面试差异大，无法在同一时间进行。

最后，每一位考生的面试时间，不能做硬性规定，而应视其面试表现而定，如果考生对所提问题对答如流、阐述清楚，考官很满意，在约定时间结束甚至不到约定时间即可结束面试；如果考生对某些问题回答不清楚，需进一步追问，或需进一步了解考生的某些情况时，则可适当延长面试时间。

6. 评价主观性。

与笔试的答案客观标准不同，面试的评价标准往往带有较强的主观性。面试官的评价往往受个人主观印象、情感、知识、经验等因素的影响，这使得不同的考官对同一位考生考察的评价往往会有差异，而且可能各有各的评价依据。所以，面试评价的主观性是面试的一大弱点。另一方面，由于对人的素质评价是一项十分复杂的工作，考官可以把自己长期积累的经验运用到面试评价中。在这个意义上，面试的这种主观性有其独特的价值。

二、面试的作用及其发展趋势

（一）面试的作用

与笔试相比，面试具有以下作用：

1. 可以考察到笔试难以测查到的内容。

笔试是以文字为媒介，考察一个人的知识水平、素质能力，但一个人的很多素质特征很难通过文字表现出来，比如一个人的仪表风度、口才、反应的敏捷性等，但可以通过面试测查该部分内容。

2. 可以综合考察考生的知识、能力、工作经验及其他素质特征。

面试是主考官和考生之间的一种双向沟通活动，但面试的主动权主要控制在主考官手里，面试测评时主考官所提问题具有很大的弹性和灵活性。在面试中还可考察考生的组织能力、领导能力等；如果引入工作演示的方法，还可直接考察出一些考生的实际工作能力。甚至关于考生的身体状况，也可通过面试获取大量信息。

3. 可以弥补笔试的失误，并有效地避免高分低能者和冒名顶替者。

有人在笔试过程中没发挥好，如果仅以笔试成绩作为录用依据，那么这些人就没有机会被录用了。但如果再辅之以面试形式，这些人将得到再次表现的机会。

笔试还存在一定的局限性，笔试中难免有高分低能甚至冒名顶替者，有些人笔试成绩很高，但面试时却言语木讷，对所提问题的回答观点幼稚、没有深度；有的则只能背书本知识，分析问题和解决问题的能力很差。

（二）面试的发展趋势

从近年的面试实践来看，面试呈现出了以下几个发展趋势：

1. 形式的丰富化。

面试早已突破两个人面对面、一问一答的模式，呈现出了多种多样的形式。从单独面试到集体面试，从一次性面试到分阶段面试，从非结构化面试到结构化面试，从常规面试到引入演讲、角色扮演、案例分析、无领导小组讨论等情景面试。针对在法院、检察院的模拟控辩面试中，主要还表现为刑事案件和民事案件的模拟控辩、模拟代理等。

2. 程序的结构化。

以前，由于对面试的过程缺乏有效把握，面试的随意性大，面试效果也得不到有效保证。为了改进这一点，目前许多面试的操作过程已逐步规范起来。从主考官角度而言，面试的起始阶段、核心阶段、收尾阶段要问些什么，事先一般都有一个具体的方案，以提高对面试过程和面试结果的可控性。

3. 提问的弹性化。

以前许多面试基本等同于口试。主考官的问题一般都事先拟定好，考生只需抽取其中一道或几道回答即可，主考官一般不再根据问题回答情况提出新问题，主考官评定成绩仅依据事先拟定的具体标准答案，仅以回答内容的正确与否来评分。实际上这只不过是化笔试为简单的口述形式而已。现在则不同，面试中考官问题的提出虽源于事先拟定的思路，但却是适应面试过程的需要而自然提出的，也就是说问题是围绕测评的情景与测评的目的而随机出现的。最后的评分不是仅依据回答内容的正确与否，还要综合总体行为表现及整个素质状况评定，充分体现了因人施测与发挥考官主观能动性的特点。

4. 结果的标准化。

以前，许多面试的评判方式与评判结果五花八门，可比性差。近年来，面试结果的处理方式逐渐标准化、规范化，基本上都是趋于表格式、等级标度与打分形式等。

5. 测评内容的全面化。

面试的测评内容已不仅限于仪表举止、口头表述、知识面等，现已发展到对思维能力、反应能力、心理成熟度、求职动机、进取精神、身体素质等全方位的测评。且由一般素质为测评依据发展到主要以拟录用职位要求为依据，包括一般素质与特殊素质在内的综合测评。

6. 考官的内行化。

以前的面试，主要由组织人事部门的人员专门主持。后来实行组织人事部门、具体用人部门和人事测评专家共同组成面试考评小组。现在，许多单位实行用人部门人员培训面试测评技术，人事部门人员培训业务专业知识，并在进行面试前集中培训，使面试考官的素质有了很大提高。"一流的伯乐选一流的马"，面试考官的素质对于提高面试的有效性、保证面试的质量起着极为关键的作用。

7. 面试的理论和方法不断有所突破。

在面试的理论和方法方面，不再一味地沿袭传统的做法，对传统的方法不断进行分析、总结和提高。一些专业领域的人员大力开展研究工作，提出一些新的面试方法和观念，如在法院、检察院的模拟控辩面试中，面试主要表现为刑事案件和民事案件的模拟控辩、模拟代理等，并在实践中尝试应用这些新的方法。

三、面试的原则和程序

（一）面试的原则

一般而言，在面试过程中，应遵循以下几个原则：

1. 面试考官小组组成的合理性原则。

面试考官一般由 7~9 人组成。在年龄上，最好是老、中、青结合；在专业上，应吸收有业务实践、业务理论研究且面试技巧方面经验丰富的权威人士参与。省级以上面试考官小组的组成一般以由负责考录工作的代表、用人单位的主管领导、业务代表和专家学者组成为宜；市、县级面试考官小组一般以由组织部门、人事部门、用人部门、纪检监察部门等组成为宜。

2. 考生机会均等的原则。

在面试中公平性和公正性显得尤为重要。公平性体现在对考生用"一把尺子"衡量，机会均等；公正性体现在考官评分要客观、公正，克服主观随意性。

3. 回避原则。

根据有关规定，凡与考生有直接利害关系的人员，面试时应予回避。

4. 监督原则。

一是组织监督。在面试中，请纪检、监察、公证等部门参加。二是新闻舆论监督。新闻舆论部门的工作人员有权以适当的方式了解和报道面试工作的情况。三是考生监督。考生是最好的监督者，因其亲身经历了面试的全过程，对面试的组织程序、考官水平及试题等情况有申诉控告权，主考部门应设立相应的机制，认真听取他们的意见并根据有关规定和程序做出适当处理。

（二）一般面试的基本程序

一般的面试程序（特别是结构化面试）按如下步骤进行：

1. 入场抽签：工作人员叫考生入场，并由考生从试题箱内抽签确定试题，把抽中的试题交主考人当场开封。

2. 个人自述：主考人请考生自述个人经历（个人基本情况、简历、工作经历等），同时宣布自述时间不超过5分钟。

3. 回答试题：主考人宣读考生抽中的试题，宣布答题时间不超过15分钟，然后考生回答试题。

4. 临时追问：考生答完规定试题后如果尚有时间，主考人可请评委临时提问。

5. 计分审核：提问完后，主考人请计时员从评委手中收回《评分表》和《试题答案》，《评分表》交计分员计分，《试题答案》交监督员（由党委、纪委、监察部门代表组成）；计分完毕后，主考人请监督员审核。

6. 公布得分：监督员审核后宣布"得分审核无误"，主考人请计分员亮分，先宣布"去掉一个最高分××分，去掉一个最低分××分，最后得分××分"，再亮记分牌，主考人重审考生得分。

7. 考生退场：主考人宣布"请考生退场"，同时工作人员通知下一名考生入场。

这一程序设计，包括了工作人员请考生入场、考生抽签确定试题、考生自述、考生回答试题、评委临时追问、评委评分、计分员计分、监督员审核、评委与主考人公布得分、考生退场等环节，相当完整。一般而言，面试程序不少于30分钟。

第二节　面试内容及主要分类

一、法院、检察院公务员面试考察的一般内容

面试内容指通过面试需要测评的具体项目。面试时，由于用人单位（包括法院、检察院）、用人者的不同，具体的测评内容也有很大差别，但总体而言，却具有相当程度的共性，即所有细化后的测评内容大都可以概括为下面几个类别，这一点是与面试目的的一致性有密切关系的。

一般来说，对于应聘者，用人单位无法通过一次面试而准确、清晰、客观地把握其对工作的适合程度，但却可以通过对他的某些素质的测评进行综合、有效的推导与判断，从而得出一个基本符合事实的结论。

另外由人事部发布的《国家公务员通用能力标准框架（试行）》中列举的有关内容，构成了公务员一般面试的基本内容。它主要包括如下几方面：

（一）思辨能力、创新能力

思辨能力即分析判断能力，也就是通过了解问题，然后思考问题，进而得出一个恰当、合理结论的能力。应当说，每个人均具备一定的思辨能力，但在程度上却有差别。通常来看，受教育程度越高、对事物观察越细腻、百科知识掌握越丰富、日常思考分析问题越频繁者，其思辨能力也越高。

创新能力，体现在思想解放，视野开阔，与时俱进，具有创新精神和创新勇气；掌握创新方法、技能，培养创新思维方式；对新事物敏感，善于发现、扶植新生事物；善于总结新经验，分析新情况，提出新思路，解决新问题，结合实际创造性地开展工作。

衡量思辨能力、创新能力的高低主要看以下几个方面：

1. 分析思考问题的深度。

分析思考问题的深度，即能否透过现象看本质以及看到的本质的层次有多深。分析思考问题有一定的深度，而不能肤浅地停留在表面。仅仅着眼于事物表象而不去挖掘其深刻的内涵，所得出的结论很可能是错误的、机械的或者是唯心的，当然更不可能正确推导、印证其他结论。

2. 分析思考问题的广度。

每个问题、每个事物都不是孤立存在的，而是与其他事物、现象有着客观的、必然的联系。所以，仅仅局限于所思考问题本身而不能把它与其他现象、问题联系起来进行分析，所得出的结论也只能是就事论事，难以保证结论的正确性、全面性。

3. 辨析及综述能力。

一个问题如果从纵向（即深度层次）和横向（即广度方面）全面展开将意味着与很多其他现象、问题相共存，但真正解决问题却未必需要面面俱到，因为全面中必有重点，抓主要矛盾才能提高解决问题的效率，这就需要我们对各种材料、问题去粗取精、去伪存真，进行分析筛选、重新整合，最终才能得出正确结论。

4. 分析思考问题的逻辑性。

分析思考问题进而得出正确结论，必须有严密的逻辑，不能天马行空。逻辑性最基本的表现是能根据正常逻辑程序自圆其说，避免自相矛盾。良好的逻辑性不仅直接影响到结论的正确性，而且是衡量一个人思辨能力最重要的标准。

5. 分析思考问题的敏捷度。

分析思考问题的敏捷度是从反应力方面考察思辨能力的。一般而言，在同等知识储备和相同给定条件下，得出结论越迅速，思辨能力就越高。特别是在应对面试的过程中，由于时间较短，不可能进行细斟慢酌的推理、演绎。因此，在具备相当理论水平和学识基础的情况下，提高分析思考问题的速度就等于提高自己的思辨能力。

6. 结论的创新、新颖度。

真理的相对性意味着很多问题仁者见仁、智者见智，因而单纯地拾人牙慧不仅不能促进理论、科学的进一步发展，而且对自我思辨能力的表现也是一种打击。有所突破、有所创新的结论才能真正体现出解放思想，不受经验主义、教条主义束缚的思维发展进程。

7. 思辨过程及结论是否符合理性。

理性并不等同于正确性，而是强调在思辨过程中必须依据真实材料进行冷静、客观的分析、总结，杜绝主观臆断或者偏激推理，更不能为追求新颖度或体现自己理论的独树一帜而创造假现象、假材料。能否将整个思辨过程纳入理性的范畴并排除感情用事和武断猜测，正是思辨能力高低的深层次体现。

思辨能力的考察，从根本上说是对考生知识素养、理论水平、思维快慢等方面的综合测试，因而是面试内容中最为重要的一项，尤其在文职类工作中，工作者思辨能力的高低将直接影响到用人单位的工作效率和工作成果。因此，在面试中，对此项能力的考察是面试的重中之重。

（二）言语表达能力

言语表达能力即考生通过口头语言顺畅、准确地表达自己思想、观点、意见、建议，以求信息接受者能够理解、明白、认知的能力。言语表达能力在外向型工作职位中非常重要，因为从事这类职业要与形形色色、不同类型的对象进行交流。故此，良好的言语表达能力能够使对方轻松、明确地把握自己思想观点的内核，并因此可以避免因词不达意造成的理解偏差，甚至产生误会的现象。衡量考生言语表达能力的指标主要包括：

1. 表达的逻辑性。

表达的逻辑性是思辨能力逻辑性的外在表现，要求考生在表达中必须按照通常的逻辑表达方式或言语信息接受者所能接受的逻辑表达方式进行表达，由于人的思维过程要比口头表达的速度快很多，所以要尽量实现思维与语言的同步化，而不能根据"跳跃式"思维做出"跳跃式"表达。必须明白的是，逻辑化的思维是为了使自己明白，而逻辑化的口头语言表达则是为了使他人明白。

2. 表达的准确性。

由于思维过程是一个内省过程，故可以忽略、跳过遣词造句这种外部依托而直接把握观点、思想的实质性内容。而在言语表达中，是以对方能准确、清晰地接受为目的的，因此严密、准确的遣词造句是必需的，而且准确、清晰的遣词造句在表达自我观点的同时还能增强表达的感染力，体现表达者的精神内涵。

3. 表达的感染力。

表达的感染力是一个较难量化的指标概念，言语表达指标的程度高低、性质优劣都可能构成对表达的感染力的影响。感染力在一些不仅要求收听者接受、认同，而且要求引起收听者情感共鸣的表达中尤为重要，丰富的感染力将能有效化解听众通常情况下以自我观点为中心而难以接受对方意见的"排异"心理惯性，从而提高自己观点的接受率。

4. 表达的音质、音色、音量、音调。

表达的音质、音色、音量、音调是言语表达能力的物理学指标，虽然它们具有很大程度的先天因素，但是如果进行有意识的训练以及控制、调整，则可以去除先天的不足部分，从而能够在表达中做到抑扬顿挫、音质优美、富有激情，增强语言表达的感染力。

5. 表达的态度适当性。

言语表达是一种有意识的行为，必有情感因素掺杂其中，而接受者也带着某种情感来倾听。因此，适当的表达态度极为重要，如果在应当慷慨激昂的场合使用了温文尔雅的表达态度，会给人以软弱无能的感觉，从而引起听众对所表述观点正确性的怀疑。反之，如果在应当轻声慢语的场合使用了豪言壮语式的表达态度，则会给人以粗鲁傲慢、骄横跋扈的印象。此外，其他不同的环境如果采用与之不相符的表达态度，也一样会影响表达效果，引起听众反感。

言语表达能力在面试中是容易被量化测评的指标，因而许多面试都会对此进行测试。当然，单纯地以言语表达能力衡量人才是不科学的，因为有不少人是讷言敏行或有思想而无口才，也有不少人善于纸上谈兵、夸夸其谈，但所有应聘者必须正视的一个现实是：现代社会人际交流的扩大化使得言语表达能力日益被看重，尤其是公务员，优良的言语表达能力是十分重要的，考生不应盲目自信，认为只要自己有内涵就不需要有多高的言语表达能力，这种思想是不利于适应现代竞争机制的。

（三）专业知识掌握程度

专业知识的掌握程度反映了考生的学习能力。虽然从目前的就业情况来看，报考法院、检察院的考生，跨专业选择或跨专业招录是相当普遍的现象，这似乎意味着专业知识并非绝对重要，因为实际工作中很可能不需要专业知识。但实际情况是，不同的专业对于考生性格的养成、实践中惯用工作方法的形成、思考分析问题的着眼点等方面有重要影响，对知识进行适度考察正是为了辨别、挖掘考生因所学专业所形成的潜在能力。

（四）突发事件处理能力或应对突发事件能力

突发事件处理能力的高低是建立在思辨能力、反应力、敏捷度的高低基础上的，所不同的是它比后者更侧重于快速地提出应急方案或突变情况处理策略，而不仅仅是停留于迅捷分析、辨别问题本身。它是由理论分析能力向实际处理能力过渡的一个标志，是考察考生能否将所掌握的理论知识恰当、快速付诸实践的能力。

所谓应对突发事件能力，即有效掌握工作相关信息，及时捕捉带有倾向性、潜在性的问题，制订可行预案，并争取把问题解决于萌芽之中的能力。即正确认识和处理各种社会矛盾，善于协调不同利益关系；面对突发事件，头脑清醒，科学分析，敏锐把握事件的潜在影响，密切掌握事态的发展情况；准确判断，果断行动，整合资源，调动各种力量，有序应对突发事件。

（五）工作实践经验及调查研究能力

工作及实践经验并不是每个考生都可能具有的，对于大多数应届毕业生而言，学习任务的繁重导致工作及实践机会少之又少。但不能回避的事实是就业竞争程度的加剧，使具有丰富工作和实践经验的考生有更大几率获取所需职位。因此，一般单位在招录过程中都会或多或少地对此提及，并且要求考生具有调查研究能力，以考察考生是否拥有实践经验、具有调查研究能力，或者所拥有的实践经验是否适应未来的工作岗位。

所谓调查研究能力，即坚持实践第一的观点，实事求是，讲真话、写实情；坚持群众路线，掌握科学的调查研究方法；善于发现问题、分析问题，准确地把握事物发展的历史、现状和产生的影响；积极探索事物发展的规律，预测其发展的趋势，提出解决问题的建议；善于总结经验，发现典型，指导、推动工作。

（六）政治鉴别能力、依法行政能力和公共服务能力

政治鉴别能力、依法行政能力和公共服务能力，是公务员应该具备的重要能力，因此在面试中应该是重点考核、测评的项目。

所谓政治鉴别能力，即有相应的政治理论功底，坚持党的基本理论、基本路线、基本纲领和基本经验，认真实践"三个代表"重要思想；善于从政治上观察、思考和处理问题，能透过现象看本质，是非分明；具有一定的政治敏锐性和洞察力，正确把握时代发展

的要求，科学判断形势；贯彻执行党的路线、方针、政策。

所谓依法行政能力，即有较强的法律意识、规则意识、法制观念；忠实遵守宪法和其他法律法规，按照法定的职责权限和程序履行职责、执行公务；准确运用与工作相关的法律、法规和有关政策；依法办事，准确执法，公正执法，文明执法，不以权代法；敢于同违法行为做斗争，维护宪法、法律的尊严。

所谓公共服务能力，即牢固树立宗旨观念和服务意识，诚实为民，守信立政；责任心强，对工作认真负责，密切联系群众，关心群众疾苦，维护群众合法权益；有较强的行政成本意识，善于运用现代公共行政方法和技能，注重提高工作效率；乐于接受群众监督，积极采纳群众正确的建议，勇于接受群众批评。

（七）沟通协调能力、社会交往能力

沟通协调能力，即有全局观念、民主作风和协作意识；语言文字表达条理清晰，用语流畅，重点突出；尊重他人，善于团结和自己意见不同的人并与之一道工作；坚持原则性与灵活性相结合，营造宽松、和谐的工作氛围；能够建立和运用工作联系网络，有效地运用各种沟通方式。

人际交往范围及频率的扩张必然要求社会交往能力的全面提升。社会交往能力不仅要求与非本单位人员的良好相处，而且包括与本单位人员的和谐共处，它反映着一个人能否从以自我为中心的封闭性圈子步入以他人、社会为中心的开放性圈子。在面试中，对考生进行社交能力的测评，正是为了观察其能否从内到外与整个工作环境相适应。

（八）心理调适能力及情绪稳定性

对心理调适能力及情绪稳定性的测评是对考生意志力、情绪方面的测评。普遍来讲，现在工作压力都比较大，人际关系相对复杂，这就要求工作者必须具备相应的韧性和耐力。此外，由于各种环境变化对个人直接利益或相关利益造成影响所引起的情绪变动也反映着一个人承压能力的强弱。因此，在面试中，通过不同方法对这项能力进行测评，可以预先知道考生能否承担较重的工作压力、能否在环境突变时做到意志坚定、情绪平稳。

良好的心理调适能力，体现在以下几个方面：有积极、乐观、向上的精神状态和爱岗敬业的热情；根据形势和环境变化适时调整自己的思维和行为，保持良好的心态、情绪；自信心强，意志坚定，能正确对待和处理顺境与逆境、成功与失败的关系；具有良好的心理适应性，心胸开阔，容人让人，不嫉贤妒能。

（九）学习能力、工作态度、上进心和进取心

学习能力，体现在树立终身学习观念，有良好的学风，理论联系实际，学以致用；学习目标明确，根据自己的知识结构和工作需要，从理论和实践两方面积累知识与经验；掌握科学学习方法，及时更新和掌握与工作需要相适应的知识、技能；拓宽学习途径，向书本学、向实践学、向他人学。考生有良好学习能力，会在以往的学习、工作中有具体的体现，如各类资格证书等。另外面试中亦会表现出强烈的求知欲及热情度较高等特质。

工作态度考察考生对以往工作以及所要从事工作两方面的态度。包含工作的热情度、信心度、对成就的渴望度等诸多方面。如果面试者工作态度不佳、敷衍了事、马马虎虎，很可能导致整体工作效能低下，影响工作进程。上进心和进取心既是工作中积极态度的一个表现，也是考生能否主动学习，进行工作上的发展和创新的重要体现。如果考生表现出

上进心强、锐意进取，拒绝安于现状及"不求有功、但求无过"的心理，能够以开拓事业为奋斗目标，则其工作的热情度必然高。

（十）求职动机

求职动机考察指考察考生因何来本单位工作、对何种工作抱有兴趣、追求的目标是什么、所谋职位能否满足其工作要求与期望。求职动机体现考生的短期理想，考生不同的求职动机会造成不同的工作效果。因此，对考生而言，准确恰当地表达求职动机，保证个人利益与单位利益达到平衡，才能最大限度地获得用人单位的理解与支持。这是十分重要的。

（十一）仪表风度

仪表风度指考生的体形、外貌、气色、衣着、举止、精神状态等体现其气质的外在表现。不同的行业需要不同的仪表风度，某些行业（如公务员、教师、公关人员、企事业单位负责人等）对仪表风度的要求很高。传统、正规的着装，端庄、优雅的举止，温和、文明的语言等都是该类职业的通常要求，因为它们标志着做事谨慎、严密，具有自我约束、控制能力及责任心强等该类工作人员所应当具备的素质。良好的仪表风度依赖的是平常良好习惯的养成，只有如此，仪表风度的展现才能自然而然，不露斧凿之痕。

（十二）其他测评项目

以上所提到的各项并不能代表具体面试的全部内容，除了以上所涉及的内容，还包括兴趣及爱好等。

业余兴趣及爱好并不是对考生能力的测评，而是对一种客观情况的了解，但不同的兴趣与爱好是对应聘者精神境界的一种侧面描述，而且某些兴趣爱好可能对未来的工作安排、工作开展产生影响。因此，具有良好的适应未来工作需求的兴趣爱好也能在面试中增加不少成功的几率，使考生脱颖而出。

在不同单位的不同面试中很可能还有其他测评项目，参加面试者应当提前做好知识储备和心理准备。

二、面试的主要分类

根据不同标准，公务员面试可划分为多种形式。

（一）按照面试对象的数量，可划分为单独面试和小组面试

单独面试是一次只有一个考生的面试，现实中的面试大都属于此类。单独面试的优点是能够给考生提供更多的机会和时间，使面试能进行得比较深入。单独面试又分为两种类型：一种类型是只有一位考官负责整个面试过程，这种面试方式大多在较小的单位录用较低职位的人员时采用；另一类型是多个考官面试一位考生，这种形式在国家公务员录用面试和大型企业面试中被广泛采用。小组面试则是多名考生同时对考官的面试，如小组讨论就是一种小组面试，考官同时面对多名考生进行评价。小组面试的优点是效率比较高，而且便于同时对不同的考生进行比较，其不足之处是一位考生的表现易受其他考生行为的影响。

（二）按照面试内容设计的侧重点和结构化程度，可分为行为性、情景性和综合性等形式

行为性面试的内容侧重于考生过去的行为；情境性面试是通过给考生创设一种假定的

情境，考察考生在情境中如何考虑问题、做出何种反应；综合性面试兼有前两种面试的特点，而且是结构化的，内容主要集中在与工作职位相关的知识技能和其他素质上。

（三）根据结果的使用方式，可分为目标参照性面试和常模参照性面试

所谓目标参照性面试，指面试结果须明确考生的素质水平是否达到某一既定的目标水平，通常分为合格与不合格两种；而常模参照性面试，则是依据面试结果对考生按照素质水平高低进行排序，从而优胜劣汰的面试，面试结果分为若干档次。

（四）按照面试的结构化（标准化）程度，可划分为结构化、半结构化和非结构化面试三种形式

所谓结构化面试，就是面试题目、面试实施程序、面试评价、考官构成等方面都有统一明确的规范而进行的面试。

半结构化面试是指只对面试的部分因素有统一要求的面试，如规定有统一的程序和评价标准，但面试题目可以根据面试对象而随意变化。

非结构化面试则是对与面试相关的因素不做任何限定的面试，也就是通常没有任何规范的随意性面试。

（五）按照面试的进程，可分为一次性面试和分阶段面试

一次性面试是指用人单位对考生的面试集中于一次进行。在一次性面试中，面试考官的阵容一般都比较强大，通常由用人单位人事部门负责人、业务部门负责人及人事测评专家组成。在一次性面试的情况下，考生是否能面试过关，甚至被最终录用，就取决于这一次面试。面对这类面试，考生必须集中所长，认真准备，全力以赴。

分阶段面试又可以分为两种形式，一种叫依序面试，一种叫逐步面试。依序面试一般分为初试、复试与综合评定三步。初试的目的在于从众多考生中筛选出较好的人选。初试一般由用人单位的人事部门主持，主要考察考生的仪表风度、工作态度、上进心、进取精神等，将明显的不合格者予以淘汰，初试合格者则进入复试。复试一般由用人部门主管主持，以考察考生的专业知识和业务技能为主，衡量考生对拟任工作岗位是否合适。复试结束后，再由人事部门会同用人部门综合评定每位考生的成绩，确定最终合格人选。逐步面试一般由用人单位的主管领导、处（科）长以及一般工作人员组成面试小组，按照小组成员的层次和由低到高的顺序，依次对考生进行面试。

（六）按照面试的功能，可分为鉴别性面试、评价性面试和预测性面试

所谓鉴别性面试，就是依据面试结果把考生按相关素质水平进行区分的面试。

评价性面试是指对考生的素质做出客观评价的面试。

预测性面试，指对考生的发展潜力和未来成就等方面进行预测的面试。

（七）按照面试的目的，可分为压力性面试和非压力性面试

压力性面试，是指招录者有意对考生施加压力，使其焦虑不安的面试形式。这种面试的目的是鉴别出那些对压力敏感，并具有较高压力承受能力的应聘者。在面试中，招录者提问一些直率而又冒犯的问题，使考生感到不舒服。如考生换过好几次工作，那么招录者会说经常换工作表明这个人不负责任、不成熟。这时就对考生形成了考验：如果考生合理解释自己为什么要换工作，那么考生的提问就可以继续进行；如果考生一下很生气，那么就表明这个人压力承受能力有限。

非压力性面试，则是指在没有压力的情形下考察考生有关方面的素质。

（八）按照目前通常采用的面试方法，可分为结构化面试、情景模拟面试、无领导小组讨论面试、抽签演讲面试和文件筐测验面试

结构化面试，是指按照预先确定的内容、程序、分值结构进行的面试形式，结构化面试对整个面试的实施、提问、内容、方式、时间、评分标准等因素都进行了严格的规定，因而亦称标准化面试。

情景模拟面试，也叫模拟作业或仿真测评。它通过设置一个逼真的工作环境，在主考人员参与下，让考生以任职者的身份在这个工作环境中处理实际问题，如主持会议、处理公文及提决策、建议等。主试人员通过对考生在模拟工作情景中的行为表现进行观察，对其实际能力与水平做出评价。

无领导小组讨论，是面试中经常使用的一种测评方式，其采用情景模拟的方式对考生进行集体的面试。它通过给一定数目的考生（一般是 5~7 人或 4~8 人为一组）一个与工作相关的问题，让考生们进行一定时间长度（一般是 1 小时左右）的讨论，来检测考生的组织协调能力、口头表达能力、辩论能力、说服能力等各方面能力和素质是否达到拟任岗位的用人要求。

抽签演讲面试，就是让考生从考官手里抽取出题目，进行一定时间的准备后，面对考官进行演讲，考官根据考生的演讲向考生提问题并由考生作答，最后考官根据考生的表现进行评分的一种面试方法。

文件筐测验面试，通常又叫公文处理测验，是评价中心最常用和最核心的方式之一，是情景模拟测试中的一项，通常用于管理人员的选拔，考察授权、计划、组织、控制和判断等能力素质的测评方法。一般做法是让考生在限定时间（通常为 1~3 小时）内处理事务记录、函电、报告、声明、请示及有关材料等文件，内容涉及人事、资金、财务、工作程序等方面。一般只给日历、背景介绍、测验提示和纸笔，考生在没有旁人协助的情况下回复函电、拟写指示、做出决定以及安排会议。评分时除了看书面结果外，还要求考生对其问题处理方式做出解释，测评者可根据其思维过程予以评分。

第三节　面试的组织及实施

一、确定面试对象

面试一般是在笔试之后进行，笔试合格者才能进入面试。笔试一般由主考机关统一组织，面试一般由具体用人部门组织。面试对象一般是拟录用人数的两倍或三倍，具体根据用人部门招考的实际情况而定。面试对象确定后，要尽快通知考生本人，以让其做好应试准备。

二、确定面试考官

在进行公务员面试时，用人单位一般会组建一个面试测评小组。面试测评小组一般由

7～9人组成，其人员一般为：用人单位人事部门负责人、用人单位相关业务部门负责人、用人单位主管领导、用人单位相关专业高水平的专业技术人员与面试测评方面的专家学者。

在面试小组的人员构成上要考虑专业优势互补，并注意人员年龄结构，做到老、中、青相结合，以避免某一年龄层次人员太多而可能造成的不足。

选择面试测评人员时要注意考虑下面一些条件：党性强，为人正派公道，能够公平取人；事业心强，工作认真负责；精通业务，并在某一方面有较深的造诣；熟悉用人部门的有关情况，熟悉用人部门拟补充岗位的工作性质、职责及任职条件；具有丰富的社会经验和较高的综合分析与综合协调能力；性格开朗、性格敏捷、视野开阔。

三、培训面试考官

面试考官的培训工作由主考机关负责。培训的内容包括：公务员录用面试的特点，面试过程的把握与提高面试效果的手段，面试的提问技巧，面试的评分要素与评分标准，面试案例剖析、讨论，面试情景模拟等。

四、安排面试场所

面试场所是面试构成的空间要素，包括面试室、考生候考室、考务办公室等。面试场所要按照一定的条件来选择和布置，具体要求如下：

1. 面试室、考生候考室、考务办公室之间，相互联络要便利，要设置相应的指示牌，使人容易找到。

2. 面试室要宽敞、明亮、通风、冷暖适宜，使面试工作人员和考生都感到舒适。面试室内设主考官席、评委席、考生席、工作人员席和监考席位。考生席位与其他席位要基本呈对面状态并保持一定距离。

3. 考生候考室最好放置一些本单位的介绍材料、有关的报纸、杂志及一些轻松有趣的读物，以让考生轻松地度过等候时间，提高其面试效果。

4. 面试场所宜选在安静、独立、不易受外界干扰的地方。

五、确定面试内容和测评标准

进行面试，要测评哪些内容、各项内容的比重如何确定、对考生的回答如何评分，都需要事先设计好。具体工作如下：

1. 确定面试的评价项目。

面试评价项目要以用人部门的专业特点和所需人员的资格条件为依据，要通过经验和专门分析，把应具备的素质条件列举出来，并进行取舍。

2. 确定面试评价指标。

面试评价指标在考生身上以一定的特征存在着，对这些项目做出评价，必须借助于一些具体指标，比如我们要评价一个人的语言表达能力，可以用"是否有逻辑性、条理性""吐字是否清晰"等具体要素进行评价。

3. 设计面试评分表。

面试评分表是面试考官评定考试成绩的一种工具，它是在面试评价项目和评价指标的基础上设计而成的。评分表主要包括以下一些内容：考生的姓名、编号、性别、年龄、报考职位、评价项目、评价标准、评语栏、考官签字栏等。

六、公务员面试的实施

实施公务员面试的一般程序和内容如下：

1. 召开面试考官会议。面试工作开始前，考官要开一次小会，检查面试工作的准备情况，进一步明确面试方法、内容、要求以及面试评分标准，明确主考官与其他考官的职责分工与协调配合，检查考务工作的准备情况。

2. 考务人员引导考生进入面试考场，考生不得携带与面试无关的用品。

3. 主考官向考生讲解有关注意事项，时间一般在1分钟以内。

4. 面试考官顺序提问，每人一般提1～2个问题。当考生没听清所提问题时，主考官可以重复一次。考官提问时要用语准确，使考生明白要回答什么问题；提问最好由浅入深、由表及里、由易到难，逐步深入；主考官要控制好提问话题，把时间用在最重要的话题上；考官提问要使用规范、明确、易懂的语言。

5. 考生回答考官的提问，各考官根据面试工作评价标准各自独立打分，其他人不得加以引导或暗示。对每一个考生的面试时间一般为20～30分钟。考生面试工作结束后，面试考官要对考生进行综合评分。一种常用的方法是在各考官所给分数的基础上，去掉一个最高分和一个最低分，然后取平均值。

6. 整个面试结束后，面试考官要及时整理面试的有关材料，如面试评分表、评语及其他需要的材料，报主考机关和人事部门，以便确定面试合格分数线。

七、公布面试的成绩

面试结束，面试成绩确定后，主考机关和用人部门要在一定范围内公布成绩，并尽快通知本人。在公布公务员面试成绩时，应考虑到考生的心理情况，可只写考号不写姓名。

第二章　法检两院（司法岗位、非司法岗位）面试设置

通过本章学习，可以使考生（考生）具体了解、掌握面试考察的基本方式，有助于缓解面试时的紧张情绪，提高临场发挥水平，同时使复习和备考更有针对性。

2008 年，云南省公务员面试独具匠心，在法检系统面试中进行改革和创新，在针对非司法岗位保留传统的结构化面试基础上，在司法类岗位面试中率先采用法庭控辩模式的面试方法（有部分保留结构化面试）进行综合测评，这一评测方式受到云南省组织部、省法院、省检察院的重视与好评，并被延续到至今。今后法检系统司法类岗位招考面试仍将采用这种模式，考生要做好心理和备考的相应准备。

第一节　结构化面试（针对非司法岗位）

一、结构化面试概述

结构化面试，是当前面试实践中运用最为广泛的一种方法，其出现至今不过三十多年，但它的优势已被多数专家与研究者所证实。它是目前国家面试中的基本和主要的面试形式。

（一）结构化面试的概念

所谓结构化面试，是指按照预先确定的内容、程序、分值结构进行的面试形式，结构化面试对整个面试的实施、提问、内容、方式、时间、评分标准等因素都进行了严格的规定，因而亦称标准化面试。

面试过程中，主考官必须根据事先拟定的面试提纲逐项对考生进行测试，不能随意变动面试提纲；考生也必须针对问题进行回答，面试各个要素的评判也必须按分值给出，即在结构化面试中，面试的程序、内容以及评分方式等标准化程度都比较高，面试结构紧密，评分模式固定。

结构化面试中的标准化主要体现在下面几个方面：

1. 以工作分析为基础，通过工作分析（亦称职务分析）得到某一职务相当具体的操作内容以及胜任该职务所需要的知识、能力，从而得到适用于该职务的测评要素。

2. 每一次面试之前，根据实际情况选择该职务测评要素中最重要的、可测量的部分命题，且题目均事先给出参考答案及评分标准。

3. 对所有的考生都提相同的一组问题。

4. 考官须经过专门的培训。

5. 有统一的评分标准和评定量表。

6. 每个考生的面试时间相同（一般为 30~40 分钟）。

（二）结构化面试的特点

结构化面试虽然也是通过考官与考生谈话的方式进行的，但从形式到内容，它都突出了系统结构的特点，以确保这种面试方法更为有效、客观、公平、科学。其特点主要表现在：

1. 结构化面试以工作分析为基础，通过工作分析（亦称职务分析）得到某一职务相当具体的操作内容以及胜任该职务所需要的知识、能力，从而得到适用于该职务的测评要素。

2. 对所有的考生提相同的一组问题。不仅面试题目对报考同一职位的所有考察考生相同，而且面试的指导语、时间、问题的顺序、实施条件都应该是相同的。考生在几乎完全相同的条件下进行面试，保证面试过程的公正、公平。

3. 考官不是随意指定的，须由经过专门培训的人员担任。一定数量的考官（一般为 5~7 人）是依据选人岗位的需要，按专业、职务以及年龄、性别，以一定比例科学配置的，其中有一名是主考官，一般由他负责向考生提问并且把握整个面试的总过程。

4. 有统一的评分标准和评定量表。表现在每个要素都有严格的操作定义和面试中的观察要点，并且规定了每个评分等级（如优秀、良好、一般、较差）所对应的行为评价标准，从而使每位考官对考生考察的评价有统一的标准。

（三）结构化面试的优点与不足

结构化面试兼有笔试和面谈的优点。一般而言，笔试由于命题、评分及评价的客观化程度高，误差相对容易控制，但对考生的一些深层次的能力及个性表现则很难考察；而面谈（即一般意义上的非结构面试）可以通过考官与考生面对面交流，对考生提一些较深层次的问题，对考生的求职动机、解决工作中实际问题的能力以及性格特征进行综合评价，但传统的非结构化面试由于提问的随意性以及考官与考生之间的交互影响，误差不易控制。

结构化面试既保持了面试中双向交流、综合评价、与工作实际结合紧密的优点，又吸收了笔试中的一些客观化、标准化的措施，因此显著地提高了面试的信度与效度。其优点主要体现在：

1. 针对性强。结构化面试首先要求进行深入的岗位分析，在充分了解岗位需求的基础上，确立需要考察的要素，具有很强的针对性。

2. 公平性。结构化面试由于对每位考生提同样的问题，给每位考生回答问题的时间也基本相同，因而增加了公平性。

3. 结构化面试的题目在事先都确定了评分标准，在面试过程中，不是只由一位考官进行评定，而是由 5~7 名考官独立评定，然后对所有考官的评定加以平均，避免了一位考官决定考生命运的情形，且考官上岗前都须经过培训，因而减少了主观评分误差。此外，结构化面试以工作分析为基础来确定测评要素，使试题与工作内容紧密结合，因此相对于非结构化面试而言，预测效果较为理想。

但是，结构化面试也有其缺点：

首先，由于结构化面试是吸取笔试中的标准化做法而形成的一种兼具面试与笔试优点的面试方式，因此在实施中如何克服面试与笔试尚存的不足是结构化面试面临的主要问题。对于这一点，应该在了解结构化面试诸多优点的同时保持清醒、客观的认识。

其次，虽然结构化面试在控制评分误差方面优于其他形式的面试，但考生毕竟仅仅依靠口头表述来表现自己，与真实的工作还有区别，还不能在接近真实的工作情境下、在考生与他人的合作中去考察考生，因此结构化面试的预测效度目前不如评价中心技术。

最后，结构化面试的前期准备费时费力，成本比非结构化面试高，且工作分析相当复杂。目前，我国实施的结构化面试大多数在工作分析这一环节上尚存在很大的不足，要处理好上述问题，最重要的是应加大对结构化面试的研究。

二、结构化面试题型介绍

总体来说，在结构化面试中高频率出现的是如下的题型：

(一) 背景型问题

通常是有关考生背景性的问题。在面试开始时，考官往往用 3 ~ 5 分钟时间来了解考生，考察其在工作生活方面的一般情况，以及教育和工作背景等方面的问题。此类问题主要有三个方面的作用：一是让考生放松，从而自然进入面试情境，形成融洽交流的面试气氛；二是验证和澄清简历上的有关个人信息；三是为后续的面试提问提供引导，使面试进展深入。

例题：

1. 请你用 5 分钟时间简要介绍一下自己的成长经历。

2. 请简要谈谈自己的理想，包括长期的和近期的，以及如何使自己的工作和事业符合自己的理想。

3. 请谈谈你近两年的工作（或学习）情况以及有何经验、教训。

(二) 智能型问题

智能型问题是通过对比较复杂的社会热点问题的讨论，考察考生的综合分析能力，也在一定程度上考察考生对社会的关心程度。

这类题一般不是要求考生发表专业性的观点，也不是要对观点本身正确与否做评价，而主要是看考生是否能言之成理。

例题：

1. 北京市现有数万下岗职工，他们的再就业是一个很大的难题。然而，每年却有上百万外地人在北京打工，挣走了上百亿的人民币。请分析一下造成下岗职工再就业难的原因，并简单谈谈你认为合适的解决办法。（主要考察考生是否能够全面地分析问题，论点鲜明，论据充分、恰当，论证严密，考虑问题有深度，并且有独到的见解，言之成理。）

2. 目前社会上"献爱心，捐助危重病人"的活动很多，你是怎样看待这个问题的？（考生不仅应谈到"爱心、互助"的意义，而且如果能一步提出我国医疗制度现状及改革、发展方向，则表示该考生对问题思考得较深刻。）

3. 你是如何看待我国《反分裂国家法》的颁布、实施的？（主要考察考生是否关注国家政治形势，能否理解颁布重要的法律的意义，能否理解国家政策的走向。)

（三）意愿型问题

意愿型问题是考察考生的求职动机与拟任职位的匹配性，以及考生的价值取向和生活态度。

例题：

1. 根据专业和能力情况看，你可选择的职业范围很广，为什么选择国家机关而且特别选择了我部门呢？（考官可以就事业追求和现实生活需要两方面对考生加以追问，甚至给考生以压力，主要考察其自我情绪控制能力，并尽可能全面了解考生对事业和生活方面的真实要求，看其是否与职位所能提供的条件和要求相符合。）

2. 你为何想离开原工作单位？又为什么报考现在的岗位？这次报考倘若未被录用，你将有何打算？（主要考察考生报考动机是否符合拟任职位所需条件，考生是否对报考的工作岗位有正确认识和强烈动机，是否能正确对待挫折，并抱有积极的生活态度。）

3. 很多人都选择下海经商来赚大钱，你为何要来报考薪酬不高的公务员职业呢？（主要考察考生的人生态度，是否明白公务员职业的价值和挑战所在。）

（四）知识型（专业性）问题

知识型问题主要是考察考生对所要从事的工作所必需的一些一般性和专业性的知识的了解和掌握程度。知识性问题包括一些常识性的知识和专业性的知识。常识性的知识是指从事该工作的人都应具有的一些常识。例如，一个财会人员应了解一些必要的财务制度，一个人事经理应了解必要的劳动人事制度和法规。

专业知识指专业领域的专门知识。法院、检察院的面试专业知识主要包括国家法治建设的推进方面的相关知识；最新立法情况；刑法学、民法学等的专业基本问题。

例题：

颁布《行政许可法》的重要意义是什么？

（1）有利于从根源上和制度上杜绝暗箱操作和权钱交易，清除在审批中存在的腐败现象。建立有效的监督和约束机制，强化行政机关的责任，对改变政府的形象、提供优质的服务是非常有利的。

（2）方便当事人，方便群众，保证公民、法人和其他组织的合法权益，这是制定《行政许可法》的立法宗旨之一。在这部法律里，把简化行政审批的程序、提高办事效率和提供优质服务作为非常重要的内容来加以规定，这样就可以更好地发挥公民、法人和其他组织的主动性、积极性和创造性，体现了立法机关和行政机关对广大人民群众利益的高度重视，体现了"三个代表"重要思想的要求。

（3）制定《行政许可法》有利于进一步扩大对外开放和与国外规则接轨，其中很重要的一点是，我国的行政审批必须要公开透明、规范。这样既可以与国际协调，也可以更好地维护我们国家的经济利益和安全。

对于此类问题的回答并没有什么窍门，考生只有靠自己平时的积累和扎实的基础来回答。

（五）压力型（或情景性）问题

压力型问题通常是故意给考生施加一定的压力，或者使考生处于某种尴尬情景，测试其在如此压力情境下的反应及其表现，以此考察考生的应变能力与忍耐性。此类问题可能会触及考生的某些"痛处"。

例题：

1. 据说你工作3年已换了四个单位，有什么证据可以证明你能在我们单位好好干呢？

2. 你的领导让你送一份急件给某单位，第二天却发现送错了单位，可领导不但不承担错误，还生气地指责你马虎大意。此时，你会怎样表白自己，才能做到既不影响工作，也不加剧你与领导之间的矛盾？

3. 你在学校的成绩并不怎么好，我们担心你不适合我们单位的工作，你怎么能让我们相信你确有能力呢？

另外，压力型问题也可以表现为连串性问题，一般也是为了考察考生的压力承受性，包括在有压力的情景中的思维逻辑性和条理性等，但也可以用于考察考生的注意力、瞬时记忆力、情绪稳定性、分析判断能力、综合概括能力等。

例题：

1. 你的外语和专业知识水平都很高，为何不去外企工作？公务员现在工资并不高，而且已取消了实物分房，你能忍受公务员的清苦生活吗？如果工作后发现自己的作用不能正常发挥怎么办？

2. 我想问三个问题。第一，你为什么想到我们单位来？第二，到我们单位后有何打算？第三，如果你报到工作几天后，发现实际情况与你原来想象的不一致时你怎么办？

3. 你来某市有多久了？熟悉这里的环境吗？你知道某部门在哪里吗？因为我们可能经常要与他们打交道，你可能因此而要去登门拜访。如果不知道，你多长时间能熟悉周边环境？打算用什么方法进行呢？

对于此类问题，考生应该有思想准备，特别是对自己的选择究竟是怎么考虑的，要如实反映，不要说大话、空话，要从自己的价值观和志向方面对自己的选择进行剖析。

（六）行为型问题

行为型问题是用于考察考生行为技巧和能力的试题形式。如考察人际交往的意义和技巧，考察组织协调能力，特别是解决平级组织间矛盾问题的能力，以及着重考察其人际沟通以及与同事建立信任关系等行为技巧和能力。

例题：

1. 在你的工作经历中可能出现过这样的情况，你所在的组织（如单位、科室、班级、工作组等）与另一兄弟组织之间产生了矛盾或冲突，要由你来参与解决，如果有这样的情况，请你举例谈谈整个情况。

追问一：请谈谈当时遇到什么问题？

追问二：你的任务是什么？

追问三：你采取了哪些措施？

追问四：最终的效果如何？

2. 生活、工作中需要与各种各样的人交往，请你回忆一下，你遇到的最难打交道的一个人或几个人，为了把事情办成，你做了哪些努力？结果如何？从中你得到了什么经验没有？

对于行为型的此类问题，考生要有充足的思想准备，特别是对自己的选择在行为前、行为中、行为后的三个阶段的准备、设想等究竟是如何考虑的，要细致陈述，不要说大话、空话，要从自己的办事踏实、作风成熟等方面对自己的选择进行剖析。

三、结构化面试测评的公务员能力依据、能力名称及其相关表述

不同类别、级别的公务员，其能力结构以及对其的能力要求是不一样的。据人事部和国家行政学院联合组织的公务员任职调研的结果，公务员的能力结构见下：

（一）时代需求

1. 宏观把握政府管理发展趋势的能力。
2. 掌握现代信息技术，以提高岗位业务水平的能力。

（二）社会需求

1. 适应改革、推动改革的能力。
2. 综合分析、把握全局、解决矛盾的能力。
3. 规划管理的能力。
4. 调动社会资源、满足公民需要的能力。

（三）行政管理总体需求

1. 依法行政的能力。
2. 以规则来管理的抽象行政能力。
3. 科学管理能力。

（四）组织需求

1. 组织协调能力。
2. 调查研究与分析处理问题的能力。
3. 组织设计能力。
4. 人力资源开发与管理能力。
5. 行业管理能力。
6. 制度建设能力。
7. 财务合理利用能力。

（五）职位需求

1. 科学决策能力。
2. 预测能力。
3. 把握全局的能力。
4. 创新能力。
5. 组织沟通协调能力。
6. 领导与用人的能力。
7. 激励能力。

（六）个体需求

1. 知识更新能力或学习能力。
2. 协调人际关系的能力。

3. 岗位业务能力。

4. 口头表达能力。

5. 公文写作能力。

6. 自我情绪控制能力。

7. 环境适应能力。

8. 应变能力。

四、结构化面试的组织实施程序

（一）面试准备

1. 根据工作分析确定测评要素。工作分析的目的在于将某一工作岗位（职务）的操作过程分解成最小单元，然后再按照某些标准进行归类，得到构成该工作内容的基本操作程序；同时确定完成每一项操作或胜任该职务所必须具备的知识、能力、倾向及个性特征。根据工作分析的结果，可以确定工作（职务）的构成要素及所需要的相应水平。

根据相当多的工作分析结果，从各种岗位和职务的测评要素中归纳出适合于面试的要素：适应能力、信息处理能力、沉着、冷静、人际关系、协调性、决断能力、情绪控制、判断能力、理解能力、领导（指挥）能力、自我管理、诚实性、沟通能力、说服能力、解决问题能力、灵活性。各级用人单位可根据具体职务的需要从中选择 4～6 个作为面试的测评要素，不必重复进行工作分析。当然，在所给的要素中究竟将哪几个作为该用人单位面试的测评要素，需要由用人单位的主管与专家在面试前进行讨论。

2. 按照测评要素命题。从测评要素的确定到题目的完成是结构化面试准备阶段中重要的环节。

首先要对已确定的测评要素请面试专家及心理测试专家再一次讨论是否能适用于面试，即考生在该要素上的表现水平用面试这种方式是否能够测评出来。然后对确认的测评要素仔细斟酌其操作化定义，最后由命题专家结合职务的实际命制成一组试题。

理想的试题应具有较强的针对性，每个试题测量一个或两个要素；而为了提高信度，每个测评要素至少要有两道以上的题目来测量。当然像语言表达、思维、个性等方面的测评要在各个题目上都能反映，从这个意义上来说，这类要素不必每个要素都由两道题来测评。

3. 面试考官的选择与培训。只有选择德才兼备的考官，才能保证通过面试得到德才兼备的人才。对考官的培训也是非常重要的，实践证明，经过培训的考官不论是评分的可信度或评分的质量都明显比没有经过培训的考官要高。另外，基于结构化面试的规范性和程序性的要求，必须在面试前对考官进行系统培训，做到持证上岗。

4. 考场的安排与考生的组织。考场的位置、考生的组织、出场顺序的安排等要在面试前准备就绪。国外有些结构化面试，考生在进入考场前的 15 分钟就可以拿到考官在面试中将提问的试题，能做简要的准备。

对面试考场的基本要求有四条：一是考场所在位置的环境必须无干扰、安静；二是考场面积应适中，一般以 30～40 平方米为宜；三是温度、采光度适宜；四是每个独立的面试考场，除主考场外，还应根据考生的多少设立若干候考室，候考室的选择应与主考场保持一定的距离，以免相互影响。

（二）面试实施步骤

规范化的操作实施过程是结构化面试的重要特点之一。一般来说，在公务员录用面试中，结构化面试的具体操作步骤如下：

1. 对进入面试的考生讲解本次面试的整体计划安排、注意事项、考场纪律。比如，考生在应试前不能与已面试过的考生进行交流，否则就相当于泄题，因为同一职位的考生面试试题可能是完全相同的。鉴于此，考生在等待面试时，不允许使用手机等通信工具，也不允许随意走动。

2. 以抽签的方式确定考生面试顺序，并依次登记考号、姓名，在公务员录用面试中，形式上的公平性与内容上的公平性同样重要，甚至形式上的公平性会更令人关注，因为形式上的公平与否是人们容易看到的。面试顺序往往由考生本人在面试开始前抽签决定，以确保面试的公正性和公平性。

3. 面试一开始，由监考人员或考务人员依次带领考生进入考场，并通知下一名候试者准备。

4. 每次面试1人，面试程序为：首先由主考官宣读面试指导语；然后由主考官或其他考官按事先的分工依据面试题，请考生按要求回答有关问题。根据考生的回答情况，其他考官可以进行适度的提问；各位考官独立在评分表上给考生打分。

5. 向每个考生提出的问题一般以6~7个为宜，每个考生的面试时间通常控制在20~30分钟之间。

6. 面试结束，主考官宣布考生退席。由考务人员收集每位考官手中的面试评分表交给记分员，记分员在监督员的监督下统计面试成绩，并填入考生结构化面试成绩汇总表中。

7. 记分员、监督员、主考官依次在面试成绩汇总表上签字，结构化面试结束。

五、结构化面试例题及分析

每种具体的面试题型，都有其自身的特点和功能。要根据职位测评要素来选择恰当的面试题型。根据国家公务员招考要求，下面以某省公务员录用面试试题为例进行分析，以加深考生对结构化面试的理解。

例题一：你对要报考的单位有什么了解吗？通过什么渠道了解？

此题要测评的要素为言语表达能力，并为深入了解求职动机、工作能力等收集信息，题型是背景型题目，这类题目的目的一是让考生心理放松，能够自然地进入面试情境；二是作为面试的最初考察，了解考生是否有备而来；三是收集话题，为深入面试提供引导；四是核实考生的某些背景信息。如考生回答言语清晰、流畅，表达内容层次分明，富有逻辑性，可评为上等；考生回答言语通顺，表达内容条理基本分明，评中等；考生回答结巴，言语表达不清、累赘，表达内容没有条理，缺乏逻辑性，评下等。

例题二：你有个朋友生病在家，你带着礼物前去看望，偏巧在楼道里遇见了你领导的爱人，对方以为你是来看你的领导，接下礼物并连连道谢，这时你如何向对方说明你的真正来意，又不伤害对方的面子？

此题所测评的要素为应变能力，题型是情景性题目，使考生面临一种微妙、棘手、有压力的情境，观察被试人思维的敏捷、周密、机智、灵活的程度及情绪的稳定性。考生回答情绪稳定，思维敏捷，话语得体，可评为上等；考生回答情绪基本稳定，设想的话基本得体，评中等；考生回答不知所措，窘迫、紧张，或设想的言行不得体，甚至让对方下不了台，评下等。

例题三：从你的自我介绍中知道你做过管理工作，能否请你举一个你认为管理成功的工作例子，详细说明你从事计划、组织、协调工作方面的情况？

此题所测评的要素为计划组织协调能力及处理问题的风格，题型是行为型问题，对没有管理经历的考生可换一个角度或问题了解。考生所举的例子中由其负责组织活动的计划、组织、协调工作内容较复杂，考生能综合各方面的因素很好地进行组织，采取措施效果好，说明层次清楚，可评为上等；组织活动的内容不是很复杂，措施基本上有效，说明有条理，评中等；所组织的活动简单并有漏洞，说明不清，评下等。

六、结构化面试的成绩评定

面试完毕后，依据考官对考生的观察予以评分，目前，在结构化面试中各要素的得分在合成面试总得分时是直接相加求和的，也有的是进行加权求和。具体见结构化面试标准题本（附件一）。

附件一：

公务员录用考试面试结构化面试标准题本编制和使用说明

一是结构化面试的测评要素及其权重根据行政机关工作的特点和对主任科员以下岗位人员的基本任职要求，考虑到面试的测评功能特点及局限，经专家组论证，确定本次结构化面试共设计 8 项通用测评要素。

表 1　测评要素表

要素名称	通用要素所占比例（％）
1. 综合分析能力	17
2. 言语表达能力	17
3. 应变能力	14
4. 计划、组织、协调能力	14
5. 人际交往意识与技巧	13
6. 自我情绪控制	10
7. 举止仪表	8
8. 求职与拟任岗位的匹配性	7

注：每项测评要素的一般定义和操作定义参见表2、表3。

表2 结构化面试评分表（普通类）

序号		姓名		性别		年龄		学历		报考职位		
测评要素		语言表达		综合分析能力		应变能力		人际交往能力		计划组织协调能力		举止仪表	合计
权重		15		20		20		15		20		10	
观察要点		1. 口齿是否清晰? 语言是否流畅? 2. 用词是否得当、意思表达是否准确? 3. 内容是否有条理和逻辑性?		1. 能否对问题或现象做深入剖析? 2. 对问题或现象的产生根源有无认识? 3. 能否针对问题或现象提出相应对策? 对策是否可行? 4. 有无独到见解?		1. 面对压力或问题情绪是否稳定? 2. 思维反应是否敏捷? 3. 考虑问题是否周全? 4. 解决办法是否有效可行?		1. 有无主动与人合作意识? 2. 能否与人有效进行沟通? 3. 对人际关系的处理是否违背原则或者影响工作?		1. 能否根据工作目标预见有利因素和不利因素? 2. 能否根据现实需要和长远效果做出计划、决策? 3. 能否合理配置人财物等资源?		1. 穿着打扮是否得体? 2. 言行举止是否符合一般的礼节? 3. 有无多余的动作?	
评分标准	好	11~15		15~20		15~20		11~15		15~20		08~10	
	中	06~10		07~14		7~14		6~10		07~14		04~07	
	差	00~05		00~06		00~06		00~05		00~06		00~03	
要素得分													
考官评语		考官签名：											

注意：本表各要素得分不得涂改，涂改后本表无效，须重新填写。

表3 结构化面试评分表（专业知识类）

序号		姓名		性别		年龄		学历		报考职位		
测评要素		语言表达		综合分析能力		应变能力		人际交往能力		计划组织协调能力		举止仪表	合计
权重		15		20		20		15		20		10	
观察要点		1. 口齿是否清晰？语言是否流畅？ 2. 用词是否得当、意思表达是否准确？ 3. 内容是否有条理和逻辑性？		1. 能否对问题或现象做深入剖析？ 2. 对问题或现象的产生根源有无认识？ 3. 能否针对问题或现象提出相应对策？对策是否可行？ 4. 有无独到见解？		1. 面对压力或问题情绪是否稳定？ 2. 思维反应是否敏捷？ 3. 考虑问题是否周全？ 4. 解决办法是否有效可行？		1. 有无主动与人合作意识？ 2. 能否与人有效进行沟通？ 3. 对人际关系的处理是否违背原则或者影响工作？		1. 专业知识掌握程度如何？ 2. 应急措施是否得当？ 3. 对症下药是否准确？		1. 穿着打扮是否得体？ 2. 言行举止是否符合一般的礼节？ 3. 有无多余的动作？	
评分标准	好	11~15		15~20		15~20		11~15		15~20		08~10	
	中	06~10		07~14		07~14		06~10		07~14		04~07	
	差	00~05		00~06		00~06		00~05		00~06		00~03	
要素得分													
考官评语		考官签名：											

注意：本表各要素得分不得涂改，涂改后本表无效，须重新填写。

　　一是每道题目都对应一定的测评要素，有些题目则可同时测试几方面的要素；语言表达能力和举止仪表两项要素则没有专设题目。考生在每个要素上的得分，都要根据考生在面试中的总体表现加以综合评定。

　　二是每道结构化面谈题目除问题本身外，都有一定的出题思路和评分参考标准，但考官评分时则分要素进行，不按题目打分。在面试实施过程中，应以使用预定试题为主，同时，考官也根据考生的现场反应和面试时间情况，视测评需要，随机应变，顺应性地设题和追问。

三是问题类型。每道结构化面试题目在出题思路中还标明了该题所属的题型，如背景性问题、知识性问题、情境性问题、行为性问题、智能性问题和意向性问题等，了解不同类型问题的特点，有助于考生更好地理解出题思路，更加充分发挥试题的测评功能。要特别注意不同题型的划分并不是绝对的。

四是指导语。在结构化面谈开始时，考官向考生简单问候并交代面试方式及面试中的一些注意事项。这一环节对保证整个面试的效果至关重要。

五是面试时间的控制。对多名考生使用一套试题进行结构化面试，所用的时间一般应不少于30分钟，以确保对考生各种能力素质有较深了解。各部门在安排面试时间时应注意在不同考生间留出时间空隙。

六是面试成绩的计算方法。面试采用体操计分法，即每位考官根据考生在面试中的总体表现，综合评定其在每一要素上的得分；考生在每一要素上的最后得分是：把全体考官在该要素上的一个最高分和一个最低分去掉之后，取其余分数的平均值。每名考生结构化面谈的成绩等于各项要素最后得分之和。

七是建议考官使用的"考官计分平衡表"，目的是帮助考官记录自己给各位考生的打分情况。考官记下自己给前面考生的评分情况，有利于平衡自己对竞争同一岗位的所有考生的给分幅度，减少评分误差。

附件二：

结构化面试例题

指导语

你好，首先祝贺你顺利通过了笔试，欢迎你参加今天的面试。请你来，是希望通过交谈，增进对你的直接了解。我们会问你一些问题，有些和你过去的经历有关，有些要求你发表自己的见解。对我们的问题，希望你能认真和实事求是地回答，尽量反映自己的实际情况、真实想法。在后面的考核阶段，我们会核实你所谈的情况。对你所谈的个人信息，我们会为你保密。面谈的时间为30分钟左右，回答每个问题前，你可以先考虑一下，不必紧张。

回答时，请注意语言要简洁明了。好，现在就让我们开始。（稍停顿一下）第一个问题是：

1. 请你大致介绍一下自己的基本情况。

出题思路：背景型问题。导入正题，初步了解考生的基本情况，以便为以后的提问收集资料。考官可根据考生回答的具体情况进行追问，同时要尽可能地让考生多表现自己，考察其求职动机与拟任职位的匹配性。

【评分参考标准】

好：表达清楚，对自己有一个比较正确的认识、评价，能充分意识到自己的优缺点，求职动机与拟任职位匹配。

中：表达比较清楚，动机与拟任岗位匹配，但知识结构及经历与岗位要求有差距。

差：表达不清，自我认识片面，动机、条件与拟任岗位不匹配。

2. 你被录用后,上级领导安排你担任一调研小组组长,就某部人员外语水平状况进行调查,你如何组织?

出题思路:考察考生对调查工作的组织协调能力。要求考生调查前有计划,小组有分工、有合作,有获得真实全面情况的办法,形成有分析、有建议的调研报告。

【评分参考标准】

好:考虑周密细致,步骤和措施得当可行,具有较高的计划、组织协调意识。

中:考虑比较全面,能够编制调查方案,但缺乏相关的环节,有一定的可行性。

差:调查无组织、无计划性,或制订的方案不符合实际情况,可行性差。

3. 假如你为自己给某同事造成的麻烦作了赔礼道歉,但他(她)就是不原谅你,你怎么办?

追问:你有没有这种经历?如有,请谈谈当时的情况。

出题思路:情景性问题。考察考生的人际交往意识与技巧。

【评分参考标准】

好:既能理解同事,分析原因,不放弃继续沟通,也能提出恰当有效的办法。如请其他同事帮助了解原因和转达致歉诚意,或稍过一段时间再次向同事道歉,或用自己实际行动恢复同事信任等。

中:有理解对方、不放弃继续沟通的意识,但提出的办法不够合理、有效。

差:不理解对方,放弃继续沟通的努力,或提不出解决办法。

4. 假如你工作一段时间后,工作很努力、成绩也很突出,却无法赢得领导的信任,而某些能力比你差、成绩平平的同事却因能说会道博得了领导的赏识,对此你有何看法?

出题思路:考察考生人际交往的意识和技巧。

【评分参考标准】

好:思想成熟,意识到人际交往的重要性,具有成熟的人际交往技巧。

中:思想比较成熟,有一定的人际交往能力。

差:考虑问题偏激,不太成熟,缺乏与人沟通交往的能力。

5. 有调查结果显示,绝大多数中国人认为"缺乏诚信"已成为社会的一大问题,请问你怎么看待这个问题?

出题思路:智能型问题。重点考察考生的综合分析能力。考生可结合身边的例子从诚信问题的起因、重要性等方面进行阐述。只要言之成理,都是综合分析能力强的表现。

【评分参考标准】

好:论点鲜明且符合实际,论据充分。论证严密,考虑问题有深度,且有独到的见解,言之成理。

中:有自己的论点,论证、说理基本可行,能自圆其说。

差:论证、说理不充分;考虑问题没有深度,泛泛而谈、言之无物。

6. 有人说,干好机关工作要处理好原则性与灵活性之间的关系。请举例谈谈你的看法。

出题思路:智能型问题。重点考察考生的综合分析能力,看考生能否正确理解二者的辩证关系。

【评分参考标准】

好：能够正确理解二者的辩证关系，分析透彻，逻辑性好，有条理。

中：基本能够理解二者的关系，分析比较透彻。

差：不能够正确理解，分析得不够全面、透彻，思维比较混乱。

7. 假如在你的论文答辩会上，个别委员认为你论文中的某些论点有抄袭嫌疑，而你在撰写论文时，确实引用了别人的观点。此时，你该如何做？

出题思路：情景性问题。考官通过尴尬事例，考察考生面对压力的应变能力。

【评分参考标准】

好：情绪稳定，能根据实际情况做出合理的解释。例如，坦承自己引用了别人的观点，但目的是为了更好地说明问题，支持自己的论点，并强调自己对这些观点进行了消化吸收，不是完全的照抄。

中：情绪基本稳定，坦白承认自己引用了别人的观点，但不作任何解释。

差：否认自己引用别人的观点，强调论点相同纯属巧合。

8. 我们知道在某些高校，只要和班主任或辅导员关系好，推荐材料写得就好，你是否也属于这种情况？

出题思路：考察考生的自我情绪控制能力。

【评分参考标准】

好：情绪稳定，能正确分析问题，正确对待不利情况。

中：情绪比较稳定，对考官提出的问题能合理回答、基本能正确对待不利情况。

差：情绪很紧张，缺乏自信，不能正确对待不利情况。

好，面试就到这里，请问你还有没有要对我们讲明的其他问题？

第二节　模拟法庭控辩式面试（针对司法岗位）

2008 年，云南省公务员面试独具匠心，在法检系统面试中进行改革和创新，在保留传统的结构化面试基础上，在法检系统司法类岗位面试中率先采用"模拟法庭控辩"模式进行综合测评，这一面试评测方式受到云南省组织部、省高级人民法院、省人民检察院的重视与好评，并被延续至今。今后法检系统司法类岗位招考面试仍将采用这种专业面试模式，考生应充分做好心理准备和专业准备。

模拟法庭控辩面试只在法检系统的公务员面试中出现，面试的对象主要是报考法检系统司法类岗位的考生，对于法检系统非司法类岗位，仍采用结构化面试进行测评。所以，考生要分清岗位情况，调整好心态，不要混淆面试类别，以充分地准备来迎接模拟法庭控辩面试。

一、模拟法庭控辩式面试概述

模拟法庭控辩与结构化面试不同，它注重考察考生的临场应变能力，专业理论知识的实践能力，其法律专业属性极高、针对性极强，难度极大，这也给考生的备考增加了难度，带来挑战。

模拟法庭控辩面试是模拟现实生活中法院、检察院的法庭工作形式和基本流程，与法检系统公务员的实际工作密切联系并高度一致。对于报考司法类岗位的考生来说，要求其具备较高水平的法律专业理论知识，并能够运用法律专业知识思考问题和解决问题，具备法律实务工作的操作能力、法律事务的实践能力，具有法官、检察官的基本素质和一定的法律实践能力无疑是非常科学的。所以，模拟法庭控辩面试是选择法院、检察院系统公务员最为科学而且合理的面试测评方式。

（一）模拟法庭控辩式面试的概念

所谓模拟法庭控辩式面试，是指模拟现实生活中法院、检察院的法庭工作形式、基本流程和基本要求，按照预先设定的案件背景内容，由考生分别模拟担任刑事案件中的控方（检察官）和辩方（辩护人），或者民事案件中的原告代理人和被告之代理人，基本按照法院庭审案件程序，操作完成整个案件审理中的关键流程和环节，由考官按照测评要素及预先设定的分值结构进行测评的面试形式。

其一般选取庭审案件程序中主要的程序部分，这样比较适合并且便于考官的观察和测评，做到真正合理并且科学地选择法院、检察院工作人员。

模拟法庭控辩式面试对整个面试的实施、内容、方式、时间、评分标准等因素都进行了比较严格的规定，面试过程中，面试各个要素的评判也必须按分值给出，即在模拟控辩面试中，面试的程序、内容以及评分方式等标准化程度相对都比较高，专业性高、对抗性强，面试结构紧密，评分模式相对固定，所以是法院、检察院系统公务员面试最为科学而合理的面试测评方式。

（二）模拟法庭控辩式面试的特点

模拟法庭控辩面试虽然也是通过考官评定考生的方式进行的，但从形式到内容，它都突出了专业性要求高、考生对抗性强的特点，模拟法庭控辩式面试方法能够确保法院、检察院面试测评更为科学合理、客观公正、公平高效。从多个方面看，其特点主要表现在：

1. 专业基础知识要求高。模拟法庭控辩面试以法律专业理论知识及其法律职业的专业技能为基础。通过面试环节，考官可以进一步分析（亦称职务分析）考生是否具备能够胜任该职务所需要的法律专业知识、能力、水平，从而得到适用于该职务的测评要素。

2. 面试过程公正、公平。模拟控辩面试对相应的考生提相同的一组问题。面试题目基本对同一时间报考同一职位的考生相同，而且面试的指导语、时间、顺序、实施条件基本相同的。所以考生在几乎完全相同的条件下进行面试，保证面试过程的公正、公平。

3. 面试过程对抗性强。模拟法庭控辩面试法律专业性要求高、考生的对抗性很强。面试过程中，考生分别模拟担任刑事案件中的控方（检察官）和辩方（辩护人），或者民事案件中的原告代理人和被告代理人，针对案件既要表现考生的法律专业素质和能力，同时又要考虑为自己的当事人服务、击败竞争对手等因素，所以面试的整个过程充满专业性和对抗性。

4. 资深人员担任考官。模拟法庭控辩面试考官也不是随意指定的，须由法院、检察院及其相关部门的资深人员担任。一定数量的考官（一般为5~7人）是依据选人岗位的需要，按专业、职务以及年龄、性别，以一定比例科学配置的，其中有一名是主考官，一般由他负责把握整个面试的总过程。

5. 模拟法庭控辩面试科学合理、操作性强。模拟法庭控辩面试有统一的评分标准和评定量表。表现在每个要素都有严格的操作定义和面试中的观察要点，并且规定了每个评分等级所对应的行为评价标准，从而使每位考官对考生考察的评价有统一的标准。

二、模拟法庭控辩式面试题型介绍

总体来说，模拟法庭控辩式面试经常出现的案例题型，主要是刑事案例、民事案例，包括应该注意刑事附带民事诉讼案例。未来还应该注意行政诉讼方面的案例，等等。特别提醒考生在准备模拟法庭控辩式面试前，多注意积累法律专业理论知识，提升运用法律专业知识思考问题和解决问题的能力和水平。

除此之外，还应该着力提升除了作为法律人的法律专业理论知识素质之外的法律职业伦理、法律职业道德操守等方面的学习储备和提高。

提升真正作为法律人应该具备的法律实务工作操作能力和法律事务的实践能力，同时作为积极力量，切实推进我国法治进程。

在模拟法庭控辩式面试中，涉及的主要法律专业知识为：法理学、刑法学基础理论及其常见罪名；民法学基础理论及其常见的、典型的民事纠纷案例；刑事诉讼法、民事诉讼法、行政诉讼法。民法部分还具体涉及合同法、物权法、侵权责任法等。

关于这些法律条文具体见第七章。

三、模拟法庭控辩式面试的测评要素与成绩评定

模拟法庭控辩式面试是模拟现实法庭，如前所述，主要针对报考司法类的考生，它与法检系统公务员的法庭审理、法庭控辩的实际工作紧密联系，对于通过了司法考试的考生来说，无疑为备考解决了一部分棘手问题。而在模拟法庭控辩面试的过程中，通过考生之间对抗性极强的一控一辩、你来我往、唇枪舌剑，考官常常可以进行科学直观的比较，从而做出公平、公正的评价和测评结果。

模拟法庭控辩主要通过法律适用、论据采信、逻辑推理、语言表达、应变能力、自我情绪控制、求职动机与职位匹配性、举止仪表8个要素来对考生进行测评，并最终给出综合的成绩。模拟法庭控辩与结构化面试不同的是，它更加注重考察考生的法律专业知识和专业素养，特别关注考生的法律条文运用、逻辑思维能力、综合分析能力、临场应变能力等方面，这增加了难度，提醒考生备考应该给予充分的准备和高度的注意。

每项测评要素的一般定义和操作定义根据"模拟控辩式评分表"，每个案例题目，都对应一定的测评要素，有些案例题目则可测试多方面的要素；特别提醒考试注意，语言表达能力是面试的基本桥梁，作用非常巨大，对测评效果的影响非常明显；举止仪表同样非常重要，此两项要素特别值得考生高度注意。

考生在每个要素上的得分，都要根据考生在面试中的总体表现加以综合评定，最后才能够得出考生的面试成绩。

面试成绩的计算方法。一般面试采用体操计分法，即每位考官根据考生在面试中的总体表现，综合评定其在每一要素上的得分；考生在每一要素上的最后得分是：把全体考官在该要素上的一个最高分和一个最低分去掉之后，其余分数的平均值。每名考生的成绩等于各项要素最后得分之和。

面试成绩计算时，建议考官使用"考官计分平衡表"，目的是帮助考官记录自己给各位考生的打分情况。考官记下自己给前面考生的评分情况，有利于平衡自己对竞争同一岗位的所有考生的给分幅度，减少评分误差。

四、模拟法庭控辩式面试的基本步骤概述

（一）模拟法庭控辩式面试基本步骤

1. 参加面试的考生通过抽签决定面试顺序和控、辩方（刑事案例），或者原、被告代理人（民事案例）的角色，同一岗位的每轮面试同时安排两名考生进行控辩。

2. 主考官宣布面试开始后，每个考生同时有 20 分钟的准备时间，根据所发材料构思讨论发言提纲。

3. 由主考官进行提问或提出双方控辩的要求。

4. 控辩开始。控辩（原、被告代理人）双方分别有 3～5 分钟时间陈述观点。

5. 互辩阶段。互辩双方针对案例的情况，根据自己之前的基本准备，进行相互辩论，时间为 20～40 分钟。

根据案例的基本内容，互辩双方各自提出自己的主张和观点，并围绕自己的主张和观点，进行逻辑清晰、条理清楚、说理充分的阐述论证。

6. 最后陈述。最后用 3～5 分钟时间总结陈词。

7. 模拟法庭控辩式面试结束。考生退场。

（二）模拟法庭控辩式面试中控辩基本思路

控方与辩方针对刑事案件、原告代理人与被告代理人双方针对民事案件，在面试的模拟法庭过程中控辩、代理的基本思路如下：

1. 基本结构：大前提（法律的规定）、小前提（案情）、结论。

2. 民事案件：主要围绕责任（违约、侵权）和损失（直接损失、间接损失）来展开。

3. 刑事案件：三个阶段皆围绕定罪（犯罪构成要件）和量刑（法定、酌定量刑情节）展开。

4. 辩论阶段：提交供法庭采纳的证据、论证、推理、法理依据。尽可能地多寻找辩点，要形成双方的交锋。

（三）模拟法庭控辩式面试中控辩程序进程要点

本部分内容，从控、辩双方针对刑事案件庭审过程中控辩"对垒"时的基本思路进行举例说明：

1. 控辩开始陈述阶段。

控方：

第一，简要概括所给案例后，明确提出被告人的行为犯了什么罪（被告人因何事致什么结果，其行为构成什么罪）。

第二，构成该罪的理由如下：从犯罪构成四要件——客体、客观方面、主体、主观方面分析。

第三，基于此，被告人的行为已触犯《中华人民共和国刑法》第几条关于什么罪的规定，构成什么罪以及相应量刑，根据所给案例有什么加重或减轻情节可一并提出。

辩方：

第一，明确提出被告人的行为不构成控方所指控的罪名。

第二，提出理由（此处的理由既可以是反驳辩方指控的罪名，也可以是己方所主张罪名的理由，以后者为佳）：从客体、客观方面、主体、主观方面四要件着手。

第三，总之，被告人不构成什么罪，应构成什么罪或不构成犯罪。

2. 互辩阶段。

控方：

方案一：若辩方在陈述阶段没有直接反驳自己所指控的罪名，而是提出了新罪名，则对辩方的新罪名从犯罪构成要件角度进行反驳（客体、客观方面、主体、主观方面）。在充分反驳辩方的理论之后，再次突出自己的观点，但强化的关键点在被告人的主观方面和客观方面。

方案二：若辩方只是反驳自己的理论，而没有明确提出被告方的行为所触犯的罪名，那么在复述控方指控罪名的情况下：第一，针对辩方的反驳理由展开辩论：第二，主要从犯罪客观方面和主观方面再次论述辩方指控的罪名成立。并在此基础上质问辩方被告人的行为触犯了什么罪？

辩方：

方案一：若辩方在陈述阶段未能提出被告所触犯的罪名，那么在简要反驳控方所指控罪名的基础上迅速提出被告所触犯的罪名，并从客体、客观方面、主体、主观方面论述自己所辩护的罪名成立。

方案二：若辩方在陈述阶段已经提出了辩护的罪名，那么就从客体、客观方面、主体、主观方面反驳辩方所指控的罪名不成立，并在此基础上简要强化自己所辩护罪名成立的理由。

注意：辩方在此阶段无论是方案一，还是方案二都要针对控方在辩护阶段发表的意见予以反驳，若控方的陈述及意见有重大错误，可以集中火力攻击，否则就按已设定好的方案进行。

3. 最后陈述阶段。

控方：

归纳陈述与辩论阶段与辩方存在的焦点，在归纳出此焦点后对辩方的观点再次简要反驳，对自己的观点可以再次说明，如果有新的理由的可以详细阐述，否则的话就简明扼要。最后重申被告人的行为构成什么罪，应该以《刑法》第几条论处，而不该以辩方辩护的罪名论处。

辩方：

归纳陈述与辩论阶段与控方存在的焦点，在归纳出此焦点后对控方的观点再次简要反驳，对自己的观点可以再次说明，如果有新的理由的可以重点展开，否则的话就言简意赅。最后强调被告人的行为构成什么罪，应该以《刑法》第几条论处，而不该以控方指控的罪名论处。

第三章　法检两院（司法岗位、非司法岗位）面试测评要素分析

本章针对法院、检察院"两院考试"面试中的结构化面试、模拟法庭控辩式面试的实际考试情况，重点分析云南省"两院考试"面试中的结构化面试与模拟法庭控辩式中面试考官的观察测评要素。并且对面试测评要素的含义、具体的内涵要求进行分析；对有关测评要素进行举例，对例题进行分析说明。

考生通过学习本章，可以加强全面了解掌握各种测评的要素，有助于针对测评要素进行专门的实践与训练，从而提高考生"两院考试"面试中临场水平，确保其在结构化面试、模拟法庭控辩式面试取得优秀成绩。

第一节　结构化面试测评要素含义

测评要素是指要对考生进行面试测评的项目，通常由性质不同的多个项目组成。测评要素分为通用测评要素和部门自设要素。

通用要素是必考内容，所占比重超过60%，其主要包括综合分析能力、言语表达能力、应变能力、计划组织协调能力、人际交往的意识与技巧、自我情绪控制、求职动机与拟任职位的匹配性、举止仪表和专业能力。

面试测评要素由录用主管机关确定，面试测评要素的确定，应当考虑适应和发挥面试的功能，同时应该考虑与资格审查、笔试、考核等环节的测评内容相区别。面试测评要素的确定遵循以下一些规则：

（1）根据拟任职位的工作性质、职责任务、难易程度、责任大小对人员的要求，确定要素项目。

（2）根据不同测评要素的可测程度及与拟任职位要求的关联程度，确定各个测评项目的分数与权重。

例如，我国人事部提供给中央国家机关各部门（包括云南省各级人民法院、检察院"两院考试"的非司法岗位面试）在招考公务员面试时使用的"通用测评要素说明"就包括以下一些通用要素：

一、综合分析能力

（一）一般定义

综合是在头脑中将事物的各个部分或各种特征联合为整体；分析则是在头脑中将事物

的整体分解为部分。综合和分析在思维活动中起着重要作用，是思维的智力操作的重要组成部分。在公务员的日常工作中，经常涉及对问题的宏观理解把握和事物间矛盾关系的理解，具有一定的综合分析能力对公务员十分重要。

（二）操作定义

1. 对事物能从宏观方面进行总体考虑。

2. 对事物能从微观方面对其各个组成成分予以考虑。

3. 能注意整体和部分之间的相互关系及各部分之间的有机协调组合。

二、言语表达能力

（一）一般定义

言语表达能力指以言语的方式针对不同的听众采用不同的方式、风格将自己的思想、观点明白无误地表达出来，并试图让听众接受的过程的能力。

（二）操作定义

1. 理解他人的意思。

2. 口齿清晰，具有流畅性。

3. 内容有条理、富于逻辑性。

4. 他人能理解并具有一定的说服力。

5. 用词准确、恰当、有分寸。

三、应变能力

（一）一般定义

应变能力指在有压力的情景下，思考、解决问题时能够迅速而灵巧地转移角度、随机应变、触类旁通，做出正确的判断和处理的能力。

（二）操作定义

1. 有压力状况。

2. 思维反应敏捷。

3. 情绪稳定。

4. 考虑问题周到。

四、计划、组织、协调能力

（一）一般定义

计划、组织、协调能力指对自己、他人、部门的活动制订计划、排出日程、调配资源，并对冲突各方的利益根据一定的标准进行协调的能力。

（二）操作定义

1. 调配、安置人、财、物等有关资源。

2. 看清相互依赖的冲突各方间的关系。

3. 根据现实需要和长远效果做出适当选择。

4. 及时做出决策。

5. 依据部门目标，预见未来的要求、机会和不利因素，并制订计划。

五、人际交往的意识与技巧

（一）一般定义

建立和维持自己与他人、团体的关系，这些关系是有目的的、与工作相关的，包括与他人的沟通，以及组织中的服从、合作、协调、指导、监督活动。

（二）操作定义

1. 处理人际关系的原则性与灵活性。

2. 有效沟通（传递信息）。

3. 人际的适应。

4. 对组织中权属关系的意识（包括权限、服从、纪律等意识）。

5. 人际合作的主动性。

六、自我情绪控制

（一）一般定义

自我情绪控制是指在受到较强刺激或处于不利的情境中时，能保持自己情绪的稳定，并约束自己行为反应的能力（主要是根据面试时考生对一定问题的反应预测考生日常生活中的表现）。

（二）操作定义

1. 为了长远或更高目标，抑制自己当前的欲望。

2. 在受到有意挑战甚至有意羞辱的场合，能保持冷静。

3. 在较强刺激情境中，表情和言语自然。

七、求职动机与拟任职位的匹配性

（一）一般定义

求职动机是指在一定需要的刺激下直接推动个体进行求职活动以达到求职目的的内部心理活动；个人的求职目的与拟任职位所能提供的条件相一致时，个体胜任该职位工作并稳定地从事该工作的可能性较大。

（二）操作定义

1. 现实性需要（解决住房、户口迁移、专业对口等）与岗位情况。

2. 兴趣与岗位情况。

3. 成就动机（认知需要、自我提高、自我实现，服务他人的需要，得到锻炼等）与岗位情况。

4. 对组织文化的认同。

八、举止仪表

（一）一般定义

举止仪表指考生外在的穿着打扮、待人接物、言行举止表现。

（二）操作定义

1. 穿着打扮是否得体。

2. 言行举止是否符合一般的礼节、礼仪。

3. 是否有多余的、细小的动作。

如前所述，我国人事部提供给中央国家机关各部门招考公务员面试时使用的"通用测评要素说明"，基本构成云南省各级人民法院、检察院"两院考试"非司法岗位的结构化面试方式的测评要素（见表4）。

表4 非司法岗位面试评分表

面试抽签号			性 别		报考单位和岗位			
测评要素	综合分析能力	语言表达能力	应变能力	计划、组织、协调能力	人际合作意识与技巧	自我情绪控制	求职动机与拟任岗位的匹配性	举止仪表
分值（100分）	10	15	10	15	15	15	10	10
观察要点	对事物能从宏观方面进行总体考虑；能从微观方面对其各个组成成分予以考虑；能注意整体和部分之间的相互关系及各部分之间的有机协调组合	理解他人意思，口齿清晰、思维反应流畅；具有一定说服力；用词恰当、有分寸。对于要求通晓少数民族语言的岗位，考察是否掌握该民族语言以及熟练程度	在有压力状况下，思维反应敏捷，情绪稳定，考虑问题细致、周到	依据部门目标，预见未来的要求、机会和不利因素，并做出计划。看清相互依赖的冲突各方间的关系。根据现实需要和长远效果做出适当选择。及时做出决策。调配安置人、财、物等资源	人际合作的主动性。对组织中的权属关系的意识。人际间的适应。有效沟通（传递）信息。处理人际关系的原则性和灵活性	在较强刺激情境中，表情和言语自然；受到有意挑战甚至有意羞辱的场合，能保持冷静；为长远或更高目标，抑制自己当前的欲望	全面观察考生对所报考单位及岗位的欲望以及认同感，可塑性展望	穿着打扮得体；言行举止符合一般的礼节；无多余动作
	A	B	C	D	E	F	G	H
要素得分								
考官评语								

考生们必须了解并且掌握这些测评要素的内涵及其要求，如知晓应该努力的目标与方向；与此同时考生还应该对照法院、检察院的拟报考职位，充分熟悉该职位的工作性质、工作职责任务、工作责任大小等方面的相关要求，深入思考并进行操作训练，才能够积极应对，争取考得好成绩，通过"两院考试"的结构化面试。

第二节　模拟法庭控辩式面试测评要素含义

对比云南省各级人民法院、检察院"两院考试"非司法岗位（包含一部分司法岗位）的结构化面试的测评要素，云南省各级人民法院、检察院"两院考试"司法岗位的模拟法庭控辩式面试的测评要素虽然也是 8 种，但是在测评要素的构成方面，因为司法岗位法律专业属性等方面要求不同，所以测评要素的构成也有所不同。

模拟法庭控辩式面试方式的 8 种测评要素分别是法律适用要素、论据（证据）采信要素、逻辑推理要素、言语表达要素、应变能力要素、自我情绪控制要素、求职动机与拟任职位的匹配性要素、举止仪表要素。

对比模拟法庭控辩式面试的测评要素与结构化面试的测评要素进行，可以发现法庭控辩式面试测评要素中，有 3 种要素可以称之为"法律专业要素"，是特别的对"法律人考察的要素"，即为法律适用能力要素、论据（证据）采信能力要素、逻辑推理要素。而其余 5 种测评要素，则是国家机关公务员面试考察的通用测评要素，即为言语表达能力要素、应变能力要素、自我情绪控制要素、求职动机与拟任职位的匹配性要素、举止仪表要素。

下面对模拟法庭控辩式面试的 8 种测评要素进行具体解读。

一、法律适用能力

（一）一般定义

针对案件涉及的法律关系能够清晰明了，并且能够准确找到应该适用的法律依据、法律条款。

能够根据案例具体情况，适当引用法律，无原则偏差。

（二）操作定义

1. 对案件涉及的法律关系能进行清晰考虑。
2. 对案件能够准确找到应该适用的法律依据和相关法律条款。

二、论据（证据）采信能力

（一）一般定义

对案例涉及的证据问题，能从多方面总体考虑；根据案例的具体情况，并结合所引用法律条文，条理清晰、推理严密，合理采信证据。

（二）操作定义

1. 对案件涉及的法律关系中的证据种类、证明力有清晰掌握。

2. 对案件涉及的法律关系、举证责任有清晰掌握。

三、逻辑推理能力

（一）一般定义

对案例能从多方面总体考虑；把案件的各个部分或各种特征联合起来进行思考和陈述论证。论证过程中条理清晰，说理充分，推理严密。

（二）操作定义

1. 对案件能从宏观方面进行总体考虑。

2. 对案件能从微观方面对其各个组成成分予以考虑。

3. 能注意案件整体和部分之间的相互关系及各部分之间的有机协调组合。

四、言语表达能力

（一）一般定义

言语表达能力以言语的方式针对不同的听众采用不同的方式、风格，将自己的思想、观点明白无误地表达出来，并试图让听众接受的过程的能力。

（二）操作定义

1. 理解他人的意思。

2. 口齿清晰，具有流畅性。

3. 内容有条理、富于逻辑性。

4. 使他人能理解并具有一定的说服力。

5. 用词准确、恰当、有分寸。

五、应变能力

（一）一般定义

应变能力指在有压力的情景下，思考、解决问题时能够迅速而灵巧地转移角度、随机应变、触类旁通，做出正确的判断和处理的能力。

（二）操作定义

1. 有压力状况。

2. 思维反应敏捷。

3. 情绪稳定。

4. 考虑问题周到。

六、自我情绪控制

（一）一般定义

自我情绪控制指在受到较强刺激或处于不利的情境中时，能保持自己情绪的稳定，并约束自己行为反应的能力（主要是根据面试当时考生对一定问题的反应预测考生日常生活中的表现）。

（二）操作定义

1. 为了长远或更高目标，抑制自己当前的欲望。

2. 在受到有意挑战甚至有意羞辱的场合，能保持冷静。

3. 在较强刺激情境中，表情和言语自然。

七、求职动机与拟任职位的匹配性

（一）一般定义

求职动机是指在一定需要的刺激下直接推动个体进行求职活动以达到求职目的的内部心理活动；个人的求职目的与拟任职位所能提供的条件相一致时，个体胜任该职位工作并稳定地从事该工作的可能性较大。

（二）操作定义

1. 现实性需要（解决住房、户口迁移、专业对口等）与岗位情况。

2. 兴趣与岗位情况。

3. 成就动机（认知需要、自我提高、自我实现，服务他人的需要，得到锻炼等）与岗位情况。

4. 对组织文化的认同。

八、举止仪表

（一）一般定义

考生外在的穿着打扮、待人接物、言行举止表现。

（二）操作定义

1. 穿着打扮是否得体。

2. 言行举止是否符合一般的礼节、礼仪。

3. 是否有多余的、细小的动作。

云南省各级人民法院、检察院"两院考试"司法岗位模拟法庭控辩式面试的 8 种测评要素所占面试测评的权重等方面情况见表 5。

表5 司法岗位面试评分表

面试抽签号		控(辩)方		性 别		报考单位和岗位		
测评要素(100分)	法律适用	论据采信	逻辑推理	言语表达	应变能力	自我情绪控制	求职动机与拟任岗位的匹配性	举止仪表
权重	10	10	20	20	20	10	5	5
观察要点	能够根据案例具体情况,适当引用法律,无原则偏差	根据案例的具体情况,并结合所引用法律条文,合理采信证据	对案例能从多方面总体考虑;论证过程中条理清晰,说理充分,推理严密	理解他人意思,口齿清晰、流畅;具有一定说服力;用词恰当、有分寸。对于要求通晓少数民族语言的岗位,考察是否掌握该民族语言以及熟练程度	在有压力状况下,思维反应敏捷,情绪稳定,考虑问题细致、周到	在较强刺激情境中,表情和言语自然;受到有意挑战甚至有意羞辱的场合,能保持冷静;为长远或更高目标,抑制自己当前的欲望	全面观察考生对所报考单位及岗位的欲望以及认同感,可塑性展望	穿着打扮得体;言行举止符合一般的礼节;无多余动作
	A	B	C	D	E	F	G	H
要素得分								
考官评语								

考生们必须了解、掌握如上所述这8个测评要素,并且深入思考各测评要素的内涵及其要求,此为考生们应该努力的目标与方向。与此同时考生还应该对照法院、检察院的拟报考职位,充分熟悉该职位的工作性质、工作职责任务、工作责任大小等方面的相关要求,深入思考并进行操作训练,才能够积极应对法律专业性极强的模拟法庭控辩式面试,才可能考出好成绩,通过云南省"两院考试"的司法岗位模拟法庭控辩式面试。

第三节　法检两院面试测评要素相关例题分析

一、结构化面试方式"综合分析能力"例题分析

1. 目前，一些中学推行"保上大学"的教育承诺。也就是说，高中生每年交一定的高额学费，如果考不上大学就退还学费。你对这种"保上大学"的教育承诺有什么看法？

出题思路：智能型问题。考察综合分析能力。考生应对这一现象产生的社会原因做出客观的分析，阐明自己对这种做法赞成与否，并提供充足的理由。考生不明确表态时应适当追问。不赞同这种做法的人可以从教育目标的设定、教育方针、教与学的关系、素质教育等方面进行分析。赞同这种做法的人可以从筹集教育经费、调动教师积极性等方面进行分析，如果说理充分，也可得分。

【评分参考标准】

好：能客观、全面分析产生这一现象的原因，观点鲜明，思路清晰，理由充分。

中：能指出产生这一现象的部分原因，并对自己的观点提供某些论据，但说理不够充分。

差：对产生这一现象的原因分析不清，观点不明，思路混乱；或有明确观点但不能提供明确、有说服力的论据。

2. 与前几年相比，最近一两年来，"文凭热"在社会上又开始有了明显的升温。尤其是一些高校年轻教师和行政机关的公务员对于文凭更加热衷。请问，你对这一现象有何认识？这一现象有何社会影响？

出题思路：智能型问题。通过了解考生对平时会接触到的问题的看法，考察考生的综合分析能力。应全面分析这一问题产生的原因：从正面来看，首先，社会对知识和学历重视程度在增加；其次，年轻人自我发展的意识更为强烈，愿意多学知识和技能，希望通过学习提高自己适应社会的能力，使个人有更好的发展等。然而，从反面来看，也不排除当前一些高校单位廉价学历泛滥，客观上存在在职者取得较高学历比较容易的现象。所产生的影响：一方面使整个教师及公务员队伍素质有所提高，职务晋升的条件更加规范化；另一方面，使晋升制度刻板化，可能造成埋没人才，造成部分人不安心工作等。

【评分参考标准】

好：能从正反两方面分析这一现象的产生原因及影响，论述清楚，有说服力。

中：能从两个方面考虑问题，能列出有关的原因及影响，但不够全面。

差：仅片面强调某一方面的原因及影响，或泛泛而谈。

3. 招聘大学生工作中有一句顺口溜："本地男生第一，外地男生第二，本地女生第三，外地女生最后。"请问你怎么看待这个问题？你认为应如何解决这个问题？

出题思路：智能型问题。考察综合分析能力。大学生招聘工作中确实存在着这种地区和性别歧视的问题。考生应认识到这一问题的客观存在，同时应对这种做法的弊端，如不利于体现竞争公平、不利于人才的选拔等进行深入的分析，并提出合理地解决问题的

方法。

【评分参考标准】

好：能客观分析造成地区、性别歧视的原因，充分说明这种做法所带来的弊端，提出的解决方法切实可行。

中：从一个方面，如地区或性别歧视进行分析，方法简单或缺乏可行性。

差：认为这种做法正确，或观点片面或偏激，论证无条理或空洞无物。

4. 现在社会上许多有钱人并没有高学历。有人感叹说："低学历者成了富翁，高学历并没有成为致富的钥匙。"请问你怎么看待这个问题？

出题思路：智能型问题。对这一现象应进行全面的分析。例如，可以从以下几个方面来谈：就社会总体而言，高学历者的收入要高于低学历者；高学历意味着在某一领域有较高的造诣，但与致富并没有直接关系；一个人能否致富不仅是由知识和学历决定的，致富与一个人的综合素质、总体能力及机遇等都有关；我国的收入分配制度中存在对知识承认和重视不够的问题；社会中某些不合理的现象确实存在，使某些人有机会赚取不义之财。

【评分参考标准】

好：分析考虑问题全面深刻，能列出上述三个及三个以上的观点；同时有较为充分的论据支持。

中：能看到社会确实存在分配不公的现象，也能指出学历与致富并没有必然的联系，言之有理，没有明显的错误和矛盾，但观点不够全面。

差：片面强调社会分配不公，对知识重视不够；或观点不明，论证不清、空洞，言之无物。

5. 出国留学人员中，学成后归国的比率近年来已有大幅度上升。但从总体上看，仍有许多留学人员学成后不回国。你怎么看待这一现象？你认为怎样可以使更多的留学人员回国？

出题思路：智能型问题，考察考生的综合分析能力。考生应从产生这种现象的原因、所带来的影响及解决这一问题的建议等方面进行阐述。现实中确实存在着不利于留学人员归国的因素，如经济、社会及个人价值观等方面的原因。但若要得高分，考生还应说明报效祖国与满足个人追求的合理关系。

【评分参考标准】

好：分析全面深刻，提供措施有力，论证严密，论据充分，有说服力。

中：能简单列出这一现象的原因，提出的解决办法较一般化。

差：对这一现象简单地持肯定或否定意见，不能分析出学成不归现象的原因，提不出有效的措施。

6. 听说有的大学生很不愿搞宿舍卫生，他们的理由是："做大事者不拘小节。"但管理卫生的老师却说："一室不扫，何以扫天下？"请问你怎么看待这个问题？

出题思路：智能型问题。通过考生自己身边常遇到的事情，考察其综合分析问题能力。能得高分的考生应能充分说明这两个观点的合理性，并能辩证地分析这两种观点的适用背景。

【评分参考标准】

好：能辩证地、客观地阐述这两个观点都具有正确的一面。

中：认为这两个观点都正确，但阐述不充分。

差：偏激，就一个观点批判另一个观点。

7. 中国古代有一句话叫作："修身，齐家，治国平天下。"请你就这句话谈谈你的理解和看法？

出题思路：智能型问题。考察综合分析能力。看考生能否对这句话的本义做出正确的理解。例如，先做人后做事，先做小事后做大事，做人、持家、治国平天下异事同理等。考生还应结合现实谈谈自己的观点。对这句话可以从多种角度进行发挥，甚至可以提出质疑，但要为自己的观点提供充足的论据。

【评分参考标准】

好：对"修身，齐家，治国平天下"这一名言能正确理解，并能结合自己的实际提出独到的看法，论点鲜明，论据充分。

中：对"修身，齐家，治国平天下"这一名言理解基本正确，有明确的观点和想法，但说理不够充分。

差：对"修身，齐家，治国平天下"理解不清，或者泛泛而谈，言之无物，较为牵强。

二、结构化面试方式"应变能力"例题分析

（一）例题简析

你现在是副局长，在给下属安排工作的会议上，有一下属公开顶撞你，使你难堪，你该怎么办？说明你的实际步骤和方法。

简析：应变能力主要通过测试考生对临场紧急情况的处理，沉着、灵活、有效解决问题的能力，考察其对事物变化反应的敏捷性和情绪稳定性；处理突发事件的理智性、周密性与有效性。测试试题既能体现出考生对复杂、矛盾情况的迅速反应和能力，又能体现出考生对自我情绪的控制能力。所以试题一般都是情景性问题，具有紧急性、矛盾性，并能给考生造成情绪上的压力的场景。取材内容可涉及领导干部工作、生活的许多方面。情景可以是现时情景、假设情景，也可以是考生过去经历过的情景，这时只需要考生陈述他当时的具体做法。另外，由于领导能力是综合能力，每种能力分类之间并不存在绝对界限，所以测试应变能力的试题，有时也可同时测试其他能力。

（二）精选例题

1. 假如你在毕业论文答辩时，有一位老师对你的毕业论文从立意、设计、实验等各个环节都提出了许多尖锐的批评，而且还当场表示，这种毕业论文不应予以通过，你认为批评不中肯、不合理。请问，在这种情况下，你会怎么办？

出题思路：情景性问题。给考生设计一个受挫折的情境，通过考生对否定、批评情境的处理来考察考生面对挫折时的应变能力。

【评分参考标准】

好：诚恳接受老师的批评，态度谦和地说明自己的想法和研究内容，与老师坦率地交换意见，既坚持自己的看法，又能有礼貌地回答老师的批评。

中：能冷静地思考问题，坚持自己的看法，但在处理与老师的关系时有些生硬。

差：过于坚持己见，或过于被动与自卑。

2. 系主任有一份外文资料必须在两天内完成笔译，你主动请求他把这个任务交给你，并表示：根据你的外语水平，完成这个任务毫无问题。

晚上，你请另一位外语好的同学帮忙，他看了资料后说：这样的资料翻译对你相当困难，你接受任务怎么不向教授说明呢？这时，恰逢系主任来看你的进展情况，听到了你们的谈话，也看到了你同学手中的资料。此时你会怎样做？

出题思路：情景性问题。考察考生在压力下的应变能力。

【评分参考标准】

好：表情自然，态度诚恳，对自己过高估计自己外语水平的情况不作过多的解释，强调要想办法按时完成任务。

中：对造成尴尬局面的原因做出基本合理的解释。但没有把重点放在如何想办法按时完成任务上。

差：不知所措，沮丧不安，语言缺乏逻辑性。

3. 某领导很严肃，大家都有些怕他。某一天，你正和同事小王在议论该领导，一回头突然发现该领导就在你们身后。你知道，他肯定是听见你与小王议论他的话了。请问，此时你怎么办？

出题思路：情景性问题。通过突发事件考察考生的应变能力。

【评分参考标准】

好：沉稳，应变得体，能化解尴尬的场面。

中：所采取的措施基本可行。

差：紧张、不知所措。

4. 你到外地出差半个月后回来，向单位领导汇报工作时，他显得很不耐烦。正巧工作上的一点小漏洞被他抓住，他趁此机会将你以前工作中的小漏洞数落了一番，说你不够称职。事实上你知道自己的工作业绩在单位里还是不错的。你如何面对此时的情境？

出题思路：情景性问题。通过意外的事情，考察考生的应变能力。

【评分参考标准】

好：情绪稳定，反应得体，虚心接受批评，不马上辩解，没有引起领导的进一步反感。

中：情绪没有太大的波动，行为也基本得体，但会流露出不满意等。

差：情绪波动大，应变措施不得力，引起领导的更大反感，如一味为自己辩解等。

5. 假如你早上一上班，领导要你马上去见他，这时电话又响个不停，找你办事的人还等在门口，你如何处理？

出题思路：情景性问题。考官给考生制造紧张杂乱情景，考察其面对复杂局面的应变能力。

【评分参考标准】

好：镇定，有条不紊，很快找出应变措施予以安排，考虑各方面问题的轻重缓急，妥善处理，尽力使各方均能满意。

中：基本镇定，但安排不当或方法不够理想。

差：情绪紧张、慌乱，不能找到应急措施，被动承受，顾此失彼。

6. 假如你在毕业前一年就已经联系好一个你非常想去的工作单位甲，并从知识、能力等多方面进行了充分的准备，但毕业时却由于其他原因未能如愿。在这种紧迫的情况下，你又花费了巨大努力去联系了一个相对清贫和内心并不情愿从事的工作单位乙，并为此做出了重大承诺。就在即将签署协议之前，一年前联系的单位甲又同意接收你，假定你决定仍到单位甲工作。在这种情况下，你会怎么办？

出题思路：情景性问题。考官给考生制造突发性意外情景，考察其面对压力的应变能力。

【评分参考标准】

好：客观，诚实，很快找出应变措施予以弥补，并采取有效办法沟通协调，取得谅解。例如，推荐与自己条件相仿的同学以弥补单位乙的损失。

中：知道承担责任，但不能很快找到解决的途径或办法不够有效。

差：不能找到补救措施，或不负责任一走了之。

7. 假设你明天将参加业务主管部门召集的一个重要会议，大量的会议材料需要你熟悉，并考虑提出本单位的意见。你晚上加班时，你的上一级领导突然提出另一项紧急任务，需要你马上协助，并要求当晚完成，你怎么办？

出题思路：情景性问题。考官给考生制造一个任务重、时间紧、难以承受的压力情境，考察其面对压力时的应变能力。

【评分参考标准】

好：镇定，很快权衡出两者轻重和两者对自己本身的依赖程度，实事求是地与领导沟通，做出对策，如推荐其他合适的人选来完成对自己本身依赖程度不大的工作。

中：基本镇定，头脑不够敏捷，不能很快找到应变途径或办法不够巧妙。

差：情绪紧张，不能找到补救措施，被动承受。

8. 在一次重要的会议上，由你代领导起草的大会报告中有一项数据明显错误，与会代表都知道此数据有误，领导的报告刚刚开始，文中要多次提到该数据，你该怎么办？

出题思路：情景性问题。考官给考生制造突发意外情境，考察其面对压力的应变能力。

【评分参考标准】

好：镇定，认识到问题的严重性，很快找出应变措施予以弥补。例如，可利用给领导倒水的机会带一张纸条提醒报告人等方法。

中：基本镇定，但不能很快找到解决的途径或办法不够巧妙。

差：情绪紧张，不能找到补救措施，被动承受，或只会检讨批评自己。

三、结构化面试方式"计划、组织、协调能力"例题分析

（一）例题简析

1. 有人说"一个篱笆三个桩，一个好汉三个帮"，又有人说"一个和尚挑水吃，两个和尚抬水吃，三个和尚没水吃"。你怎么看？

2. 一位老处长工作能力强，曾因业绩突出而受过表彰，但总与下属人员发生冲突，并因此而多次调换工作部门，现在其下属又纷纷向你反映他的问题。作为该部门的领导，你将如何处理这个问题。

简析：组织协调能力主要考察考生对工作任务进行结构分解，对资源进行合理配置，有效地组织、协调人际关系，控制群体活动过程的能力。这类问题一般选取领导干部工作过程中经常遇到的需要组织、协调的棘手事情，包括对上级、对同事、对下属、对本单位、对外单位等各方面。

这类问题首先要具有典型性和针对性，因为各个级别、各个层次的领导干部遇到和需要解决的问题有所不同，或同一问题需要解决的深度不同；其次，问题的形式必须以情景性的场面出现，描述应有情景、有事件，把考生放到模拟事件中去，以考察其解决问题的能力。这与只让考生泛泛空谈领导理论的测试相比，更具有针对性和可操作性。这类题目的编制难度较大，要求较高。试题内容既应体现领导理论的应用，也应体现考生实际工作中的领导经验和领导能力，试题的编制应是领导理论和领导实践的统一。

题1取材于两句俗语，虽然没有直接点明领导工作实际的内容和特点，但两句俗语就是两种情景，对情景进行理论和现实的分析，同样可以考察考生能力的高下。本题好在它的矛盾性和隐蔽性，即看似矛盾的现象都有共同深刻的内涵，题面简洁清楚，测试目的含蓄。

题2是典型的情景性问题，考察的是领导干部在组织协调、用人和决策能力等方面的集中表现，通过考生的解决方式来评价他的能力。该题没有涉及行业职位特点，因而适用范围较宽，通用性较强，作为公共面试试题很合适。

（二）精选例题

1. "城市节约能源协会"是群众自发组织的民间团体，协会决定下月为"市节水月"。假如你是该协会的秘书长，你将做些什么？

出题思路：情景性问题。考察考生的计划、组织、协调能力。"协会"是群众组织，不是权力机构，组织好这一活动需动员各方面的力量。细化目标，提出适当的创意，然后制订一个周密的计划。要注意协调与各方面（如媒介、政府等）的关系，还要考虑人、财、物等资源的运用。

【评分参考标准】

好：明确"协会"的职能，安排宣传、示范等活动；争取新闻媒体、政府、基层单位等有关部门的支持；能协调好各方面的关系，具体落实资金、人员；合理利用时间；活动形式生动、有创意，安排合理、可行。

中：组织安排考虑不够全面，"活动月"活动的形式一般。

差：不明白"协会"仅仅是群众组织，而只会下达命令；组织、思路混乱，或夸夸其谈，不切实可行。

2. 现在你就要大学毕业了，你是怎样规划大学的最后一年的？请谈谈你的具体计划和做法。

考官可追问：你已经做过了什么事情？目前进展如何？还有哪些事情要做？

出题思路：行为型问题。面试进行时，正是考生大学生活的最后一年，计划性强的考生应当对自己的大学生活的最后一年以及今后的生活道路有所规划。本题通过了解考生在过去的半年中是否落实了这一计划与设想，以及今后半年的计划是否切实可行，来考察考生的计划能力。

【评分参考标准】

好：有计划、有设想、有目标，并按计划有条不紊地安排生活。对参加公务员录用考试也是有计划、有准备的。

中：有计划、安排，但执行的效果一般。

差：缺乏目标、计划，完全由形势决定生活的方向。

3. 假设某地发生了水灾，你作为校学生会某部的负责人拟发动全校同学捐出一些旧衣物支援灾区。请问，你准备如何做好这件事情？

出题思路：情景性问题。考察考生的计划、组织、协调能力。考生应能综合考虑各方面的因素进行计划、组织、协调，如争取相关部门的支持，发挥校、系学生干部的作用，做好宣传鼓动工作，组织人员等。

【评分参考标准】

好：有周密的计划安排，能协调好相关部门的关系，很好地承担起组织者的职责。

中：采取的计划措施基本可行，有组织协调的意识。

差：计划安排有漏洞，行动措施不得力。

4. 在团组织的改选中，你被选为我们单位的团支部书记。你和新一届的支部成员打算举行一次团支部的活动。这次活动的目的是增进支部成员之间的了解、加强团组织的凝聚力，以便更好地调动大家工作的积极性。请谈谈你将如何组织这次活动？

出题思路：情景性问题，考察考生的计划、组织、协调能力。考生应能根据活动的目的进行创意，选择恰当的活动形式，周密安排，并注意集思广益，调动各方积极性。

【评分参考标准】

好：能正确认识到自己的角色和职责、综合各方面因素，选择能充分体现活动目的的形式，进行周密的安排，思路清楚，计划措施切实可行。

中：基本能采取适当的措施来筹备这次活动；采用的计划基本可行，并能说清楚。

差：思路不清，计划安排有漏洞。

5. 假定有一外商代表团将来你单位商谈有关合作事宜，预计在京停留约一周时间，其中三天用于会谈，其他时间安排参观游览活动。如果由你负责外商的接待和参观游览工作，你准备如何做？

出题思路：情景性问题。本题通过设计一个具体的任务，考察考生的计划、组织、协调能力。考生应在了解外商代表团特点（如文化背景等）以及谈判的性质的基础上，对接待工作有个周密的安排（包括外商的住宿、往返机票、游览路线、饮食、行程安排及有关经费支出标准等）。

【评分参考标准】

好：有周密的计划安排，内容服务于会谈的最终目的。

中：有计划安排，且主要方面基本考虑到了，叙述有条理，能说清楚。

差：计划安排有明显的漏洞，如一味强调内容丰富，而不考虑会谈的目的，叙述不清楚。

6. 假如你是某市学联的工作人员，领导交给你一项了解本市大学生求职就业意愿的任务，你准备怎样完成这项工作？

出题思路：情景性问题。考察考生计划、组织、协调能力。考生应考虑到明确的工作目标和要求，据此选择工作方法，安排工作流程，调配人、财、物资源，协调组织各方共同完成任务。

【评分参考标准】

好：有较周全的计划安排与切实可行的调研方法；组织、协调各方力量共同完成任务。

中：有计划安排；有协调的意识；但计划安排不够周全。

差：计划安排漏洞较多，缺少协调意识；或夸夸其谈，不得要领。

四、结构化面试方式"人际交往意识与技巧"例题分析

1. 生活中总有欣赏你的人和不欣赏你的人，请你谈谈，欣赏你的人怎么评价你，不欣赏你的人怎样评价你？

出题思路：背景型题目。考察考生的自我认知及人际交往的意识与技巧。一个人能站在他人角度客观地判断、评价自己，是一件非常困难的事。本题主要是强迫考生进行换位思考，由此来判断其在人际交往中的自我评价及敏锐性。如果考生仅谈他对自己的评价，考官要提醒考生本题是问别人怎么评价你，而且追问，你怎么看待别人对你的这些评价。

【评分参考标准】

好：对自己有充分的信心，能客观地分析自己的优缺点，承认在不同人的眼里自己形象的不同，并能正确看待。

中：分析自己的优点较多，缺点较少，不苛求所有的人都对自己满意，但不能分析别人不喜欢自己的原因。

差：不能客观评价自己（自我评价与其在面试中的总体表现相矛盾），也不懂得如何站在他人角度考虑问题。

2. 在一次朋友聚会上，有位朋友和你交谈时，猛烈地批评最近报纸上刊登的某一文章的观点，而他不知道你就是这篇文章的作者。这时，又有一位朋友加入了你们的行列，谈话中他无意指明了你是这篇文章的作者，先前那位朋友顿觉很尴尬，在这种情况下，你会怎么办？

出题思路：情景性问题。本题通过设计一个令人尴尬的局面，来考察考生的人际交往意识与技巧。宽容、大度是人际交往意识中很重要的一个方面。

【评分参考标准】

好：情绪反应稳定，从容，能用幽默的语言等其他巧妙的方法化解尴尬的局面，减轻对方的压力，给对方台阶下。

中：有化解尴尬局面的意识，但方式、方法欠妥。

差：避而不谈，或借机讽刺挖苦他人。

3. 当你聚精会神地听课或听音乐会时，如果有人在旁边高谈阔论，你一般会怎样做？请举例说明。

出题思路：行为型问题。通过对他人过失的反应来考察其人际交往技巧。考官可深入追问具体细节，以保证获得考生的真实行为。

【评分参考标准】

好：能针对具体情况，在不影响对方自尊心的条件下巧妙的让对方意识到问题所在，

有成熟的解决方法（如幽默）；或曾经采取过不恰当的方式，现在已有成熟的解决问题的方式。

中：随心情及场合或忍受，或逃避，为此而自我烦忧。

差：简单打断别人，或给别人大讲道理，让对方尴尬；或曾经争吵过仍未总结出成熟的方法。

4. 如果在工作中，你的上级非常器重你，经常分配给你做一些属于别人职权范围内的工作，因此，同事对你很不高兴，你将如何处理这类问题？

出题思路：情景性问题。将考生置于两难情境中，考察其人际交往的意识与技巧，主要是处理上下级和同级权属关系的意识及沟通的能力。

【评分参考标准】

好：感到为难，并能从有利于工作、有利于团结的角度考虑问题，态度积极、婉转、稳妥地说服领导改变主意，同时对同事一些不合适甚至过分的做法有一定的包容力，并适当进行沟通。

中：感到为难，但又不好向领导提出来（怕辜负领导的信任），私下里与对你有意见的同事进行沟通，希望能消除误会。

差：不感到为难，坚决执行上级交代的任务，并认为这是自己能力强的必然结果。

5. 假设你已在一个部门工作，你和你的一位同事在学历、资历、年龄等条件上完全相同，工作能力和成绩也难分高下，这时上级领导要安排你们两人中的一个出国进修一年，这对你而言是一次难得的开阔眼界、提高业务能力的机会，你要怎样表现才能争取到这个机会？

出题思路：情景性问题。考察考生人际交往的意识与技巧。一般而言，人们在无冲突状态下，基本上都能比较理智地处理与他人的关系，但在遇到职务升迁、分房、出国进修、调资等利益竞争时，往往抛下"面具"而显露出各自真正的交往技巧和处理方法。本题表面上好像是在测验考生的进取心和竞争意识，但实际是考察考生在特定的利益冲突下，人际交往的意识和处理与他人关系的技巧。考官应该注意把握考生的答题方向。

【评分参考标准】

好：能够客观地认识到在这种特定环境下自身所处的位置，并坦率承认因条件相当，领导派谁出国都有一定的合理性，同时也能意识到在此情境中人为因素、人际关系所起的作用，并有成熟的交往技巧，如能主动与领导沟通，在适当的场合和时机表达自己的愿望，但不会故意和同事比较或贬低同事。

中：对领导派谁出国都能够正确看待，但意识不到在此特定情况下人际关系的作用，绝不主动去向领导表达自己的想法或缺乏交往的技巧。

差：急于表现自己，片面强调自己的能力和条件，拿自身优势与同事的缺点相比较。

五、结构化面试方式"自我情绪控制"例题分析

1. 请你谈谈中国古代人是怎样保护稀有动物的？

出题思路：智能型问题。考官所提出的问题是超出考生知识水平范围之外的问题，通过对考生面对突如其来的难以回答的问题时的情绪表现，考察考生自我情绪控制能力与反应的敏捷性。

【评分参考标准】

好：情绪稳定，碰到一时难以回答的问题也能表现出自信与从容，不惊慌，根据自己所掌握的知识实事求是地回答，不失灵活与变通。

中：不慌乱，不紧张，实事求是，但缺乏灵活回答问题的技巧。

差：惊慌、紧张、语无伦次，或不懂装懂、故作高深。

2. 你亲身经历过的哪一件事令你最为愤怒？你当时是如何表现的？现在看来，你认为当时的表现方式与处理方式是否合适。

出题思路：行为型问题，考察考生的自我情绪控制。一个人的情绪特征具有一贯性，可以通过对考生以往的情绪表现，来预测他今后的情绪控制能力。同时，能自我反省与认识情绪是进行情绪自我控制的条件之一，通过了解考生当时的情绪反应以及事后对情绪反应的认识，来预测其情绪控制能力。考官应注意对事件细节的追问。

【评分参考标准】

好：对事件及情绪反应的描述自然真实，既不蓄意隐瞒，也不刻意渲染，对过去的反应有清醒的认识与深刻的思考。

中：对情绪反应有一定的认识与思考，但分析不够深刻。

差：仅强调当时的表现反应，事后未作过多的思考，或回答没有什么值得愤怒的事，隐瞒真实情况。

3. 你有一些什么缺点？请列出几条来。

如考生列的缺点少，则问：我们每个人都有一些缺点，而你仅仅列出这些不关痛痒的几条，让人觉得有拔高的嫌疑，至少说明你这个人不怎么谦虚，叫我们怎么能录取你？

如考生列的缺点多，则问：你这么多的缺点，而且许多都与我们岗位要求不相符，叫我们怎么能录取你？

出题思路：采用声东击西的方法，给考生施加压力，以考察考生的自我情绪控制能力。

【评分参考标准】

好：情绪稳定，不慌乱，客观地分析自己的优缺点，充满自信。

中：情绪稍有激动后，基本稳定，对自己的分析不够客观。

差：慌得不知所措，沉不住气，言辞激动地辩解。

4. 我们感到你是一个心气很高、抱负很大的人，在公务员的这一职业上肯定不会久待，只不过把它作为一个跳板而已，我没有说错吧？

出题思路：本题所设计的是一个虚拟情景，通过向考生提出一个较尖锐的问题，考察考生在处理有关与自身不符甚至诽谤性事件时自我控制、冷静处理的能力。

【评分参考标准】

好：情绪稳定，冷静地分析问题，做出解答，能化不利情境为有利情境。

中：开始情绪出现波动，而后能控制住，做出较为合理的问答。

差：情绪激动，极力辩解，语无伦次。

5. 由于我部机关女干部比例比较高，你所报考的处室现在都是女同志，所以我们非常倾向于录用一名男生，现在与你共同竞争的有几名男生，你被录用的可能性很小，你是否认为这是一种不平等，请谈谈你的看法。

出题思路：情景性问题，考官给考生制造压力情景，考察考生面对危及自己切身利益的压力情景时的自我情绪控制能力。

【评分参考标准】

好：镇定，既能客观、全面、不偏激地表明自己的看法，也能抓住机会适度地表现出自己的优势。

中：基本镇定，但看法不够客观全面。

差：情绪激动，或一味地偏激表示不满，或被动承受。

6. 我们这次面试主要是想更具体深入地了解你各方面的情况，从今天你所表现的情况来看，就你所说的内容而言，结果是不错的，但凭我们的经验，现在的大学生往往是会说的不会做，会做的不会说，我们看你大概也有这种夸夸其谈，不够脚踏实地的特点，我没有说错吧？

出题思路：情景性问题。设计一个考生被误会、曲解的情况，来考察考生在面对否定与反对时，如何控制自我，进行说服解释的能力。

【评分参考标准】

好：镇定自若，能客观冷静地分析自己的优缺点，从容地回答问题并消释考官对自身的怀疑。

中：神情有些紧张，但基本能组织语言为自己澄清与解释，说服考官。

差：非常紧张，虽极力辩白却又没有说服力；或违背事实向考官承认自己实干精神差，今后一定努力改正等自我否定的话语。

六、结构化面试方式"求职动机与拟任职位的匹配性"例题分析

1. 你报考我们部门，你认为自己对这个职位已经具备了哪些条件，还有哪些不足？

出题思路：考察考生的自我认识、求职动机与拟任职位的匹配性。

【评分参考标准】

好：能实事求是地评价自己，对自己的优势和不足谈得较为准确，态度诚恳，有分寸。

中：基本上能比较客观地分析自己，但可能对自己的不足认识不够，对自己的优势的评价较为牵强。

差：不能准确评价自己，对自己的评价有虚假夸大的成分。

2. 以前你参加过面试吗？在此之前联系其他工作了吗？情况怎样？追问：如果考生回答没有联系过单位，就问他为什么没联系；如果回答联系过，则追问联系的是什么样的单位，你更倾向于哪个单位？为什么？

出题思路：行为型题目，用于面试开始。通过追问的导入作用可测查考生的求职动机与职位匹配性，以及他的诚实性。

【评分参考标准】

好：诚实可信，理由充分，符合实际；求职动机与拟任职位一致。

中：基本可信，比较符合实际；求职动机与拟任职位不冲突。

差：前后矛盾，故意作假；或求职动机与拟任职位不匹配。

七、模拟法庭控辩式刑事案例例题分析

【基本案情】

2007年10月31日20时许，赵某因故被李某等人困在一宾馆内，赵某为脱身打电话向王某求救。王某随即骑车携带其非法持有的一把自制枪支赶到现场。后王某、赵某为了顺利脱身，先后出示该手枪威胁李某等人。

经鉴定，王某带至现场的枪支系以火药为动力，有击发装置和铁质托柄，能够正常击发，具有杀伤力。

【争议焦点】被告人赵某是否犯非法持有枪支罪？

【可能存在的争议意见】

第一种意见，赵某的行为属于正当防卫；

第二种意见，赵某的行为属于紧急避险；

第三种意见，赵某的行为构成非法持有枪支罪。

【基本解析】

1. 赵某的行为不构成紧急避险。

《刑法》第二十一条规定："为了使国家、公共利益、本人或者他人的人身、财产和其他权利免受正在发生的危险，不得已采取紧急避险行为，造成损害的，不负刑事责任。"赵某持枪行为所指向的对象是危险的来源，即对其非法限制人身自由的李某等人，因而赵某的行为不构成紧急避险。

2. 赵某的行为不构成非法持有枪支罪。

《刑法》第一百二十八条规定："违反枪支管理规定非法持有、私藏枪支、弹药的，处3年以下有期徒刑、拘役或者管制；情节严重的，处3年以上7年以下有期徒刑。"显然，成立该罪行为人不仅要具备持枪的条件，同时关键还要具备持枪故意的条件。本案中，赵某在情急之下不得已而顺手使用王某带到现场的枪支用于对抗李某——危险来源，其目的是为了使自己脱离由李某等人造成的其人身自由受到限制之危险，具有正当性、合法性，不能认定赵某具有非法持枪的故意。因此，不能认定其行为构成非法持有枪支罪。

【分析之基本结论】

赵某的行为构成正当防卫。

分析：《刑法》第二十条规定："为了使国家、公共利益、本人或者他人的人身、财产和其他权利免受正在进行的不法侵害，而采取的制止不法侵害的行为，对不法侵害人造成损害的，属于正当防卫，不负刑事责任。"满足正当防卫的条件有五个：（1）必须有不法侵害行为发生；（2）必须是"为了使国家、公共利益、本人或者他人的人身、财产权利和其他权利免受不法侵害"；（3）必须是针对不法侵害本人实施；（4）不法侵害正处于已经开始并且尚未结束的进行状态；（5）不能明显超过必要限度造成重大损害。因不法侵害行为的发生具有高度的紧急性、防卫人防卫时其精神具有高度的紧张性，所以只要不是明显超过必要限度造成重大损害的，都应当属于正当防卫。

本案中赵某正是为了保护自己的人身自由权利不受李某等人正在实施的非法限制，才在情急之下不得已而顺手从王某那里拿过手枪指着李某等人对其进行威胁，既没有开枪更没有造成任何人体损害，从而顺利脱离危险场所，其行为完全符合前述正当防卫的五个条

件，属于正当防卫。

八、模拟法庭控辩式民事案例例题分析

【基本案情】

女大学生严某因毕业后找工作的艰难以及与父母思想沟通上的障碍，患了严重的失眠，遂至市精神病医院就诊。医院诊断其疾病为严重抑郁症，门诊病历中医生分析严某的症状为：悲观、厌世，有自杀倾向。医院为此开具两种安眠药品共160粒，其中一种安眠药品为100粒，远远超出了精神药品管理办法对此类药品的限制量，后严某服用该药自杀身亡，并留下遗书一封，诉说了内心的苦闷。严某父母含辛茹苦抚育女儿大学毕业，谁知陡然间痛失爱女，悲伤之极。经过咨询，他们得知医院存在违规开药的情形，遂诉至法院要求该市精神病医院承担民事赔偿责任。

【争议焦点】医院应否承担民事赔偿责任？

【可能存在的争议意见】

第一种意见：医院不应承担赔偿责任。

理由：（1）严某系自杀，自杀是一种漠视生命的行为，对人类的生存和发展有极大的负面效应，因此，自杀在任何一个国家都是不受法律保护的行为。（2）自杀是一种主观行为，是自杀者决定结束自己生命的个人行为，医院违规开药的行为与该女死亡之间无直接因果关系，本案中的女大学生虽患有严重的抑郁症，但仍然具备完全行为能力，对自己的行为有清醒的认识，其留下遗书即是最好的证明。即使医院不违规开具药品，她可能也会选择其他途径自杀，其死亡的真正原因是自我心理脆弱，所以医院的行为与该女的死亡无直接因果关系。故应该驳回原告的诉讼请求。

第二种意见：医院承担少部分民事责任。

理由：女大学生自杀是两个因素所造成。（1）该女子自身患有严重抑郁症，有自杀倾向；（2）医院违规开药。在这两个因素中，该女自身所患疾病是导致其自杀死亡的最根本原因，是自杀的内因。医院未对精神药品依法进行控制，违规开药，导致该女获得自杀的外部条件，至多是该女自杀死亡的外因。医院的违规开药与该女服药自杀之间虽然没有直接的因果关系，但有事实上的联系，外因通过内因最终发生了作用。如果医院不对它超剂量开药的违法行为承担必要的责任，那么势必造成那些掌管人的生命健康的医生对生命健康的漠视。医院的过错是明显的，无论从法律效果，还是从社会效果的角度来看，都应当判决医院承担相应的责任。但是考虑到女大学生仍然是一个完全民事行为能力人，医院的过错只是给予了该女自杀的便利条件，因此医院应当承担较轻的民事责任。

【分析之基本结论】

医院承担全部民事责任。

理由是：医院违规开药，首先是一种过错行为。精神类药物是国家严格控制的药品，之所以限定处方剂量，就是因为其对人可造成严重负面影响，作为医院对此应当明确告知。病人与医生在对待治病的问题上，实际上是不平等的，几乎完全由医生按其掌握的专业知识来单方面处理，由此，对药的剂量应当由医生控制掌握，病人是无法做出选择的。本案中，对药品的限制剂量是医院所掌控的专业知识，医院无任何理由加大剂量的发放，尤其是医院还诊断了该女有严重的抑郁症，在这种情形下，控制危险药物的剂量就是医生

必然的义务和职责。

其次，医院违规开药的行为构成了患者自杀的危险，而女大学生恰恰利用了这一危险。比如，美国的万宝路烟草公司在出售烟草时，在香烟上已经标明吸烟有害健康，即使吸烟者作为完全民事行为能力人，有能力预见其吸烟的后果，难道烟草公司可以免责？美国的万宝路公司没有遇到这样的法官，否则该公司就可以省去巨额的赔偿款了。作为烟草公司，其制造了危险源，并因此获得利润，那么作为危险的制造者就有责任和义务来消除其造成的有害后果。

最后，医院的违法行为与女大学生自杀不仅有事实上的因果联系，而且有法律上的因果关系，因此医院应当为其违规行为付出代价，承担全部法律责任。

第二编　法检两院面试方略

第四章　法检两院面试之专业知识梳理

本章具体介绍法院、检察院"两院考试"面试前，考生应该怎样进行面试准备的细致问题。通过对面试前具体的专业资料准备和面试前的临场问题等进行经验介绍，力图使考生通过本章学习，可以比较具体地掌握面试考察前的准备工作。考生有针对性和有目的地进行专门的准备训练，能提高临场发挥的稳定性，发挥出水平，取得好成绩。

模拟法庭控辩面试只在法检系统的公务员面试中出现，面试的对象主要是报考法检系统司法类岗位的考生，主要以民事和刑事案件为主，法院这两类案件都会准备，检察院更侧重考刑事方面的案件，包括刑事附带民事诉讼的案件。将来行政诉讼案件也应该在法检系统的公务员面试中出现。所以考生在面试前的专业知识准备中重点是法理学、刑法学和民法学的重要理论知识。

第一节　法理学专业知识梳理

一、法理学重要知识点

考生在面试前，通过复习和准备法理学，必须树立并且在模拟法庭控辩式面试中，坚定地表现出对法律的信仰和对法律权威的尊重。法理学重要知识点如下：

1. 法律：指由国家制定、认可并依靠国家强制力保证实施的，以权利和义务为调整机制，以人的行为关系为调整对象，反映由特定物质生活条件所决定的统治阶级的意志，以确认、保护和发展统治阶级或人民所期望的社会关系和价值目标为目的的行为规范体系。

法律具有广义和狭义两种不同的含义。广义的法律指法律的整体，即包括一个国家的宪法、法律、法令、条例、决议、指示、规章、条约等规范性法律文件。狭义的法律是指拥有立法权的国家机关根据法定的权限和程序所制定的规范性文件。在我国，狭义的法律仅指全国人民代表大会及其常委会制定的法律。

2. 法的规范作用：指法律作为行为规范，对人们的行为发生的直接影响，对人的行为所起到的保障和约束作用。它主要包括指引作用、评价作用、预测作用、教育作用和强制作用等。

3. 法律规则的逻辑结构：法律规则具有内在的严密的逻辑结构，主要由三个要素组成，即由假定条件、行为模式和法律后果三个要素构成。

4. 强行性规则：是指内容规定具有强制性质，不允许人们随便加以更改的法律规则。

义务性规则、职权性规则属于强行性规则。不管人们意愿如何，强行性规则所规定的义务必须履行，规则必须得到遵守。

5. 委任性规则：是指内容尚未确定，而只规定某种概括性指示，由相应的国家机关通过相应途径或程序加以确定的法律规则。

6. 准用性规则：是指内容本身没有规定人们具体的行为模式，而是可以援引或参照其他相应内容规定的规则。

7. 法律原则与法律规则的区别：

第一，在内容上，法律规则的规定是明确具体的，着眼于主体行为及各种条件的共性；法律原则的着眼点不仅限于行为及条件的共性，而且关注它们的个性，其要求比较笼统、模糊和抽象。

第二，在适用范围上，法律规则只适用于某一类型的行为；法律原则对人的行为及其条件有更大的覆盖面和抽象性，适用范围比法律规则宽广。

第三，在适用方式上，法律规则是以"全有或全无的方式"适用于个案当中；法律原则的适用则不同，它不是以"全有或全无的方式"应用于个案当中，当两个原则在具体的个案中发生冲突时，法官必须根据案件的具体情况及有关背景，在不同强度的原则间做出利益权衡。

第四，在稳定性上，法律规则没有法律原则的稳定性高。法律规则可能因为具体政策的变化而发生变更；而法律原则的变化频率较慢。有些原则（比如法律面前人人平等原则），伴随着人类文明的发展，还会因为时代的变化而变化。

8. 平衡价值冲突的主要原则：

第一，价值位阶原则。这是指在不同位阶的法的价值发生冲突时，在先的价值优于在后的价值。首先，法的基本价值（如自由、秩序、正义）优于法的一般价值（如效益、利益）。

第二，个案平衡原则。这是指处在同一位阶上的法的价值发生冲突时，必须综合考虑主体之间的特定情形、需求和利益，以使得个案的解决能够适当兼顾双方的利益。

第三，比例原则。比例原则是指为了保护某种较为优越的法的价值而必须侵害另一种法的价值时，不得逾越此目的所必要的程度。也就是说，即使某种价值的实现必然会以其他价值的损害为代价，也应当使被损害的价值减低到最低程度。

9. 法律效力：可以分为规范性法律文件和非规范性法律文件的效力。规范性法律文件的效力，也叫狭义的法律效力，指法律的生效范围或适用范围，即法律对什么人、什么事、在什么地方和什么时间有约束力。非规范性法律文件的效力，指判决书、裁定书、逮捕证、许可证的法律效力。

10. 法的溯及力，也称法溯及既往的效力，是指法对其生效以前的事件和行为是否适用。如果适用，就具有溯及力；如果不适用，就没有溯及力。我国《刑法》目前采用的是国际通行的"从旧兼从轻原则"，即新法原则上不溯及既往，但在新法对行为人的处罚较轻时，则从新法。

11. 法律关系：是指在法律规范调整社会关系的过程中所形成的人与人之间的权利和义务关系，包括法律关系的主体、法律关系的客体和法律关系的内容。

12. 法律事实：是指法律规范所规定的、能够引起法律关系产生、变更和消灭的现象。法律事实依据它是否以权利主体的意志为转移可以分为行为和事件。

13. 法律责任：指违法者对自己实施的违法行为必须承担的某种带有强制性的法律上的不利负担。法律责任主体是违法者本人，以违法行为为前提。

14. 法律制裁：指国家司法机关和国家授权的专门机关对违法者依其所应当承担的法律责任而采取的惩罚性措施。法律制裁主体是国家机关和国家授权的专门机关，以法律责任为前提。

15. 法的实施：指具有法律效力的法在社会生活中实际施行的活动。法的实施方式可以分为三种：法的执行（执法）、法的适用（司法）、法的遵守（守法）。

16. 法律监督：有广义和狭义之分，广义的法律监督是指一切国家机关、社会组织和公民对所有的法律运作过程的合法性所进行的监督；狭义的法律监督是指有关国家机关依法定职权和程序对立法、执法和司法等法律运作过程的合法性所进行的监督。

17. 法律解释：指由一定的国家机关、组织或个人，为适用和遵守法律，根据有关法律规定、政策、公平正义观念、法学理论和惯例对现行的法律规范、法律条文的含义、内容、概念、术语以及适用的条件等所作的说明。重点注意有权解释、立法解释、司法解释、行政解释的内涵及其运用。

18. 法律移植：指的是特定国家（或地区）的某种法律规则或制度移植到其他国家（或地区）。在鉴定、认同、调适、整合的基础上，引进、吸收、采纳、摄取、同化外国法律（包括法律概念、技术规范、原则制度和法律观念等），使之成为本国法律体系的有机组成部分，为本国所用。

19. 法律体系：指由一国现行的全部法律规范按照不同的法律部门分类组合而形成的一个呈体系化的有机联系的统一整体。简单地说，法律体系就是部门法体系。部门法，又称法律部门，是根据法的调整对象和调整方法对法所做的分类。

20. 法的渊源：它是指由不同国家机关制定或认可的，因而具有不同法律效力或法律地位的各种类型的规范性文件的总称，它又称为法的表现形式。

21. 法治理念：法治理念是人们对法律的功能、作用和法律的实施所持有的内心信念和观念，是指导一国法律制度设计和司法、执法、守法实践的思想基础与主导价值追求。社会主义法治理念包括依法治国、执法为民、公平正义、服务大局、党的领导五个基本方面。

第二节 刑法学专业知识梳理

一、刑法学重要知识点

（一）我国《刑法》规定的三个基本原则

1. 罪刑法定原则。

罪刑法定原则即所谓"法无明文规定不为罪、法无明文规定不处罚"。该原则要求：反对习惯法、反对溯及既往、反对类推、反对不定期刑。

2. 适用《刑法》人人平等原则。

该原则源自我国《刑法》第四条规定："对任何人犯罪，在适用法律上一律平等。不允许任何人有超越法律的特权。"要注意是《刑法》适用的平等，包括定罪、量刑、行刑的平等。

3. 罪责刑相适应原则。

该原则指刑罚的轻重，应当与犯罪分子所犯罪行和承担的刑事责任相适应。对犯罪分子适用刑罚时，首先要考虑犯罪行为社会危害性的大小，并在此基础上确定刑罚轻重的大体幅度，然后再考虑犯罪分子人身危险性的大小，最后确定对犯罪分子适用的刑罚。

（二）刑法的空间效力

刑法的空间效力指的是刑法在什么地方、对什么人有效，实际就是要解决刑事管辖权的问题。

1. 属地原则。

我国《刑法》第六条规定："凡在中华人民共和国领域内犯罪的，除法律有特别规定的以外，都适用本法。凡在中华人民共和国船舶或者航空器内犯罪的，也适用本法。犯罪的行为或者结果有一项是发生在中华人民共和国领域内，就认为是在中华人民共和国领域内犯罪。"我国《刑法》所说的领域包括领海、领空、领陆以及悬挂中华人民共和国国旗的航空器和船只。

2. 属人原则。

以人的国籍为标准，凡是本国人犯罪，不管是发生于本国领域内还是本国领域外，都适用本国刑法。

3. 保护原则。

以保护本国利益为原则，凡是侵害了本国国家或公民利益的，不管是本国人还是外国人，也不管是在本国领域内还是本国领域外犯罪，都适用本国刑法。

4. 普遍原则。

以保护国际社会的共同利益为标准，凡是发生了国际条约所规定的侵害国际社会共同利益的犯罪，不管是本国人还是外国人，也不管是在本国领域内还是本国领域外犯罪，都适用本国刑法。

我国《刑法》对空间效力的规定，是以属地原则为基础，兼采用其他原则。

（三）犯罪构成要件

犯罪的构成要件就是犯罪构成由哪些要素组成。根据我国《刑法》的规定，任何一种犯罪的成立都必须具备四个方面的构成要件，即犯罪客体、犯罪客观方面、犯罪主体、犯罪主观方面。

1. 犯罪客体是指《刑法》所保护的而为犯罪所侵犯的社会关系。

2. 犯罪的客观方面是指犯罪活动的客观外在表现，包括危害行为、危害结果以及危害行为和危害结果之间的因果关系、特定的时间、地点和方法（手段）等。

3. 犯罪主体是指实施犯罪行为，依法承担刑事责任的人，包括自然人主体和单位主体。

4. 犯罪的主观方面是指犯罪主体对自己的行为及其危害社会的后果所抱的心理态度，

包括故意（直接故意和间接故意）和过失（过于自信的过失和疏忽大意的过失）。

（四）正当防卫

1. 正当防卫：为了使国家、公共利益、本人或者他人的人身、财产和其他权利免受正在进行的不法侵害，而对不法侵害人采取的不明显超过必要限度的防卫行为。

2. 正当防卫的条件：

起因条件——必须有不法侵害行为存在（假想防卫不属于正当防卫）。

时间条件——不法侵害必须正在进行，即不法侵害已经开始或不法侵害造成的危害状态仍在继续，采取防卫行为可以排除该危害状态或避免危害结果产生（防卫不适时不属于正当防卫）。

对象条件——必须针对不法侵害人本人。

主观条件——必须出于防卫的意图（防卫的挑拨、互相斗殴、偶然防卫均不属于正当防卫）。

限度条件——不能明显超过必要限度造成重大损害。

3. 特别防卫的规定：《刑法》第二十条第三款规定："对正在进行行凶、杀人、抢劫、强奸、绑架以及其他严重危及人身安全的暴力犯罪，采取防卫行为，造成不法侵害人伤亡的，不属于防卫过当，不负刑事责任。"

4. 防卫过当的概念、罪过形式（过失、间接故意）及刑事责任（应当减轻或者免除处罚）。

（五）紧急避险

1. 紧急避险：指为了使国家、公共利益、本人或者他人的人身、财产和其他权利免受正在发生的危险，不得已采取的损害较小合法权益的行为。

2. 紧急避险的条件：

起因条件——有危险发生。

时间条件——危险正在发生。

对象条件——针对第三人的合法权益。

主观条件——避险意图。

时机条件——用其他方法不能避免危险。

限度条件——不超过必要限度（造成的危害必须小于要避免的危害）。

3. 职务、业务上有特定责任的人员例外。

4. 避险过当及其刑事责任（应当减轻或者免除处罚）。

5. 正当防卫与紧急避险的区别：

（1）危险来源不同（正当防卫——不法侵害行为；紧急避险——四种来源）。

（2）针对对象不同（正当防卫——不法侵害人；紧急避险——合法权益）。

（3）适用条件不同（正当防卫——可以其他方法避免时仍可适用；紧急避险——无其他有效方法时适用）。

（4）结果要求不同（正当防卫——造成损害可超过要避免的危害；紧急避险——造成损害必须小于要避免的危害）。

（六）故意犯罪过程中的形态

故意犯罪在发展过程中，因主客观原因而停止下来的各种犯罪状态，含既遂、预备、未遂、中止。存在范围：部分直接故意犯罪中（过失、间接故意中不存在）。

1. 犯罪既遂：行为人故意实施的行为具备《刑法》分则某一犯罪构成的全部要件。犯罪既遂的表现形态：结果犯、行为犯、危险犯、举动犯（行为人一着手犯罪实行行为即完成犯罪并符合犯罪构成要件）。我国《刑法》规定的犯罪都是以犯罪既遂为标准的。

2. 犯罪预备：是指为实行犯罪而准备工具、制造条件。犯罪预备的构成条件：客观方面（准备工具、制造条件）；主观方面（有犯罪预备的意图）。对犯罪预备的处罚原则：可以比照既遂犯，从轻、减轻或免除处罚。

3. 犯罪未遂：

（1）犯罪未遂的概念：行为人已着手实行犯罪，因行为人意志以外的原因而未得逞。

（2）构成条件：已着手实行犯罪、犯罪未得逞；未得逞系行为人意志外的原因造成。

（3）犯罪未遂的种类划分：一是能犯未遂和不能犯未遂；二是未实行终了的未遂和实行终了的未遂。

（4）犯罪预备与犯罪未遂的区别：是否已着手实行犯罪构成的要件。

（5）对犯罪未遂的处罚原则：可以比照既遂犯，从轻或者减轻处罚。

4. 犯罪中止：

（1）犯罪中止的概念：行为人在犯罪过程中自动放弃犯罪或自动有效地防止犯罪结果发生。

（2）构成条件：时空性、自动性、彻底性、有效性。

（3）犯罪中止的种类划分：一是预备中止和实行中止；二是未实行终了的中止和实行终了的中止。

（4）犯罪中止的处罚原则：没有造成损害的，应当免除处罚；造成损害的，应当减轻处罚。

（5）犯罪未遂与犯罪中止的区别：是否由于行为人意志以外的原因造成。

（七）共同犯罪

1. 共同犯罪概念：两人以上共同故意犯罪。

2. 构成要件：

主体条件：两个以上分别达到刑事责任年龄，具有刑事责任能力的自然人。

客观要件：共同的犯罪行为（行为之间相互配合、目标同一；各行为与结果之间具有因果关系）。

主观要件：共同的犯罪故意（共同的意识因素；共同的意向因素——均为希望或均为放任或希望和放任的结合）。

3. 不成立共同犯罪的情形：

（1）共同的过失。

（2）有共同的故意无共同犯罪的行为。

（3）另一方无故意或是过失。

（4）同时犯。

（5）过失帮助他人故意犯罪。

（6）故意教唆或帮助他人过失犯罪。

（7）超出共同犯罪范围的行为。

（8）故意内容不同的犯罪。

二、《刑法》重要罪名解析

（一）受贿罪与贪污罪的界限

受贿罪是指国家工作人员利用职务上的便利，索取他人财物，或者非法收受他人财物，为他人谋利益的行为

贪污罪是指国家工作人员利用职务上的便利，侵吞、窃取、骗取或者以其他手段非法占有公共财物的行为。

两者的区别在于：

1. 犯罪主体的范围有所不同。受贿罪仅限于国家工作人员，贪污罪还包括受委托管理、经营国有资产的人员。

2. 犯罪目的的内容不同。贪污罪在主观上以非法占有自己主管、管理、经手的公共财物为目的。受贿罪在主观上表现为以非法占有他人或者其他单位的公私财物为目的。

3. 行为对象不同。贪污罪的行为对象是公共财物；受贿罪的对象既包括公共财物，也包括公民私有的财物。

4. 行为方式不同。贪污罪使用侵吞、窃取、骗取等方法，非法占有自己主管、管理、经手的公共财物；受贿罪则是利用职务之便向他人索取财物，或者非法收受他人财物，为他人谋利益。

（二）挪用资金罪与职务侵占罪的界限

挪用资金罪是指公司、企业或者其他单位的工作人员，利用职务上的便利，挪用本单位的资金归个人使用，或者借贷给他人，数额较大、超过3个月未还的，或者虽未超过3个月，但数额较大、进行营利活动的，或者进行非法活动的行为。

职务侵占罪是指公司、企业、或者其他单位的工作人员，利用职务上的便利将本单位的财物非法占为己有，数额较大的行为。

两者的区别在于：

1. 犯罪客体不同。挪用资金罪的客体是本单位资金的使用权，职务侵占罪的客体是本单位财产所有权。

2. 犯罪对象不同。挪用资金罪的犯罪对象限于本单位的资金，而职务侵占罪的犯罪对象包括自己所在单位内的其他财物，包括不动产等。

3. 犯罪目的不同。挪用资金罪的主观方面不具有非法占有的目的，只是非法使用本单位的资金，职务侵占罪的主观方面具有非法占有的目的。

（三）贪污罪与盗窃罪的界限

贪污罪是指国家工作人员利用职务上的便利，侵吞、窃取、骗取或者以其他方法非法占有公共财物的行为。

盗窃罪是指以非法占有为目的，秘密地多次窃取或者窃取数额较大公私财物的行为。

两者的区别在于：

1. 犯罪主体不同。贪污罪的主体为特殊主体，即国家工作人员。盗窃罪的主体为一般主体，即满16周岁有刑事责任能力的人。

2. 犯罪客体不同。贪污罪的客体是国家工作人员的职务行为的廉洁性、国家财经管理制度和公共财产所有权。盗窃罪的客体是公私财产所有权。

3. 犯罪对象不同。贪污罪的对象为公共财物，盗窃罪的犯罪对象是公私财物。

4. 犯罪的客观方面行为不同。贪污罪中占有公共财物的行为是利用职务上的便利实施的，而盗窃罪在客观方面没有职务上的便利。

（四）挪用公款罪与贪污罪的界限

挪用公款罪是指国家工作人员利用职务上的便利，挪用公款归个人使用，进行非法活动的，或者挪用数额较大、进行营利活动的，或者挪用数额较大、超过 3 个月未还的行为。

贪污罪是指国家工作人员利用职务上的便利侵吞、窃取、骗取或者以其他方法非法占有公共财物的行为。

两者的区别在于：

1. 犯罪目的不同。挪用公款罪以非法占用为目的，即暂时挪用归个人使用；贪污罪以非法占有为目的，即意图永久非法占有。行为人挪用后潜逃的、挥霍后不退还的以贪污罪论处。

2. 犯罪客体不同。挪用公款罪的犯罪客体是公款的使用权；贪污罪侵犯的客体是公共财物所有权。

3. 犯罪对象不同。挪用公款的犯罪对象仅限于公款以及抢险、救灾等特定款物；贪污罪的犯罪对象是公共财物，既包括公款也包括公物。

4. 客观方面的行为手段不同。挪用公款罪的行为手段是擅自私用公款，实际案件行为人一般没有涂改、销毁、伪造账簿的非法行为；贪污罪的行为手段是侵吞、窃取等非法手段，实际案件中行为人往往有涂改、销毁、伪造账簿的行为。

（五）窝藏、包庇罪与伪证罪的界限

窝藏、包庇罪是指明知是犯罪的人而为其提供隐藏处所、财物，帮助其逃匿或者作假证明包庇的行为。

伪证罪是指在刑事诉讼中，证人、鉴定人、记录人、翻译人对与案件有重要关系的情节，故意作虚假证明、鉴定、记录、翻译，意图陷害他人或者隐匿罪证的行为。

两者的区别在于：

1. 犯罪的场合不同。窝藏、包庇罪可发生在刑事诉讼之前、之中和之后；而伪证罪只能发生在刑事诉讼之中。

2. 犯罪主体不同。窝藏、包庇罪的犯罪主体是一般主体；伪证罪的主体是特殊主体，即只能是刑事诉讼中的证人、鉴定人、记录人、翻译人。

3. 犯罪对象不同。窝藏、包庇罪的犯罪主体包括已决犯和未决犯；而伪证罪的犯罪对象只能是未决犯。

4. 犯罪目的不同。窝藏、包庇罪的犯罪目的是使犯罪人逃避法律制裁；而伪证罪的目的既包括隐匿罪证，使犯罪分子逃避法律制裁，也包括陷害他人使无罪者受到刑事追究。

（六）伪证罪与诬告陷害罪的界限

伪证罪是指在刑事诉讼中，证人、鉴定人、记录人、翻译人对与案件有重要关系的情况，故意作虚假证明、鉴定、记录、翻译，意图陷害他人或者隐匿罪证的行为。

诬告陷害罪是指捏造事实诬告陷害他人，意图使他人受到刑事追究，情节严重的行为。

两者的区别在于：

1. 行为对象不完全相同。伪证罪的行为对象主要是人犯；而后罪的行为对象是任何公民。

2. 行为方式不同。伪证罪是对案件有重要关系的重要情节作伪证；而后罪则是捏造整个犯罪事实。

3. 犯罪主体不同。伪证罪是特殊主体，只限于证人、鉴定人、记录人、翻译人；而后罪是一般主体。

4. 行为内容不同。伪证罪的行为内容包括陷害他人或包庇犯罪；而后罪则只是陷害他人。

5. 行为实施的时间不同。伪证罪是发生在立案以后的刑事诉讼过程中；而后罪则发生在立案侦查以前。

（七）徇私枉法罪与伪证罪的界限

徇私枉法罪是指司法工作人员徇私枉法、徇情枉法，对明知无罪的人而使他受到追诉，或者对明知是有罪的人而故意包庇使其不受追诉，或者在刑事审判活动中故意违背事实和法律做出枉法裁判的行为。

伪证罪是指在刑事诉讼中，证人、鉴定人、记录人、翻译人对与案件有重要关系的情节，故意作虚假证明、鉴定、记录、翻译，意图陷害他人或者隐匿罪证的行为。

两者的区别在于：

1. 犯罪主体不同。徇私枉法罪的犯罪主体限于司法工作人员；而伪证罪的犯罪主体为证人、鉴定人、记录人、翻译人。

2. 犯罪客体不同。徇私枉法罪的犯罪客体是司法机关的正常活动和司法公正；伪证罪的犯罪客体是社会管理秩序中的司法秩序。

3. 客观方面不同。徇私枉法罪限于利用司法职务之便；而伪证罪无利用司法职务之便的行为特征。

（八）玩忽职守罪和重大责任事故罪的界限

玩忽职守罪是指国家机关工作人员玩忽职守，致使公共财产、国家和人民利益遭受重大损失的行为。

重大责任事故罪是指工厂、矿山、林场、建筑企业或其他企业、事业单位的职工，由于不服从管理，违反规章制度，或者强令工人违章冒险作业，因而发生重大伤亡事故或者造成其他严重后果的行为。

两者的区别在于：

1. 犯罪主体不同。玩忽职守罪的犯罪主体是国家机关工作人员；重大责任事故罪的犯罪主体是厂矿企业、事业单位等的职工或工作人员。

2. 犯罪客体不同。玩忽职守罪的犯罪客体是国家机关的正常管理活动；重大责任事故罪的犯罪客体是工矿企业，事业单位的生产作业安全。

3. 发生的场合不同。玩忽职守罪发生在国家机关的公务活动中；重大责任事故罪发生在生产作业活动中。

（九）抢劫罪与绑架罪的界限

绑架罪是指以勒索财物为目的绑架他人，或者绑架他人作为人质，或者以勒索财物为目的偷盗婴儿的行为。

抢劫罪是指以非法占有为目的，当场使用暴力、胁迫或者其他方法，强行劫取财物的行为。

两者的区别在于：

1. 犯罪主体年龄要求不同。抢劫罪的主体是满 14 周岁的有刑事责任能力的人，而绑架罪的主体是满 16 周岁有刑事责任能力的人。

2. 犯罪客体不同。抢劫罪的犯罪客体是公私财物的所有权和公民的人身权利，绑架罪的犯罪客体一般是单一客体，即公民的人身权利，但以勒索财物为目的的绑架罪也同时侵犯了财产权利和人身权利。

3. 犯罪的客观方面不同。抢劫罪是当场使用暴力、胁迫或者其他方法当场劫取财物，绑架罪是将被害人掳走限制其自由后，以杀害、重伤或长期禁闭被害人、威胁被害人家属或有关人员，迫使其在一定期限内交出所勒索的财物。

（十）非法拘禁罪与绑架罪的界限的界限

非法拘禁罪是指以拘押、禁闭或者其他强制方法非法剥夺他人人身自由的行为。

绑架罪是指以勒索财物为目的，采取暴力、胁迫或者其他方法绑架他人，或者绑架他人作为人质，或者以勒索财物为目的的偷盗婴儿的行为。这两种犯罪在形式上都是剥夺了被害人的人身自由。

两者的区别在于：

1. 侵犯的客体不同。前者是单一客体，即侵犯客体为他人的人身自由；后者的犯罪客体一般是单一客体，即公民的人身权利，但以勒索财物为目的的绑架罪也同时侵犯了财产权利和人身权利。

2. 行为方式不同。前者既可以作为方式，也可以不作为方式实施；而后者只能以作为方式实施。

3. 行为目的不同，前者是为了使被害人遭受拘禁之苦，并不提出财物或者其他不法利益的要求，后者是为了威胁被绑架人以达到自己获取财物或者其他非法利益的目的。

（十一）招摇撞骗罪与诈骗罪的界限

招摇撞骗罪是指以谋取非法利益为目的，冒充国家机关工作人员进行招摇撞骗的行为。

诈骗罪是指以非法占有为目的，用虚构的事实或者隐瞒真相的方法，骗取数额较大的公私财物的行为。

两者的区别在于：

1. 犯罪客体不同。招摇撞骗罪的客体为国家机关的威信及其正常活动，同时也侵犯了公共利益或公民的合法权益，诈骗罪的客体是公私财物的所有权。

2. 行为方式不同。招摇撞骗罪仅限于以冒充国家机关工作人员的方式进行招摇撞骗的行为方式，诈骗罪则不限于冒充国家机关工作人员的方式。

3. 所获非法利益不同。招摇撞骗罪行为人骗取的利益包括财产在内的各种利益，诈骗罪的行为人骗取的利益为财物。

（十二）贪污罪与侵占罪、职务侵占罪的界限

贪污罪是指国家工作人员利用职务上的便利，侵吞、窃取、骗取或者以其他手段非法占有公共财物的行为。

侵占罪是指以非法占有为目的，将代为保管的财物或者他人的遗忘物，埋藏物非法占为己有，数额较大拒不退还或者拒不交出的行为。

职务侵占罪是指公司、企业或者其他单位的人员，利用职务上的便利，将本单位的财物非法占有，数额较大的行为。

贪污罪与职务侵占罪的主要区别在于犯罪主体不同。贪污罪的主体为国家工作人员，职务侵占罪的主体为公司，企业或者其他单位的人员。

贪污罪、职务侵占罪与侵占罪的区别有：

1. 犯罪主体不同。贪污罪的主体与职务侵占罪的主体为特殊主体，即贪污罪的主体为国家工作人员，职务侵占罪的主体是公司、企业，或者其他单位中不具有国家工作人员身份的工作人员，侵占罪的主体为一般主体。

2. 犯罪客体不同。贪污罪的犯罪客体是职务行为廉洁性和公共财产所有权，侵占罪的客体是公私财产所有权，职务侵占罪的客体是本单位财产所有权。

3. 犯罪客观方面行为不同。贪污罪中占有公共财物的行为是利用职务上的便利而实施的；职务侵占罪在客观方面也是利用职务上的便利条件，而侵占罪在客观方面没有职务上的便利条件，但是有利用自己控制他人财物的便利条件，这一便利条件不是基于职务产生的，而是基于他人的委托以及获取他人遗忘物，埋藏物而取得的。

（十三）挪用公款罪与挪用资金罪的界限

挪用公款罪是指国家工作人员利用职务上的便利，挪用公款归个人使用，进行非法活动的，或者挪用公款数额较大、进行营利活动的，或者挪用数额较大、超过 3 个月未还的行为。

挪用资金罪是指公司、企业或者其他单位的工作人员，利用职务上的便利，挪用本单位的资金归个人使用，或者借贷给他人，数额较大、超过 3 个月未还的，或者虽未超过 3 个月，但数额较大、进行营利活动的，或者进行非法活动的行为。

两者的区别在于：

1. 主体不同。两者都是特殊主体，但具体的范围不同。挪用公款罪的主体是国家工作人员；挪用资金罪的主体是公司、企业或者其他单位中不具有国家工作人员身份的工作人员。

2. 客体不同。挪用公款罪的客体是公共财产所有权，具体表现为公款的使用权；挪用资金罪的客体是公司、企业或者其他单位的资金使用权。二者都有侵犯职务行为的廉洁性的特征，但挪用公款罪侵犯的是国家工作人员职务行为的廉洁性，而挪用资金罪侵犯的是普通受雇人员即非国家工作人员职务行为的廉洁性。

（十四）公司、企业人员受贿罪与受贿罪的界限

公司、企业人员受贿罪是指公司、企业或者其他单位的工作人员利用职务上的便利，

索取他人财物或者非法收受他人财物，为他人谋取利益，数额较大的行为。

受贿罪是指国家工作人员利用职务上的便利，索取他人财物或者非法收受他人财物，为他人谋取利益的行为。

两者的区别在于：

1. 主体不同。受贿罪的主体是国家机关工作人员；公司、企业人员受贿罪的主体是公司、企业或者其他单位的人员。

2. 客体不同。受贿罪的客体是国家工作人员职务行为廉洁性；公司、企业人员受贿罪的客体是国家对公司、企业或者其他单位工作人员职务活动的管理制度。

3. 受贿罪中为他人谋取利益不需要达到数额较大；公司、企业人员受贿罪中为他人谋取利益需要达到数额较大。

4. 前者犯罪中不存在斡旋受贿，后者则存在斡旋受贿的情况。

（十五）侵占罪与盗窃罪的界限

侵占罪是指以非法占有为目的，将代为保管的他人财物或者将他人的遗忘物、埋藏物非法占为己有，数额较大，据不退还或者拒不交出的行为。

盗窃罪是指以非法占有为目的，秘密地多次窃取或者窃取数额较大的公私财物的行为。

两者的区别在于：

1. 犯罪故意产生的时间不同。侵占罪的行为人在持有公私财物之后才产生犯罪故意，即产生了非法占有公私财物的目的；而盗窃罪的行为人是在没有占有财物之前就产生了非法占有他人财物的目的。

2. 犯罪的对象不相同。侵占罪对象是行为人业已持有的公私财物，公私财物已经在行为人的控制之下；盗窃罪的对象则是他人所有、管理、持有的公私财物，公私财物在被害人的控制之下。

3. 客观方面不尽相同。侵占罪客观方面表现为侵占行为，即将自己已经控制下的公私财物非法占有；盗窃罪客观方面表现为秘密窃取行为，行为人采取自以为不会被财物的所有人、保管人、持有人、看护人等发觉的方法窃取其财物。

（十六）挪用资金罪与职务侵占罪的界限

职务侵占罪是指公司、企业或者其他单位的人员，利用职务上的便利，将本单位财物非法占有，数额较大的行为。

挪用资金罪是指公司、企业或者其他单位的工作人员，利用职务上的便利，挪用本单位的资金归个人使用，或者借贷给他人，数额较大、超过 3 个月未还的，或者虽未超过 3 个月，但数额较大、进行营利活动的，或者进行非法活动的行为。

两者的区别在于：

1. 犯罪客体不同。两种犯罪虽然都侵犯了财物的所有权，但是挪用资金罪侵犯了所有权的一部分，即侵犯了资金的使用权和收益权，但是未侵犯处置权；职务侵占罪则侵犯了财物所有权的全部权能。

2. 犯罪的对象不同。挪用资金罪的对象是本单位的资金；职务侵占罪的对象则是本单位财物，外延广于资金。

3. 犯罪故意内容不同。挪用资金罪的故意内容只是暂时挪用资金，准备日后归还；而职务侵占罪的故意内容则是将财物非法占有，完全不打算归还。

（十七）敲诈勒索罪与抢劫罪的界限

敲诈勒索罪是指以非法占有为目的，对公私财物的所有人、管理人实施威胁或者要挟的方法，强行索取数额较大的公私财物的行为。

抢劫罪是指以非法占有为目的，当场使用暴力、胁迫或者其他方法，强行劫取财物的行为。

两者的区别在于：

1. 行为的内容不同。抢劫罪以当场实施暴力、暴力相威胁为其行为内容；敲诈勒索罪仅限于威胁，不当场实施暴力，而且威胁的内容不只是暴力，还包括非暴力威胁。

2. 犯罪行为方式不同。抢劫罪当着被害人的面实施，一般用语言或动作来表示；敲诈勒索罪的威胁可以是当着被害人的面，也可以是通过第三者来实现；可以用口头的方式来表示，也可以通过书信的方式来表示。

3. 非法劫取财物的时间不同。抢劫罪是当场取得财物；而敲诈勒索罪可以是当场，也可以是在实施威胁、要挟之后取得他人财物。行为人以暴力相威胁使被害人限期交出财物的行为，不应定为抢劫罪，而应以敲诈罪论处。

4. 构成犯罪的数额标准不同。抢劫行为有较大的社会危害性，法律不要求其劫取财物的数额必须达到数额较大才构成犯罪；敲诈勒索罪行为的社会危害性较小，刑法规定以数额较大作为敲诈勒索罪的必要要件。

第三节　民法学专业知识梳理

一、《民法》总论

（一）民事关系

1. 人身关系及其特征。

人身关系是人格关系和身份关系的合称。民法调整的即人的人格权关系和身份权关系。人格权关系是自然人基于彼此的人格或者人格要素而形成关系。人格要素是与自然人人身不能分离的，没有直接经济内容的包括生命、身体、健康等物质性要素和姓名、肖像、名誉、荣誉、隐私等精神要素，人格在法律上不得抛弃，不得转让并不得剥夺。法人也享有名称权、名誉权、荣誉权等有限人格权。

身份权关系是指自然人基于彼此的身份形成相互关系，包括父母子女、兄弟姐妹、祖父母、外祖父母等亲属关系和配偶关系。身份关系仅存在自然人之间，也不得抛弃或者转让。

2. 财产关系及其特征。

财产是人们可以支配的有经济价值的资源和物品。财产关系是人们基于财产的支配和交易而形成的社会关系。民法调整的财产关系是发生在平等主体之间，特点是强调当事人身份的非官方性；可以被支配，不能被支配的资源不能作为财产；人身的物质要素不能作为财产。

平等主体之间的财产关系可以分为两类，即支配型和流转型。支配型表达的是财产归何人控制的状态，对物的支配称为物权，对智力成果的支配称为知识产权。流转型财产关系反映的是商品交换中的财产关系，民法上称为债的关系。

财产还可以分为积极财产和消极财产，前者是指物权、知识产权和债权；消极财产仅指债务。

3. 民法的基本原则。

（1）平等原则：是指主体的身份平等。不论其自然条件和社会处境如何，其法律资格即权利能力一律平等。在民事法律关系中平等地享有权利，权利平等地受到保护。

（2）自愿原则：指在民事活动中当事人的意思自治，其内容包括自己行为和自己责任两个方面。自己行为是指当事人可以根据自己的意愿决定是否参加民事活动，参与的内容、行为方式；自己责任是指民事主体要对自己参与民事活动所导致的结果负担责任。

（3）公平原则：民事活动中以利益均衡作为价值判断标准在民事主体之间发生利益关系摩擦时，以权利义务是否均衡来平衡双方的利益。因此公平原则是一条法律适用原则。即当民法缺乏规定时，可以根据公平原则来变动当事人之间的权利义务；公平原则又是一条司法原则，即法官的司法判决要做到公平、合理，当法律缺乏规定时，应当根据公平原则做出合理的判决。

（4）诚实信用原则：是指民事主体在民事活动中应当诚实守信地行使自己的权利，履行自己的义务，实现双方当事人之间的利益平衡以及双方当事人与社会之间的利益平衡。

（5）公序良俗原则：公序良俗是公共秩序和善良风俗的合称，包括两层含义：一是从国家的角度定义的公共秩序；二是从社会的角度定义的善良风俗。

（6）禁止权利滥用原则：指民事主体在民事活动中必须正确行使民事权利，如果行使权利损害了同样受到保护的他人利益和社会公共利益时，即构成权利滥用。民事活动首先必须遵守法律，法律没有规定的，应当遵守国家政策及习惯，行使权利应当尊重社会公德，不得损害社会公共利益和扰乱社会经济秩序。

4. 支配权、请求权、形成权、抗辩权。

根据民事权利的效力特点可分为：

支配权：对权利客体进行直接的排他性支配并享受其利益的权利。

请求权：特定人得请求特定人为一定行为和不为一定行为的权利。

形成权：依照权利人单方意思表示就能使权利发生、变更或者消灭的权利。

抗辩权：能够阻止请求权效力的权利。

5. 既得权与期待权。

根据权利是否现实取得可分为：

既得权：是指已经取得并能享受其利益的权利。

期待权：是指因法律要件未充分具备而尚未取得的权利。

6. 法定义务和约定义务。

根据义务产生的原因可分为：

法定义务：是指直接由民法规范规定的义务，比如对物的不作为义务、对父母的赡养义务。

约定义务：是按当事人意思确定的义务，如合同义务，约定义务以不违反法律的强制性规定为界限，否则法律不予承认。

7. 基本义务和附随义务。

基本义务又称为给付义务，是指合同关系所固有的、必备的，并用以决定合同类型的基本义务。例如，买卖合同中卖方交付标的物，并转让其所有权的义务，买方支付价款的义务，均是给付义务。

在合同中，基于诚实信用原则还有所谓的附随义务，这是依债的发展情形所发生的义务，如照顾义务、通知义务、协助义务等。

8. 合同责任、侵权责任、其他责任。

根据责任发生的原因和法律要件不同可分为：

合同责任：是指违反合同义务产生的责任。

侵权责任：是指因侵犯他人的财产权和人身权产生的责任。

其他责任：是指合同责任与侵权责任之外的其他民事责任，如不履行不当得利债务、无因管理债务等产生的责任。

9. 无限责任和有限责任。

根据财产责任中，债务人对其财产所负债务的责任形态可以分为有限责任和无限责任。无限责任是指债务人以其全部财产对其债务所负的责任，有限责任是指债务人以特定财产为限，对其债务所负的清偿责任。

10. 单独责任和共同责任。

单独责任是指由一个人承担的民事责任。

共同责任是指有两个人以上共同承担的民事责任。共同责任属于单方的多数人责任，如果双方都有责任，则为混合责任。根据共同责任的多数人之间对于责任的关联度，可以将共同责任区分为按份责任和连带责任。

11. 按份责任与连带责任。

按份责任是指多数当事人按照法律的规定或者合同的约定各自承担一定份额的民事责任，各责任人之间没有连带关系。按份责任是指各责任人仅就自己所负担的责任份额承担责任，当其所承担的所负的份额时，民事责任即告完成。所以，按份责任实际上是将同一责任分割为各个独立的部分，由各责任人各自独立负责，所以又称为分割责任。至于按份责任中各责任人之间的责任份额的大小与多少，由法律规定或者通过当事人自行约定，法律没有规定或者当事人没有约定的，推定各责任人承担相同的份额。

连带责任是因违反连带债务或者共同实施侵权行为而产生的责任，各个责任人之间具有连带关系。所谓连带，就是各责任人都有义务代负其他责任人的责任份额，在权利人提出请求时，各个责任人不得以超过自己应承担的部分为由拒绝。承担超过自己份额的责任人有权向其他责任人请求予以补偿，即在连带责任人内部还是有份额的。连带责任是一种加重责任，只有在法律直接规定和由当事人约定时方能使用。

12. 补充责任。

补充责任，是指在第一责任人的财产不足以承担其应负的民事责任时，负补充责任的人对不足部分承担责任。补充责任与连带责任不同，补充责任时第二责任人在第一责任人未承担责任前享有抗辩权。

13. 过错责任、无过错责任、公平责任。

根据责任的构成是否以当事人的过错为要件可分为：

过错责任：是指因行为人过错导致他人损害时应承担的责任。

无过错责任：是指行为人只要给他人造成损害，无论主观上是否过错，都应当承担民事责任，也称为不问过错责任。没有过错，但法律规定应当承担民事责任的，应当承担民事责任。

公平责任：是指当事人对造成的损害都无过错，而又不能使用无过错责任，则根据实际情况由当事人分担的责任。

14. 自然人的民事权利能力与民事行为能力。

民事权利能力是指自然人享有民事权利，承担民事义务的资格。民事权利能力是法律上的人格或主体资格，公民的民事权利能力一律平等。其特征是平等性和不可转让性。民事权利能力与自然人不可分离，故不得转让和抛弃。

开始：自然人的民事权利能力的取得始于出生。出生的时间以户籍证明为准，没有户籍证明的，以医院的出生证明为准，没有医院证明的，参照其他有关证明认定。

终止：自然人的民事权利能力于死亡时消灭，《民法》上自然人的死亡有生理死亡和宣告死亡之分。自然人的民事权利能力自死亡时终止，其民事主体资格即告丧失。

自然人的民事行为能力是指民事主体独立实施民事法律行为的资格。具有民事权利能力者不一定就有民事行为能力，两者的确认标准不同。民事行为能力的有无与自然人的意思能力有关，我国现行立法技术对心智正常的人采取年龄划线，即达到一定年龄即认定其有行为能力，而对成年精神病人采取个案审查制。

自然人在因过错侵害他人权利而须负民事责任时，能不能自负其责，不仅取决于意思能力，还与责任能力有关，责任能力是自然人对自己加害后果承担责任的能力。民事行为能力与民事责任能力既有相同之处也有不同之处，有民事行为能力的人，同时也是有民事责任能力的人，但限制民事行为能力人，是有责任能力的，而不是限制责任能力。

18 周岁以上的公民是成年人，具有完全民事行为能力，可以独立进行民事活动，是完全民事行为能力人。16 周岁以上不满 18 周岁的公民，以自己的劳动收入为主要生活来源的，视为完全民事行为能力人。

10 周岁以上的未成年人是限制民事行为能力人，可以进行与他的年龄、智力相适应的民事活动；其他民事活动由他的法定代理人代理，或者征得他的法定代理人的同意。不能完全辨认自己行为的精神病人是限制民事行为能力人，可以进行与他的精神健康状况相适应的民事活动；其他民事活动由他的法定代理人代理，或者征得他的法定代理人的同意。限制行为能力人订立纯获利益的合同或者与其年龄、智力、精神健康状况相适应而订立的合同，不必法定代理人代理属于其民事行为能力范围。无民事行为能力人、限制民事行为能力人接受奖励、赠与、报酬，他人不得以行为人无民事行为能力、限制民事行为能力为由，主张以上行为无效。

不满 10 周岁的未成年人是无民事行为能力人，由他的法定代理人代理民事活动。不能辨认自己行为的精神病人是无民事行为能力人，由他的法定代理人代理民事活动。

限制民事行为能力和无民事行为能力人的认定方法分别采取年龄主义和个案审查制。成年人限制民事行为能力和无民事行为能力的认定：如果没有判断能力和自我保护能力，不知道其行为后果的为无民事行为能力人，或者对于比较复杂的事物或者比较重大的行为缺乏判断能力和自我保护能力，并且不能预见其行为后果的，为限制民事行为能力人。对成年人限制民事行为能力人和无民事行为能力人，可以由本人或利害关系人提出申请，由人民法院宣告，此项宣告是对事实状态的公示，不是成年人行为能力欠缺的法律要件。认定精神病人的行为能力，人民法院应当根据司法精神病学鉴定或者参照医院诊断、鉴定确认。在不具备诊断、鉴定条件的情况下，也可以参照群众公认的当事人的精神状态认定，但应以利害关系人没有异议为限。

15. 宣告死亡。

（1）死亡时间：被宣告死亡的人，判决宣告之日为其死亡的日期。

（2）行为效力：有民事行为能力人在被宣告死亡期间实施的民事法律行为有效。

（3）法律后果：被宣告死亡的人重新出现或者确知他没有死亡，经本人或者利害关系人申请，法院应当撤销对他的死亡宣告。被撤销死亡宣告的人有权请求返还财产。依照继承法取得他的财产的公民或者组织，应当返还原物及其孳息；原物不存在的，给予适当补偿。但其原物已被第三人合法取得的，第三人可不予返还原物，代之以适当的补偿。被宣告死亡的人与配偶的婚姻关系，自死亡宣告之日起消灭。死亡宣告被法院撤销，如果其配偶尚未再婚的，夫妻关系从撤销死亡宣告之日起自行恢复；如果其配偶再婚后又离婚或者再婚后配偶又死亡的，则不得认定夫妻关系自行恢复。被宣告死亡的人在被宣告死亡期间，其子女被他人依法收养，被宣告死亡的人在死亡宣告被撤销后，仅以未经本人同意而主张收养关系无效的，一般不应准许，但收养人和被收养人同意的除外。利害关系人隐瞒真实情况使他人被宣告死亡而取得其财产的，除应返还原物及孳息外，还应对造成的损失予以赔偿。

16. 法人的民事权利能力。

法人的民事权利能力是法律赋予法人参加民事法律关系，从而取得民事权利、承担民事义务的资格。法人的民事权利能力和民事行为能力，从法人成立时产生，到法人终止时消灭。营利法人的成立以登记机关颁发的法人执照注明的日期为准，法人能力消失以清算完结注销登记的提起为准。有独立经费的机关从成立之日起，具有法人资格。具备法人条件的事业单位、社会团体，依法不需要办理法人登记的，从成立之日起，具有法人资格；依法需要办理法人登记的，经核准登记，取得法人资格。法人的民事权利能力有以下三方面的限制：（1）性质上的限制，基于自然人的天然属性而专属于自然人的民事权利内容，法人均不能享有；（2）法律上的限制，为了防止国有资产的流失和保护交易安全，一些法人的民事权利能力范围受到法律的直接限制；（3）目的事业的限制，法人的民事权利能力范围，以其目的事业为准，在登记设立的法人经营范围以登记为准，企业法人应当在核准登记的经营范围内从事经营。只要不是违反专营、专卖及法律禁止性规定，法人超经营范围所订立的合同应属于有效。对法人目的事业限制指示法律禁止的事项，而不是核准登记的事项。

17. 法人的民事行为能力。

法律的民事行为能力是法律赋予法人独立进行民事活动的能力。民事权利能力与民事行为能力一起产生、同时消灭，始期和终期一致，范围一致，法人独立参与民事活动，实施民事法律行为是由代表机构进行，代表机关是代表法人为意思表示的机构。在企业，法人为法定代表人。法定代表人必须是完全民事行为能力的自然人，在以法人的名义实施民事法律行为时，法定代表人所作的意思表示，就是法人本身的意思表示。

18. 民事法律行为的类型。

（1）单方行为、双方行为、多方行为：

根据民事法律行为的成立是仅需要一方意思表示还是必须双方或多方意思表示，民事法律行为分为单方行为、双方行为和多方行为。

单方行为不需要相对人的同意，该行为即告成立，如遗嘱、代理权授予、无权代理的追认、抛弃所有权，只需要一方当事人意思即可成立。

双方民事法律行为是当事人双方意思表示一致才能成立的民事法律行为。双方的意思表示必须相互结合，彼此一致，仅有意思表示没有达成一致的，则不成立。

共同行为，也称为多方行为，与双方行为的区别在于意思内容是平行的、非相对的，如合伙、法人合并、股东决议、公司章程等。

（2）有偿行为和无偿行为：

双方民事法律行为才存在有偿和无偿的问题，单方民事法律行为不存在有偿或无偿的问题。有偿行为，双方当事人各因给付而取得对待利益。无偿行为，当事人约定一方当事人履行义务，对方当事人不给予对价利益。

区分的意义：有的民事法律行为就其性质只能是有偿或者是无偿的，有的可以是有偿或者无偿，如果当事人没有有偿或者无偿的约定，双方争议时，就依照法律、交易习惯解释。意思表示有瑕疵，有偿行为可以用显失公平撤销，无偿行为不可以。承担法律责任的要件不同，无偿行为承担赔偿责任以重大过失为要件，有偿行为有一般过失就要承担责任。

（3）诺成性行为与实践性行为：

诺成性行为当事人双方意思表示一致即可成立，实践性行为除意思表示一致外还需要交付标的物才能成立。保管、定金、质押属于实践性民事法律行为，此外双方民事法律行为如果未有约定的，认定为诺成性行为。

19. 民事法律行为的生效。

法定条件：行为人具有相应的民事行为能力；意思表示真实；不违反法律或者社会公共利益，即民事法律行为具有合法性，包括标的合法。在法律对某些行为有特别要求时，必须满足该要求，民事法律行为方能生效。

20. 附条件的民事法律行为。

民事法律行为附条件是在意思表示中附有决定该行为效力发生或者消灭条件的民事法律行为。

条件是指将来发生的决定法律行为效力的不确定的事实。特征：条件是民事法律行为意思表示的一个组成部分。条件决定民事法律行为固有效力的发生、存续或者消灭。条件是将来的、不确定的、可能发生的也可能不发生的事实；条件必须是合法事实，违反法律、社会公德或者损害社会公共利益，以及侵犯他人权利为目的的事实，不能作为条件。

（1）延缓条件和解除条件。延缓条件是限制民事法律行为效力的发生，使法律行为只有当约定的事实出现时才发生效力。解除条件是限制民事法律行为效力的存续，使已经发生法律效力的民事法律行为在条件实现时终止的条件。

（2）积极条件和消极条件。积极条件是以所设内容发生为内容的条件。消极条件是以所设事实不发生为内容的条件。

条件的成就是作为条件的事实出现，就是当事人所附的条件，自然地而非当事人人为地出现或不出现。

条件对当事人的效力：附延缓条件的民事法律行为，条件成就时，当事人一方取得权利另一方负担义务。附解除条件的民事法律行为，条件成就时，当事人一方丧失权利，另一方解除义务或者恢复权利。当事人负有必须顺应条件的自然发展而不是加以不正当地干预的义务，即不作为的义务。当事人为了自己的利益不正当地阻止条件成就，视为条件已成就；不正当地促成条件成就的，视为条件不成就。

21. 附期限的民事法律行为。

附期限的民事法律行为，是在意思表示中含有期限的民事法律行为，期限是构成民事法律行为意思表示的组成部分，并且用来决定民事法律行为效力发生或者存续的时间。

期限的法律要件：须属于将来事实已经发生的，事实不能被设定为期限。须属于必成事实。即其发生为确定的事实，不可能发生的事实，不得作为期限。

条件与期限的区分：（1）条件是不确定的偶然性事实，期限是确定的必然性事实。时期确定，到来不确定，为条件。时期不确定，到来也不确定，不为条件。（2）条件之事实成就与否是不确定的，期限是肯定会到来的。时期确定，事实的发生也确定，是期限。时期不确定，到来确定，为期限，如死亡。

始期和终期。始期是民事法律行为效力发生的期限，也称为停止期限。终期是民事法律行为效力终止的期限，也称为解除期限。

期限的效力：附始期的民事法律行为，期限到来前，不发生法律效力，期限到来，发生法律效力。附终期的民事法律行为，期限到来前，具有法律效力，在期限到来后，终止其效力。

22. 代理。

（1）代理的标的为民事法律行为。公民、法人可以通过代理人实施民事法律行为。代理人在代理权限内，以被代理人的名义实施民事法律行为。被代理人对代理人的代理行为，承担民事责任。依照法律规定或者按照双方当事人约定，应当由本人实施的民事法律行为，不得代理。凡依法或者依双方的约定必须由本人亲自实施的民事行为，本人未亲自实施的，应当认定行为无效。代理人知道被委托代理的事项违法仍然进行代理活动的，或者被代理人知道代理人的代理行为违法不表示反对的，由被代理人和代理人负连带责任。

（2）须依代理权进行代理。

（3）代理人对于代理事务要亲自履行，予以与自己事务的同一注意义务，凡是侵害被代理人为目的的行为，都不能构成代理。

（4）代理权的终止：代理权终止共同原因；代理人死亡或者作为代理人的法人消灭；代理人丧失民事行为能力；本人死亡或者法人消灭。

（5）被代理人死亡后有下列情况之一的，委托代理人实施的代理行为有效：代理人不知道被代理人死亡的；被代理人的继承人均予承认的；被代理人与代理人约定到代理事项完成时代理权终止的；在被代理人死亡前已经进行，而在被代理人死亡后为了被代理人的继承人的利益继续完成的。

（6）委托代理终止的特别原因。有下列情形之一的，委托代理终止：代理期间届满或者代理事务完成；被代理人取消委托或者代理人辞去委托。

（7）法定代理终止的特别原因。被代理人取得或者恢复民事行为能力；指定代理的人民法院或者指定单位取消指定；由其他原因引起的被代理人和代理人之间的监护关系消灭。

23. 普通诉讼时效期间。

一般诉讼时效期间：向人民法院请求保护民事权利的诉讼时效期间为 1 年，法律另有规定的除外。

短期诉讼时效期间：1 年：身体受到伤害要求赔偿；出售质量不合格的商品未声明的；延付或者拒付租金的；寄存财物被丢失或者损毁的。2 年：因产品存在缺陷造成损害要求赔偿的诉讼时效。3 年：身体伤害因环境污染造成的，环境污染损害赔偿。

最长诉讼时效：诉讼时效期间从知道或者应当知道权利被侵害时起计算。但是，从权利被侵害之日起超过 20 年的，人民法院不予保护。有特殊情况的，人民法院可以延长诉讼时效期间。

诉讼时效期间的起算从已知或者应知权利被侵犯开始：

（1）有约定履行期限的债权请求权，从期限届满的第二日开始起算。

（2）没有履行期限的债权请求权，从债权人主张权利时起算；债权人给对方必要准备时间的，从该期限届满的第二日开始起算。

（3）附条件的债权请求权，从条件成就时开始起算。

（4）附期限的债权请求权，从期限到达时开始起算。

（5）请求他人不作为的债权请求权，从义务人违反不作为义务时开始起算。

（6）人身损害赔偿的诉讼时效期间，伤害明显的，从受伤害之日起算；伤害当时未曾发现，后经检查确诊并能证明是由侵害引起的，从伤势确诊之日起算。

（7）国家赔偿适用 2 年诉讼时效，从国家职务行为被确认违法之日起算。

从权利被侵害之日起超过 20 年的，人民法院不予保护。有特殊情况的，人民法院可以延长诉讼时效期间。

二、《物权法》知识点

（一）最充分的物权，可以分离、派生、引申出各种其他的物权。

（二）用益物权，这是对他人所有的物在一定范围内使用、收益的权利，包括地上权、地役权、典权等。

（三）担保物权：为担保债的履行，在债务人或第三人的特定财产上设定的物权，主要有抵押权、质权、留置权。

（四）占有是指对物的控制占领。

我国物权有所有权、用益物权、国有、集体土地的使用权、其他自然资源的使用权、土地承包经营权、典权等，以及担保物权，主要有抵押权、质权、留置权等。

（五）《民法》上物权的分类：

1. 自物权和他物权。

自物权是权利人对于自己的财产所享有的权利，也就是所有权。

他物权是指在他人所有的物上设定的物权。

2. 动产物权和不动产物权。

不动产物权：所有权、地上权、永佃权、典权、不动产抵押权。

动产物权：所有权、质权、留置权。

动产物权的公示方法为交付，不动产物权的公示方法为登记。

3. 主物权和从物权。

主物权是能够独立存在的物权，如所有权、地上权、永佃权。

从物权是指必须依附于其他权利而存在的物权，如抵押权、质权、留置权。

4. 所有权与限制物权。

所有权是全面支配标的物的物权。

限制物权是指于特定方面支配标的物的物权，即所有权以外的物权。只是在一定方面支配物的权利没有完全的支配权，但是起着限制所有权的作用。

5. 有期限物权和无期限物权。

有期限物权是指有一定存续期间的物权，如典权、抵押权、质权、留置权。无期限物权则是指没有一定存续期间而永久存续的物权，如所有权。有期限物权在期限届满时即当然归于消灭，而无期先物权除了转让、抛弃等特定情形外，永久存续。

6.《民法》上的物权和特别法上的物权。

特别法上的物权，在该法有特别规定时，首先适用该法，在没有其他规定，才适用《民法》。

7. 本权与占有。

占有是对物在事实上的控制、占领。本权是与占有相对而言的，占有事实以外的所有权、地上权、地役权、典权、抵押权、质权、留置权等都是本权另外应为占有的债权，如竹林使用权、借用权等，也为本权。

（六）物权的变动

1. 基本原则。

公示原则要求物权的产生、变更、消灭必须以一定的可以从外部查知的方式表现出来。不动产以登记为不动产物权的公示方法；动产以交付为动产物权的公示方法。

公信原则。物权的变动以登记和交付为公示方法，当事人如果信赖这种公示而为一定的行为，及时登记或交付所表现的物权状态与真实的物权状态不相符合，也不能影响物权的变动效力。对动产的交付和不动产的登记予以公信力。

2. 物权的公示。

动产的交付及法律效果：按照合同或者其他方式取得财产的财产所有权从财产交付时起移转。交付通常是指现实交付，即直接占有的移转，但是随着商品经济的发展，为了交易上的便利，产生了许多变通的交付方法。

（1）简易交付，受让人已经占有财产，如受让人已经通过寄托、租赁、借用等方式实际占有了动产，则于物权变动的合意成立时为交付。

（2）占有改定，即动产物权的让与人与受让人之间特别预定，标的物仍然由出让人继续占有，在物权让与的合意成立时，视为交付。受让人取得间接占有。

（3）指示交付，即动产由第三人占有时，出让人将其对于第三人的返还请求权让与受让人以代替交付。

（4）拟制交付，出让人将标的物的权利凭证仓单、提单，交给受让人，以代替物的现实交付。

不动产的登记及法律后果。登记作为不动产物权的公示方法，是将物权变动的事项，登载于特定国家机关的簿册上。

①城市：以办理房屋登记为合同生效要件。

②农村：当地规定办理房屋买卖登记手续的，以办理完该手续为准，尚未实行房屋登记制度的地区，以办理完契税手续或房屋实际交付为准。非经登记不仅不能对抗第三人，而且在当事人间也不发生效力。

3. 先占是指最先占有无主财产，必须在事实上占有物，这种占有要有取得所有权的意思。先占取得只适用于法律对于无主财产没有特别规定的情况，法律有特别规定，无人继承的财产，就应当适用法律的特别规定，而不能先占取得。对于抛弃的废旧物，先占者可以取得其所有权。

4. 善意取得是指原物由占有人转让给善意第三人（即不知道占有人为非法转让而取得原物的第三人）时，善意第三人一般可取得原物的所有权，所有权人不得请求善意第三人返还原物。原物只限于动产，不动产不能善意取得。如果第三人是无偿地从无权转让该项财产的占有人那里取得该项财产，所有人在任何情况下都有权向该第三人请求返还原物。第三人如果是有偿的并善意地从占有人处取得财产，即支付了适当地价金，并且也不知道或不可能知道占有人无转让财产地权利，分以下几种情况：

（1）占有人的占有不是基于所有人的意思取得，如因遗失、被盗、自然灾害丧失占有，占有人非法转让，善意三人不能取得原物的所有权，所有人有权向第三人请求返还原物。

（2）第三人从出卖同类物品的公共市场上买的，即使是盗赃、遗失物，所有人也无权向第三人请求返还原物。

（3）如果占有人的占有是基于所有人的意思取得，如租赁、保管占有人滥用所有人的信任而非法转让，善意第三人取得原物的所有权，所有人无权向第三人要求返还原物，只能要求非法转让人赔偿损失。

（4）货币和无记名有价证券，无论是否依所有人的意思丧失占有，也不论第三人是有偿还是无偿取得，善意第三人都受善意取得的保护。

（七）共同共有的类型

1. 夫妻共有财产。

夫妻共同共有的财产包括在婚姻关系存续期间，各自的合法收入和共同劳动收入，以及各自因继承和接受赠与取得的财产。夫妻双方经协商，约定以其他方式确定夫妻间的财产归属，只要不违反法律的禁止性规定，就应当依这种约定来确定夫妻间的财产归属。夫妻的婚前财产，是夫妻各自所有的财产，但是对于在婚后经过长期共同使用，财产质量发生很大变化就应当根据实际情况，将财产的全部或者部分视为夫妻共同财产，对于婚前财产在婚后如果用共同财产进行重大修缮，通过修缮新增加的价值部分，应认定为夫妻共有财产。

夫妻双方对共有财产有平等的权利。对财产的处分应当经过协商，取得一致意见后进行。夫妻一方在处分共有财产时，另一方明知其行为而不作否认表示的，视为同意，事后不得以自己未亲自参加处分而否认处分的法律效果。

2. 家庭共有财产。

家庭共有财产是家庭成员在家庭共同生活存续期间共同创造、共同所得的财产。是以维持家庭成员共同生活或者生产为目的的财产。来源主要是家庭成员在共同生活期间的共同劳动收入，家庭成员交给家庭的财产以及家庭成员共同积累、购置、受赠的财产。对家庭共有财产的处分，由全体家庭成员协商一致进行，但法律另有规定的除外。如家庭成员中的未成年人，其共有权的行使，由父母或其他监护人代理。

3. 共同继承的财产。

共同继承的财产是指在继承开始以后、遗产分割前，两个或者两个以上的继承人对之享有继承权的遗产。分割遗产时按照法律规定的原则或者按遗嘱的规定确定各自的份额。

（八）担保物权

担保物权是指与为确保债权的实现而设定的以直接取得或者支配特定财产的交换价值为内容的权利。担保物权有人的担保、物上担保和金钱担保。担保物权具有以下几点特征：

1. 担保物权以确保债务的履行为目的。是对主债权效力的加强和补充。

2. 担保物权是在债务人或者第三人的特定财产上设定的权利，担保物权的标的物必须是特定物。

3. 担保物权以支配担保物的价值为内容，属于物权的一种，与一般物权具有同一性质。

4. 担保物权具有从属性和不可分性。从属性是指担保物权以主债的成立为前提，随主债的转移而转移，并随主债的消灭而消灭。担保物权的不可分性是指担保物权所担保的债权的债权人得就担保物的全部行使其权利。债权一部分消灭，债权人仍就未清偿债权部分对担保物全部行使权利；担保物一部分灭失，残存部分仍担保债权全部，分期履行的债权已届履行期的部分未履行，债权人就全部担保物有优先受偿权。担保物权设定后，担保物价格上涨，债务人就无权要求减少担保物；反之，担保物价格下跌，债务人也无提供补充担保物的义务。同一债权上有数个担保物权并存时，债权人放弃债权人提供的物的担保，其他担保人在其放弃权利的范围内减轻或者免除担保责任。

三、债的知识点

（一）债的定义与特征

1. 债是按照合同的约定或者依照法律的规定，在当事人之间产生的特定的权利和义务关系。享有权利的人是债权人，负有义务的人是债务人。债权人有权要求债务人按照合同的约定或者依照法律的规定履行义务。

2. 债的法律特征。

（1）债反映了财产流转关系。财产关系依其形态分为财产的归属利用关系和财产流转关系，前者为静态的财产关系，后者为动态的财产关系。物权关系、知识产权关系反映财产的归属和利用关系，其目的是保护财产的静态的安全；而债的关系反映的是财产利益从一个主体转移给另一主体的财产流转关系，其目的是保护财产的动态的安全。

（2）债的主体双方只能是特定的。债是特定当事人间的民事法律关系，因此，债的主体不论是权利主体还是义务主体都只能是特定的，也就是说，债权人只能向特定的债务人主张权利。而物权关系、知识产权关系以及继承权关系中只有权利主体是特定的，义务主体则为不特定的人，也就是说权利主体得向一切人主张权利。

（3）债以债务人应为的特定行为为客体。债的客体是给付，亦即债务人应为的特定行为，而给付又是与物、智力成果以及劳务等相联系的。也就是说，物、智力成果、劳务等是给付的标的或客体。债的客体的这一特征与物权关系、知识产权关系相区分，因为物权的客体原则上为物，知识产权的客体则为智力成果。

（4）债须通过债务人的特定行为才能实现其目的。债是当事人实现其特定利益的法律手段，债的目的是一方从另一方取得某种财产利益，而这一目的的实现，只能通过债务人的给付才能达到，没有债务人为其应为的特定行为也就不能实现债权人的权利。而物权关系、知识产权关系的权利人可以通过自己的行为实现其权利，以达其目的，而无须借助于义务人的行为来实现法律关系的目的。

（5）债的发生具有任意性、多样性。债可因合法行为发生，也可因不法行为而发生。对于合法行为设定的债权，法律并不特别规定其种类，也就是说，当事人可依法自行任意设定债。而物权关系、知识产权关系都只能依合法行为取得，并且其类型具有法定性，当事人不能任意自行设定法律上没有规定的物权、知识产权。

（二）债的保全

债的保全，是指法律为防止因债务人的财产不当减少给债权人的债权带来危害，允许债权人代义务人之位向第三人行使债务人的权利，或者请求法院撤销债务人与第三人的民事行为的法律制度。一种是代位权，一种是撤销权。

1. 债权人的代位权

（1）债权人的代位权，是指当债务人怠于行使其对第三人享有的到期债权而对债权人造成损害的，债权人为保全自己的债权，可以向人民法院请求以自己的名义代位行使债务人的债权的权利。

（2）特征：债权人的代位权是债权人请求人民法院以自己的名义行使债务人的权利。债权人的代位权的行使，针对的是债务人不行使到期债权的消极行为。债权人的代位权在内容上是为了保全债权，因此在履行期到来之前，债权人为了保全债务人的财产也可以行使代位权。债权人的代位权体现了债权的对外效力。

（3）债权人的代位权的成立要件。

①债务人对次债务人享有到期的债权。该债权必须合法有效，内容必须是以金钱给付为内容的，对于以非金钱给付为内容的，如不作为债权或者以劳务为标的的债权，原则上债权人除因债务人的违约而请求损害赔偿外，不得行使代位权。债权人的代位行使的权利必须是债务人的现有权利，对于非现实的权利，债权人不得请求代位行使。

②债务人怠于行使期到期债权，即债权人应行使却能行使却不行使其到期债权。应行使是指如果不及时行使，该权利将有消灭的可能。能行使是指债务人客观上有能力行使，而不存在不能行使权利的情形，存在不能行使权利的情形，债权人不得代位行使。

③债务人已陷入迟延。债务定有履行期限，债务人到期不履行即构成迟延，债务未定

履行期的，经债权人催告后，债务人仍不履行的，才构成迟延。然而债权人专为保存债务人权利的行为，如中断时效、申请登记、申报破产债权等，可以不必等债务人履行延时即可行使。

④债务人怠于行使其到期债权的行为，对债权人造成损害，有保全债权的必要。该必要不以债务人无资力为要件。对不特定债权及金钱债权，应以债务人陷入无资力为必要；而对特定债权及其他与债务人资力无关的债权，则不以债务人陷于无资力为必要。

（4）债权人提起代位权诉讼，必须符合下列条件：

①债权人对债务人的债权合法。

②债务人怠于行使其到期债权，对债权人造成损害，是指债务人不履行其对债权人的到期债务，又不以诉讼方式或者仲裁方式向其债务人主张其享有的具有金钱给付内容的到期债权，致使债权人的到期债权未能实现。

③债务人的债权已到期。

④债务人的债权不是专属于债务人自身的债权。专属于债务人自身的债权，是指基于扶养关系、抚养关系、赡养关系、继承关系产生的给付请求权和劳动报酬、退休金、养老金、抚恤金、安置费、人寿保险、人身伤害赔偿请求权等权利。

2. 债权人撤销权

债权人撤销权是指债权人对债务人所谓的危害债权的行为，可以申请法院予以撤销的权利。

撤销权的成立要件：

（1）客观要件，债务人实施了有害于债权的行为。债务人有下列行为，债权人可以行使撤销权：

①债务人无偿转让财产，对债权人造成损害的。

②债务人放弃、展期其到期债权，对债权人造成损害的。

③债务人放弃其未到期债权，又无其他财产清偿到期债务，可能影响债权人实现其债权的。

④债务人以自己的财产设定担保，对债权人造成损害的。

⑤债务人以明显不合理的低价转让财产或以明显不合理的高价收购他人财产，对债权人造成损害，并且受让人或出让人知道或应当知道该情形的，债权人也可以请求法院撤销债务人的行为。

⑥债务人的行为必须以财产为标的。不以财产为标的的行为与债务人的责任财产无关，债权人不得撤销。包括：基于身份关系而为的行为；以不作为债务的发生为目的的法律行为；以提供劳务为目的的行为；财产上利益的拒绝行为；以不得扣押的财产权为标的的行为。

⑦债务人的行为必须有害于债权。债务人的行为减少了债务人的责任财产致使债务人无足够的财产来清偿其对债权人的债务而使债权人的债权无法得到满足，从而损害了债权人的债权。包括：积极地减少财产，如让与所有权、在自己的财产上设定他物权，让与债权免除他人债务等；消极地增加债务，如债务承担、为他人提供保证，为一个债权人增设抵押权，提前清偿未到期债务。债权人的行为使自己陷于自立不足，不能清偿所有债权或者发生清偿困难，此种状态持续到撤销权行使时仍然存在，即可认定为有害于债权。但是

在清偿到期债务及获得正常对价的买卖互易等，并不必然导致债务人责任财产的减少，不能认定该行为有害于债权，债权人于行为时虽有危害债权的故意，事实上并未对债权造成危害，不发生撤销权。债务人是否陷于自立不足而不能履行或履行困难致使自己的债权受损，应由主张撤销权的债权人负举证责任。

（2）主观要件。行为人行为时具有主观恶意。行为人与第三人为法律行为时明知有害于债权而为之的行使要件。其中债权人的恶意为撤销权的成立要件，而受益人受益时的恶意为撤销权行使要件，如果仅有债务人行为时的恶意，而受益人受益时为善意时，债权人不得行使撤销权。

①债务人的恶意。债务人明知其行为可能引起或增强债务清偿的自立不足的状态，且有害于债权人利益的主观心理状态。恶意以行为时为标准，行为后产生恶意的，不成立撤销权。债务人由他人代理实施行为的，应就其代理人的主观状态予以认定。债务人明知其财产不足而为处分权利或财产，即可推定其有恶意。

②受益人的恶意。受益人对可能有害于债权人的事实缺乏认识的，债权人不得行使撤销权。受益人自己是否具有危害债务人的债权人的恶意，或者是否明知债务人具有危害债权的恶意，不在考虑之列。受益人的恶意以受益时为准，受益后始为恶意的，债权人不能行使撤销权；受益人受益时间与债务人行为时间不一致的即使受益人行为无恶意，但受益时为恶意，仍可行使撤销权。受益人的恶意由债权人举证，但如果债权人能够证明根据当时的具体情况，债务人有害与债权的事实应为受益人所知，可以推定受益人为恶意。

债权人撤销权的行使：

债权人的撤销权由债权人以自己的名义通过诉讼方式行使。

①在债权为连带债权时，所有的债权人可以作为共同原告主张债权人撤销权，也可以由其中的一个债权人作为原告主张债权人撤销权，但其他共同债权人不得再就该撤销权的行使提起诉讼。

②债权人依照规定提起撤销权诉讼的，只以债务人为被告，未将受益人或者受让人列为第三人，人民法院可以追加受益人或者受让人为第三人。两个或两个以上债权人以同一债务人为被告，就同一标的提起撤销权诉讼的，人民法院可以合并审理。

③撤销权的限制。在范围上以债权人的债权为限。在期限上，撤销权应自债权人知道或者应当知道撤销事由之日起1年内行使，自债务人的行为发生之日起5年内没有行使撤销权的，该撤销权消灭。

（三）定　金

1. 定金是指合同当事人为了确保合同的履行，根据法律规定或者当事人的约定，由当事人一方在合同订立时或者订立后、履行前，按合同标的额的意定比例预先给付对方当事人金钱或者其他代替物。定金是一种双方担保，对给付方和收受方都有约束力。当事人交付留置金、担保金、保证金、订约金、押金或者定金等，但没有约定定金性质的，当事人主张定金权利的，人民法院不予支持。

2. 定金的形式：定金应当以书面形式约定。当事人在定金合同中应当约定交付定金的期限。定金合同从实际交付定金之日起生效。定金的数额由当事人约定，但不得超过主合同标的额的20%。超过部分，人民法院不予保护。实际交付的定金数额多于或者少于约定数额，视为变更定金合同；收受定金一方提出异议并拒绝接受定金的，定金合同不生效。定金合同是主合同的从合同，主合同无效或者被撤销时，定金合同不发生效力，主合同因解除或其他原因消灭时，定金合同也消灭。

3. 定金的效力：定金作为合同担保方式之一，其担保功能主要是通过定金处罚来实现的。

立约定金的效力：当事人约定以交付定金作为订立主合同担保的，给付定金的一方拒绝订立主合同的，无权要求返还定金；收受定金的一方拒绝订立合同的，应当双倍返还定金。

成约定金的效力：当事人约定以交付定金作为主合同成立或者生效要件的，交付定金的一方拒绝交付定金，合同即不成立或者不生效。

解约定金的效力：交付定金的一方可以按照合同的约定以丧失定金为代价而解除主合同，收受定金的一方可以双倍返还定金为代价而解除主合同，违约定金于当事人一方因过错而不履行债务时发生制裁效力。给付定金的一方不履行约定的债务的，无权要求返还定金；收受定金的一方不履行约定的债务的，应当双倍返还定金。因当事人一方迟延履行或者其他违约行为，致使合同目的不能实现，可以适用定金罚则。但法律另有规定或者当事人另有约定的除外。当事人一方不完全履行合同的，应当按照未履行部分所占合同约定内容的比例，适用定金罚则。因不可抗力、意外事件致使主合同不能履行的，不适用定金罚则。因合同关系以外第三人的过错，致使主合同不能履行的，适用定金罚则。受定金处罚的一方当事人，可以依法向第三人追偿。

（四）无效的民事行为

无效民事行为是指因欠缺民事法律行为的有效要件，不发生法律效力的民事行为。民事行为的无效包含以下含义：民事行为自始不发生效力；民事行为当然不发生效力。民事行为部分无效，不影响其他部分的效力的，其他部分仍然有效。

无效民事行为的类型包括：无民事行为能力人实施的；限制民事行力能力的人依法不能够独立实施的；一方以欺诈、胁迫的手段或者乘人之危，使对方在违背真实意思的情况下所为的民事行为；恶意串通，损害国家、集体和第三人利益的民事行为；违反法律或社会公共利益的民事行为；以合法形式掩盖非法目的的民事行为。

（五）可变更、可撤销的民事行为

1. 可变更、可撤销的民事行为是指民事行为不完全具备民事法律行为的有效要件，但仍然暂时基于意思表示的内容发生法律效力，同时赋予一方当事人变更、撤销权，如果当事人行使此权利，则民事行为将变更其效力或归于无效。如果当事人不行使此项权利，则民事行为原来的效力不变。

2. 可变更、可撤销的民事行为的类型包括：行为人对行为有重大误解的；显失公平的民事行为；因欺诈、胁迫或者乘人之危而订立的合同，不损害国家利益的合同。

3. 可变更、可撤销的民事行为的效果：

可变更、可撤销的民事行为成立时，根据意思表示的内容发生法律效力，对民事行为当事人有法律约束力。但是，法律又赋予一方当事人撤销权，当事人如果行使这种权利，就可以变更民事行为的内容并使之继续有效，或撤销该民事行为而使之溯及地归于无效。经撤销后，其效力与无效民事行为相同。

撤销权是当事人撤销民事行为或变更其内容的民事权利。它在民事行为成立后发生，但并非民事行为的任意一方当事人都享有撤销权。

撤销权的行使必须在诉讼或仲裁之中向人民法院或仲裁机构提出，由人民法院或仲裁机构在裁判中确定。对于重大误解或显失公平的民事行为，当事人请求变更的，人民法院应予以变更；当事人请求撤销的，人民法院可以酌情予以撤销或变更。

可变更或可撤销的民事行为，自行为成立时起超过 1 年，当事人才请求变更或撤销的，人民法院不予保护。

4. 民事行为无效或被撤销，会发生下列法律后果：返还财产，即当事人因为无效的或被撤销的民事行为所取得的财产，应当返还给受害方；赔偿损失，即有过错的当事人应当赔偿对方的损失，如果双方都有过错，按过错的程度分担损失；追缴财产，即双方恶意串通，实施民事行为损害国家、集体或第三人的利益的，应追缴双方取得的财产（包括双方当事人已经取得和约定取得的财产），收归国家、集体或返还第三人。

（六）效力待定的民事行为

1. 效力待定的民事行为是指民事法律行为之效力有待于第三人意思表示，在第三人意思表示前，效力处于不确定状态的民事行为。

2. 种类：

（1）无权处分行为。无权处分行为是指无处分权人以自己名义对他人权利标的所为之处分行为，该行为若经有权利人同意，效力自处分之时起有效；若有权利人不同意，则效力确定为无效。

（2）欠缺代理权的代理行为。无代理权人所为之"代理行为"对本人是没有效力的，但若本人事后追认，就成为名正言顺的"代理行为"，对本人发生效力；若本人否认，则该行为对本人不发生法律效力。在本人承认与否认前，该行为的效力处于不确定状态。

（3）债权人同意之前的债务承担行为。债务承担使债的效力不变而由第三人承受债务的民事法律行为。由于债务承担的效果是更换债务人，而新债务人的清偿能力影响到债权人利益，故债务承担须经债权人同意始对债权人生效，在债权人同意之前，债务承担行为处于效力不确定状态。

（4）限制行为能力人待追认的行为。这是指限制民事行为能力人超越其民事行为能力范围的行为。这类行为若获得法定代理人的追认，即变为有效法律行为，反之，则是无效民事行为。

3. 效力未定的民事行为的效果。

（1）追认。追认是追认权人实施的使他人效力未定行为发生效力的补救行为。追认属于单方民事法律行为，于意思表示完成时生效，其作用在于补救效力未定行为所欠缺的法律要件。

追认权主体为谁，因行为的类型不同而不同：对于无权处分，追认权属于处分权人；对于无权代理，追认权属于本人（即被代理人）；对于债务承担，追认权属于债权人；对于限制民事行为能力人实施的待追认行为，追认权属于法定代理人。

（2）催告权。这是指相对人告知事实并催促追认权人在给定的期间内实施追认的权利。《合同法》第四十七条第二款规定：相对人可以催告法定代理人在一个月内予以追认。法定代理人未作表示的，视为拒绝追认。在合同被追认之前，善意相对人有撤销的权利。

撤销应当以通知的方式做出。《合同法》第四十八条第二款规定：相对人可以催告代理人在一个月内予以追认。被代理人未作表示的，视为拒绝追认。合同被追认之前，善意相对人有撤销的权利。撤销应当以通知的方式做出。根据规定，相对人催促追认权人行使追认权时，可以给予一个月的追认期间，若在此期间不追认的，视为拒绝追认。

（3）撤销权。它是指效力待定行为的相对人撤销其意思表示的权利。撤销权与催告权都是相对人的权利，两者的差别主要在于对效力待定行为的期待不同。相对人行使催告权，表示期待追认权人追认该行为，使其生效；相对人行使撤销权，则表明相对人不希望该行为生效。

（七）无因管理

1. 无因管理是指没有法律规定或者约定的义务而为他人管理事务。

2. 构成要件：

（1）管理他人事务。

（2）有为他人利益的意思。

（3）无法律上的原因。

（八）不当得利

1. 概念：不当得利是指无法律上的原因而受益，致使他人受损失的事实。

2. 构成要件：

（1）一方取得财产利益。

（2）一方受有损失。

（3）取得利益与所受损失间有因果关系。

（4）没有法律上的根据。

（九）合同的概念及特征

1. 概念。

合同是指平等主体的自然人、法人、其他组织之间设立、变更、终止民事权利义务关系的协议。根据民法理论，民事权利义务关系包括财产关系和人身关系，而本定义里所说的民事权利义务关系是指财产关系，不包括有关婚姻、收养、监护等身份关系的协议，因此《合同法》第二条规定：本法所称的合同是指平等主体的自然人、法人、其他组织之间设立、变更、终止民事权利义务关系的协议。婚姻、收养、监护等有关身份关系的协议，适用其他法律的规定。

2. 特征。

根据上述合同的概念，我们可以从以下三个方面来把握合同的特征：

（1）合同是一个债权债务关系，即合同是一个财产关系。《民法通则》调整的民事法律关系包括平等主体之间的财产关系和人身关系。《合同法》意义上的合同仅仅只调整民事关系中的财产关系，而收养关系、婚姻关系、监护关系等与人身关系有关的协议，不适用《合同法》的规定，其分别适用《收养法》《婚姻法》《民法通则》等的有关规定。

（2）合同是建立在平等主体之间的债权债务关系。在合同法意义上，合同关系是平等主体的自然人、法人及其他组织之间的法律关系。

（3）合同是一种合意，即双方意思表示一致的产物。合同是通过当事人的意思表示一致建立起来的交易关系。当合同主体的意思表示一致，则合同成立，否则合同不成立。

（十）侵权行为的概念及构成要件

1. 侵权行为指行为人侵害法律所确认和保护的他人合法权益的行为。

2. 侵权行为的构成要件：

（1）有加害行为。加害行为又称致害行为，是指行为人作出的致他人的民事权利受到损害的行为。任何一个民事损害事实都与特定的加害行为相联系，亦即民事损害事实都由特定的加害行为所造成。没有加害行为，损害就无从发生。此处所称的加害行为是一个未经法律评价的行为，对其确定纯粹基于该行为所造成的民事损害后果。从表现形式上看，加害行为可以是作为，也可以是不作为，但以作为的形式居多，以不作为构成加害行为的，一般以行为人负有特定的义务为前提。

（2）有损害事实的存在。此处所称的损害事实，是指因一定的行为或事件对他人的财产或人身造成的不利影响。损害事实的存在，是构成侵权行为的另一个要件。没有损害事实，就谈不上侵权，更谈不上侵权损害赔偿。作为侵权行为构成要件的损害事实具有以下特点：损害系合法权益受侵害所致；损害具有可补救性，即所受损害可通过一定的方式进行补救；损害的确定性，即损害事实确实发生，并可通过一定的方式衡量其大小和程度。

（3）加害行为与损害事实之间有因果关系。侵权行为只有在加害行为与损害事实之间存在因果关系时，才能构成。如果加害人有加害行为，他人也有民事权益受损害的事实，但二者毫不相干，则侵权行为仍不能构成。因此，加害行为与损害事实之间有因果关系，是构成一般侵权行为的又一要件。

（4）行为人主观上有过错。一般侵权行为的构成，除须具备上述各要件外，还以行为人主观上有过错为必要条件。亦即只有在行为人具有主观上的过错时，一般侵权行为才能构成。

3. 侵权行为的归责原则。

侵权行为的归责原则是指在行为人的行为致人损害时，根据何种标准和原则确定行为人的侵权责任。

4. 过错责任原则。

所谓过错责任原则是指当事人的主观过错是构成侵权行为的必备要件的归责原则。《民法通则》第一百零六条第二款规定：公民、法人由于过错侵害国家的、集体的财产，侵害他人财产、人身权的，应当承担民事责任。

过错是行为人决定其行动的一种故意或过失的主观心理状态。过错违反的是对他人的注意义务，表明了行为人主观上的应受非难性或应受谴责性，是对行为人的行为的否定评价。

过错责任的意义表现在，根据过错责任的要求，在一般侵权行为中，只要行为人尽到了应有的合理、谨慎的注意义务，即使发生了损害后果，也不能要求其承担责任。其目的在于引导人们行为的合理性。在过错责任下，对一般侵权责任行为实行"谁主张谁举证"的原则。受害人有义务举出相应证据表明加害人主观上有过错，以保障其主张得到支持。加害人过错的程度在一定程度上也会对其赔偿责任的范围产生影响。适用过错责任原则时，第三人的过错和受害人的过错对责任承担有重要影响。如果第三人对损害的发生也有过错，即构成共同过错，应由共同加害人按过错大小分担民事责任，且相互承担连带责任。如果受害人对于损害的发生也有过错的，则构成混合过错，依法可以减轻加害人的民事责任。

5. 过错推定责任是指一旦行为人的行为致人损害就推定其主观上有过错，除非其能证明自己没有过错，否则应承担民事责任。例如，《民法通则》第一百二十六条规定：建筑物或者其他设施以及建筑物上的搁置物、悬挂物发生倒塌、脱落、坠落造成他人损害的，它的所有人或者管理人应当承担民事责任，但能够证明自己没有过错的除外。

过错推定责任仍以过错作为承担责任的基础，因而它不是一项独立的归责原则，只是过错责任原则的一种特殊形式。过错责任原则一般实行"谁主张谁举证"的原则，但在过错推定责任的情况下，对过错问题的认定则实行举证责任倒置原则。受害人只需证明加害人实施了加害行为，造成了损害后果，加害行为与损害后果间存在因果关系，无需对加害人的主观过错情况进行证明，就可推定加害人主观上有过错，应承担相应的责任。加害人为了免除其责任，应由其自己证明主观上无过错。过错推定责任不能任意运用，只有在法律进行明确规定的情况下才可适用。

6. 无过错责任原则。

无过错责任原则是指当事人实施了加害行为，虽然其主观上无过错，但根据法律规定仍应承担责任的归责原则。《民法通则》第一百零六条第三款规定：没有过错，但法律规定应当承担民事责任的，应当承担民事责任。随着工业化的发展和危险事项的增多，加害人没有过错致人损害的情形时有发生，证明加害人的过错也越来越困难，为了实现社会公平和正义，更有效保护受害人的利益，无过错责任原则开始逐渐作为一种独立的归责原则在侵权行为法中得到运用。根据我国《民法通则》的规定，实行无过错责任的主要情形有：从事高度危险活动致人损害的行为、污染环境致人损害的行为、饲养动物致人损害的行为、产品不合格致人损害的行为等。

当然，还有大量的法律专业知识的要点没有列入，希望考生在复习应对面试之前，注意诉讼程序方面的法律条文和法学理论。

第五章　法检两院面试基本准备及策略

本章对云南省各级人民法院、检察院"两院考试"面试之前考生应做的心理准备，以及面试基本礼仪等问题进行具体介绍和分析，提醒考生做到全面准备。另外还专门针对面试起始阶段、面试进程中、面试结尾三个基本阶段的不同特点，具体分析、提出过程中不同的应对之策。有助于考生在了解和掌握这些基本应对策略后，能够胸有成竹、从容不迫地应对"两院考试"的面试，争取获得优异成绩。（特别说明：本章没有区分法院、检察院"两院考试"的不同面试方式来进行分述，而是概括总述，即对于法院、检察院"两院考试"的结构化、模拟法庭控辩式面试方式，本章所分析和提示的策略有普遍的指导和实践意义。）

第一节　法检两院面试前的基本准备

一、面试前的相关资讯、资料的查询和准备

一般情况下，考生们顺利通过了国家机关招录公务员笔试，确定自己已经进入面试之后，应该更积极地、进一步地查询招录单位的相关资讯，包括明确招录单位采用哪一种面试形式，再考虑进行有针对性的面试准备、面试训练。如前面所述，公务员考试所能够选择的面试形式有许多种，所有考生在面试前，都应该积极查询招录单位的面试形式和相关资讯进行面试相关资料的准备，这是考生们首先应该完成的事项。

如前所述，云南省各级人民法院、检察院招录工作人员考试的面试形式，基本确定为结构化面试和模拟法庭控辩式面试两种。但是考生们仍然应该积极查询招录单位、招录岗位的其他资讯和相关的资料，掌握资讯和相关的资料越多越好，正所谓"知己知彼，百战不殆"。

具体总结如下：

1. 面试前，除法院、检察院招录的工作人员以外，其他考生们首先务必弄清楚所报考的招录单位选用的面试为哪一种形式，下一步再考虑进行有针对性的面试准备和面试训练。

2. 面试前，对法院、检察院等招录单位、招录岗位的相关资料、社会职能、相关工作、工作性质、工作任务等有充分的了解和把握。提前进入到已在该单位工作的状态，争取让考官在面试现场对你产生非常熟悉和似曾相识的印象与感受。

3. 针对招录机关单位确定选用的面试形式，如结构化面试、无领导小组讨论面试、

模拟法庭控辩式面试等形式，进一步分析此面试形式的具体的测评要素，自己先行思考应该怎样实践训练、怎样表达、表现自己。

4. 对已确定的面试方式的测评要素请面试专家及心理测试专家再行辅导，对测评要素仔细斟酌其操作化定义，通过实践训练表达出来。即考生在该要素上的表现水平，通过针对性面试训练，争取能够在最大程度上表现面试的水平。

5. 最后，面试专家及心理测试专家结合职务的实际考试情况，测评考生模拟考试的表现情况。只有经过多方面的面试操作、面试训练，使考生们充分熟悉、充分习惯面试测评要素需要的表现方式、表达方式，才能让考生们逐渐形成优秀的行为习惯、优秀的行为方式，同时使面试取得优异的成绩。

二、面试前的形象准备

面试前的形象准备，实际已经进入面试礼仪的范畴。

面试礼仪内涵较为广阔。它不仅指衣着、装扮，而且指语言举止，还包括表情、心态。这一切可以归纳为静态礼仪、动态礼仪、心态礼仪三个方面。

静态礼仪包括衣着、发型、服饰、仪表等静的方面；动态礼仪包括言谈举止、坐站行走的姿态等动的方面；心态礼仪包括表情、眼神、笑容等表达内心活动的方面。

在短暂的面试进程中，面试考官主要也是从静态礼仪、动态礼仪、心态礼仪三个方面进行对考生们的评价与判断，考察考生的各方面素质表现，是否适合和是否能胜任所报考的岗位。

无论谁，无论是哪一位考生，也无论其主、客观条件如何，面试成功与否，与其自身的礼仪修养，以及礼仪修养在面试过程中的具体运用和表现是密不可分的。所以注重面试的礼仪、礼节是面试成功的关键环节。

人们（包括考官）总是对真诚、美好事物持主动接纳态度。仪表等静态礼仪方面，往往最先影响着、左右着面试考官的感官认知，即最先左右考官形成心理学理论中所谓的"第一印象"，进而产生"第一印象效应"。所以考生们衣着得体、彬彬有礼、举止得当，自然在开口前就已经得到考官们的认可而有可能获得良好的印象加分，为此对于被面试者更应最先强调静态礼仪意识，包括将仪表修饰等方面尽力做到最好。

衣着仪表是一个人内在素养的外在表现，得体的打扮不仅体现考生朝气蓬勃的精神面貌，表达出考生的诚意，同时还自然地反映出一个人的修养。考生面试当天的穿着打扮对面试成功与否，有举足轻重的影响，留下完美"第一印象"未必会被录取，但若留下不好的印象，极可能名落孙山，这一点考生们应该有充分的认识。

面试虽然强调应聘者综合素质，但是更看重细节。细节决定成败，下面分别从静态礼仪——衣着服饰准备，动态礼仪——进出考场，心态礼仪——表情神态等三个方面进行分析和梳理。重点强调并提醒考生们注意面试礼仪中的"死角"和"盲点"问题，避免出现失误影响面试发挥。

（一）面试前的服饰准备

通过以上介绍，考生们意识到"第一印象"很重要，但在"第一印象"中争取好的表现则颇不容易，值得考生们做足准备。

服饰是构成"第一印象"的重要决定因素之一。大方优雅、自然得体的着装能给考官们留下良好的"第一印象"。

面试是正式场合，应当穿着符合这一正规、庄重场合气氛的衣服。特殊情况概不例外。一般来说，云南省各级人民法院、检察院"两院考试"的考官们往往工作时间较长，工作经验、社会阅历丰富，办事严谨，说话办事逻辑性强，对传统的价值观念认同较多。所以往往不愿录用有反传统色彩的人，而愿意录用较符合传统，具有传统优秀观念的考生，因此，为"保险"起见，考生应穿着式样较正统、符合大众潮流的服装，不可穿着式样奇特、图案零乱、色彩艳丽的服装。

从服装的色彩来看，不同颜色在不同的季节给人以不同的感觉，不同的人也应穿着与其性格有互补作用的颜色。冬季服装，应选择暖色，如红、黄、橙等颜色，这可调和天寒地冻的单一色调；而夏季则宜选择给人凉爽感的颜色，如青、绿、白、灰等颜色，这可以调节夏日炎热所带来的烦闷感。但是，考虑到法检"两院考试"考生们的岗位是国家司法机关，国家司法机关工作人员对外代表国家司法的形象，所以考虑穿着简单、色彩素雅、展现稳重之感的服装，一般应在大方、庄重、沉稳的要求下选择深色服装为宜。

以考生的性格来看，性格外向的男士可以穿西装，性格外向的女士可穿深色衣服，给人以沉着、稳重、大方的感觉；性格内向的男士可以穿正规夹克，性格内向的女士可以穿有色彩的服装，可以营造活泼、可爱的感觉。总之，应通过服饰，掩盖自己性格的缺陷，尽可能让考官们了解自己优势的一面。

此外，面试时在服装和饰品佩戴上，还有几点需格外注意：

1. 不可随随便便。所有的运动服、拖鞋、背囊之类都不适宜。无论天气多冷，面试室内都不可戴手套、口罩、耳捂等；无论天气多热，短裤、背心等皆不适宜。

2. 尚未穿过的新款式衣服不要考虑穿着。面试是紧张的场合，若穿一身完全不习惯的衣服，不仅会使考生自己感觉有些别扭，更会让主考官感觉别扭，使面试效果极差。衣服不一定要新、要好，但要整齐、合身、匀称、整洁。

3. 凡是不符合法院、检察院岗位要求的衣服不要考虑穿着。例如，超短裙、低胸上衣、紧身衣裤、飘逸连衣裙等都不适宜。

4. 准备黑色皮鞋，并且应该擦亮，没有灰尘，袜子最好考虑与皮鞋同色，这样协调感强，并且有拉长身体高度的作用。

(二) 面试前的仪表准备

法检"两院考试"面试时的仪表应该做到以下几点：

1. 头发要干净、自然。对男士来说，既不可油光锃亮，毫无阳刚之气；也不可烫发或染成其他颜色；更不能太长。注意面试前一至两天，男士最好不要理发，否则易显得不自然。对于女士来说，披肩发应束一下，发型也可以专门做一下，应该符合法院、检察院工作的职业身份。

2. 化妆。对女考生而言，化妆是必不可少的，应该以淡妆为主，淡到与人的肤色相接近方可，过浓则易给人以轻浮感，眼线、口红都不可深，否则产生与法院、检察院工作岗位不匹配的印象。对男考生而言，胡须必须干净，鼻毛不能长到鼻孔外面来。无论男士还是女士，香水一般不考虑使用，如果已经习惯使用，应把握"淡"字，才让人感觉自然。

3. 饰物。女考生不要考虑戴耳环、耳坠、项链、戒指、手镯之类的饰品，即使戴也只能取其中一两件。有的男士喜欢在胸前挂玉坠，也有的喜欢戴一个戒指，所有这些饰品都应取下，不要考虑佩戴。

4. 保持良好的仪表形象。当经过精心修饰打扮后，在面试前几分钟，不妨再最后检查一遍，力争不出差错。无论是服饰还是仪表的打扮，都应本着一个原则，即不要将自己打扮成一个完全社会上的"久经沙场，老于世故"的形象，而应该保持一种气质，一点纯真，让考官们感觉出一种学生气息，这一特点也许正是考生最大的优势。

（三）面试的表情神态、微笑等的心态礼仪分析和梳理。

特别提醒考生注意，面试中心态礼仪，尤其是微笑，对于面试的成功与否是极为重要的一个方面。

面试是考官与考生们面对面的情感交流，面部表情是一个人情感的"晴雨表"，人的内心世界的复杂活动，都通过面部表情不断变化表现出来，而且它比语言的表达更为丰富、更为深刻。礼仪式的表情，关键是笑容，要面带微笑，笑容要适度。

微笑是一种世界通用语言，微笑是一种渲染剂，它是善意的标志、友好的使者、成功的桥梁。它不仅能沟通情感、融洽气氛、以柔克刚、以静制动、缓解矛盾、消融坚冰，而且还能给人以力量，增强人的自信，使人战胜自卑和胆怯。所以考生们在面试中面带微笑，不仅能增强自己的自信心，而且可温暖考官的心，引起考官们的注意和好感。而且微笑的表情适用于各种年龄考生，不论性别，也不论面对什么样的考官，都绝对不会失礼，也不会给人诌媚阿谀的感觉。（具体还可以参考"第二节 法检两院面试阶段的基本策略"相关部分）

（四）面试的进、出考场的动态礼仪

参考"第二节 法检两院面试阶段的基本策略"相关部分。

三、面试前的心理准备

在市场经济条件下，竞争是其中积极的、必不可少的要素。在我国建设法治社会、建设法治国家进程中，依法行政是所有工作开展的基本要求。依照相关法律、法规，吸纳竞争因子，考生们进入法院、检察院或者行政机关工作，必须通过国家机关工作人员招录考试。所谓"凡进必考、平等竞争"，无论竞争多激烈，也无论考生是否愿意参加面试，只有通过"面试"这一道关口，才能够进入国家机关成为相关工作人员。此所谓"凡进必考、平等竞争、择优录用"。所以，考生们必须为面试做多方面、全方位的准备，包括正、反两方面的心理准备。

（一）克服不良心态

能否在法检"两院考试"面试时具备良好心态，是考生们面试胜出的重要问题之一。尤其是要在面试过程中克服不良心态，这是面试成功的重要条件。下面几种面试的不良心态容易导致面试的失败，希望考生们注意克服。

1. 自视甚高的心态。

对于这种面试，有的考生常把个人能力估计过高，自认为学历、能力，甚至长相都不错，肯定人见人爱，自然顺利通过。有的考生甚至有自以为是的神态，这特别容易让考官产生反感情绪。另外，面试触及个人弱点问题时，若考生表现得遮遮掩掩、吞吞吐吐，会让考官感到考生不够成熟，很难担起重任。招录单位对这种自视甚高的考生，往往"不买账"，评价不高。

2. 无所谓的心态。

有的考生把面试当成一个"撞大运"的机会，表现出"行不行，走着瞧"的随意态度。于是在面试时，表现出大大咧咧、满不在乎的神态，回答问题不够正经、迷离不定，既不把应试的优越条件讲全、讲透、表现好，也不认真了解招录单位的需求，这种"无所谓""碰运气"的侥幸心态很难使考生获得成功。

3. 自惭形秽的心态。

有的考生还没有"上战场"就感到自己不行，没有自信。特别是在多人面试的场合，当看到别人学历、能力比自己高时心里就一下子垮了，这就是所谓"面试恐惧症"的一种不良心态。

（二）具备良好的心态和勇气

考生一旦具备了良好心态，在面试时便精神饱满、意气风发、充满自信、语意肯定、语气恳切，谈吐言辞得心应手、侃侃而谈，从而为面试成功打下良好的基础。

1. 积极进取的心态。

有积极进取心态的考生，总是把每个面试机会看成是千载难逢的好机遇，可遇而不可求，是新的成功在向自己招手。于是，能在面试前认真做准备、查资料、去摸底，对每一个可能要问的问题的细节都仔细思考一番，面试时就可能有正常的或超常的发挥。

2. 双向选择、两手准备的心态。

虽然面试的主导者为面试考官，但面试命运掌握在考生自己手上。从招录单位来看，考生是在接受考官们的测评，以评价考生的条件是否符合要求。换个角度考虑，尤其在结构化面试中，招录单位面试考官也与考生们进行着互动、相互选择。有了双向选择、两手准备这种心态，考生们更可以沉着、冷静地面对主考官的问题，自然能表现出一种不卑不亢的态度。另外，还应注意要按捺住情绪，以沉稳的语气说话。根据情况也可以采用"我很高兴能参加这次面试。回去以后我会再考虑、再学习"。这种表现会给招录单位留下良好的印象。

3. 输得起的心态。

考生们在面试中，如果有不怕挫折、不怕失败、输得起的心态准备，就能够大大增强面试的信心，即使遇到比自己强的竞争对手，也不会自惭形秽，而是抱着一种"一山还比一山高""我也要成为他那样的人"的积极心态来对待。总之，经不起挫折、输不起的考生才是真正的失败者。有了这种输得起的思想准备，终会通过面试，获得成功。

四、面试前的问题准备

面试前，考生们应对面试过程中报考的机关单位可能提出的问题做好充分准备，这对考生的面试答辩肯定是有益的。在结构化面试形式中，这些问题可能包括自我介绍、工作和学习的成就、兴趣和爱好、家庭情况、对学校的生活感觉，以及与朋友、家人的关系等等。对这些问题，应该提前做出一个书面答案，答案要切题、简短，并熟记于心。这样做，会使考生在语言表达能力、应变能力方面比其他人表现更好，在面试时思路更加清晰，谈吐更加自如，能恰到好处地回答每一个问题。

下面提供一些结构化面试的模拟题，对可能出现的每一题设计五种左右可能的答案供选择。考生按照自己准备怎样回答或自己习惯的方式去选择答案，然后再参考对五种答案的评价来测试自己的面试水平。

1. 如何进行自我介绍。

问题：请简要进行一下自我介绍，好吗？

【答案】A. 针对所聘职位要求，重点突出，简要介绍自己；B. 过于炫耀自己的学历、能力或业绩；C. 欠准备，不全面或重点不突出，缺乏针对性；D. 过分谦虚，甚至自我贬低；E. 如果时间允许，我想详细介绍一下。

评价：A答案符合考官的提问，因为面试时间通常很紧，抓紧时间突出重点，有针对性地简要介绍非常必要；E答案如果得到考官的同意也未尝不可，但应注意掌握时间的长度；B、C答案缺乏对自我的辩证认识，往往得不到考官的认同；D答案表现出考生可能缺乏诚恳、强烈的求职意愿。

2. 考察报考动机。

问题：你为何报考我单位？

【答案】A. 贵单位在某一方面存在问题，我愿意帮助解决；B. 我还没有认真思考过，请问下一个问题好吗？C. 贵单位收入较高，且贵单位工作相对稳定；D. 从该职位的社会功能、本人的专业特长，特别是对该项工作的兴趣和热情等方面回答；E. 因为看到了贵单位的招聘启事，而且，贵单位离我家很近或专业比较对口等。

评价：这是很多单位必问的一个问题，考生应认真做好充分准备。D答案容易得到考官的认同，因为你既有专业特长，又有工作兴趣和热情；A答案好像一副"救世主"的样子；B答案回避问题，不可取；C、E答案仅仅是收入高，或工作稳定，或离家近，或专业对口等，理由不够充分，缺乏对应聘职位的兴趣和热情。

3. 你对我单位有何了解？

【答案】A. 我做过一些调查，较详细地了解了贵单位的发展战略、奋斗目标、工作成就及工作作风等，如……；B. 没有多少了解，但我相信工作一段时间后会加强认识；C. 我了解到贵单位工作条件和效益都很好，自己来了以后可以充分发挥特长；D. 有一些了解，但不全面，如……；E. 贵单位有住房，还有出国进修的机会，有利于实现我的远大理想。

评价：这个问题的实质是在考察考生对招聘单位是否有诚意。A答案间接地表现为对所聘职位的渴求，给人"未进某某门，便是某某人"的感觉，容易引起考官的关注和好感；C、E答案容易给人"单向索取"的不良印象，但不排除确有真才实学的人才对自我价值的肯定和实现职业理想、安心工作的意愿；D答案表现为准备不足；B答案则显得考生的求职诚意不足。

4. 你有什么特长？

问题：欢迎你应聘会计职位，你有何优点和特长吗？

【答案】A. 本人的优点是好静、稳重、办事认真，特长是计算机操作能力较强；B. 我是会计专业毕业生，专业学习成绩较好；C. 我的英语口语较好，优点是热情开朗，喜欢和人打交道，喜欢旅游和运动；D. 特长谈不上，优点是心直口快，待人热情；E. 我比较注重专业能力的培养和提高，无论在实习期间还是在日常工作中，都在不断钻研业务。

评价：A答案符合会计工作的性格要求，而且较强的计算机操作能力是会计工作的潜在能力要求；E答案强调自己的专业能力强，表现出从事会计工作的长远打算，A、E答案都容易引起考官的关注和好感；B答案强调自己专业对口，成绩较好，是典型的"学生腔调"，但也具有会计工作的发展潜力；C、D答案则是所答非所问，甚至与会计工作的内在要求相违背，"热情开朗、心直口快"可能会引起用人单位的疑虑和担心。

5. 如何认识自己的缺点和不足。

问题：你有何缺点和不足？

【答案】A. 我的适应性较差，不善于处理人际关系；B. 我的缺点很多，如对自己要求不太严格，纪律性较差，等等；C. 缺乏实践经验，而且在知识结构上还需要进一步充实完善；D. 我的性格外向，办事急于求成，有时忽略细节；或我的性格内向，办事过于求稳，有时效率不高；E. 我觉得我很适应这项工作，如果有缺点和不足，希望您能提醒一下好吗？

评价：这是每位考生难以回答而又必须回答的问题。因为当考官问及这一问题时，一般说来都是对你产生了兴趣和关注，所谓"褒贬是买主"，作为考生则应做到"人贵有自知之明"，正确认识自己的不足，并要表现出有改进的愿望和行动。C答案比较符合这一要求；D答案则比较客观地分析了自己，前者坦陈自己有时脾气急躁，但隐含热情高、办事效率高的优点；后者则含办事认真、一丝不苟的工作作风；A、B两种答案直率、坦诚，但对某些职位来讲可能是致命的缺点，绝对不能录用；E答案闪烁其词，大有"外交家"的风度，但缺乏自知之明，忘记了"金无足赤、人无完人"的道理。

因此，职业指导专家提醒考生，在面试前要正确地认识自己，既要认真总结优点和长处，也要客观地认识自己的缺点和不足，并提出改进的措施；还要针对职位要求，有的放矢地回答。这就需要考生事先的调查研究，不但要正确认识自己，还要深入了解用人单位的要求。

6. 你有工作计划吗？

问题：如果我单位录取你，你打算怎样开展工作？

【答案】A. 希望录用以后再详细谈，好吗？B. 还没有考虑，希望给我一段时间认真考虑一下；C. 服从分配、努力工作；D. 贵单位有很多优势，但也存在一些不足，我愿对此加以改进；E. 有准备地说明做好某些工作的初步打算或详细计划。

评价：E答案表现出对某项工作的热情和追求这一职位的强烈愿望，容易得到考官的赞同，这一点来自事先的认真准备；C答案直接表达上述愿望，但明显准备不足；D答案如果事先有准备，直言不讳，有可能引起用人单位的好奇和关注，但更大的可能是引起反感；B答案显得求职诚意不足，但也给人留下办事老成的印象；A答案则显得自视清高，待价而沽。

7. 对求职的单位有何担心或顾虑？

问题：你来我单位求职，最担心的是什么？

【答案】A. 没有什么可担心的；B. 主要担心你们不录用我，别的没有什么；C. 来之前担心能否被录用，现在担心能否有学习进修的机会，或能否解决住房问题；D. 来之前担心能否被录用，现在担心能否干好这份工作；E. 我有自信做好这份工作，如果说有担心的话，那就是能否在今后的工作中充分施展自己的才能，为贵单位创造更大的效益。

评价：这是一个很婉转的问题，主要是考核考生的自信心和工作热情。E 答案比较符合要求，显得很有自信和热情；D 答案有热情，但缺乏自信；C 答案考虑己方太多，就是没有考虑能否为单位做出应有的贡献；A 答案有些"自负"；B 答案则显得自信心不足或求职诚意不足。

8. 怎样评价他人？

问题：你刚才参加了其他人的面试，请你简要评价一下前几位考生的表现，好吗？

【答案】A. 刚才我只考虑自己的问题，没有认真注意别人的表现；B. 我个人认为第一位考生回答得不太好，第二位还凑合，第三位有些夸夸其谈，不切实际……；C. 他们的表现都非常出色，如……；D. 我认为他们都有很多长处值得我学习，如第一位的材料准备得充分，第二位机智灵活，第三位……但我认为干好这项工作更重要的是自信和热情；E. 每个人都有长处和不足，我也不例外。

评价：这是一道难度较大的问题，如果一味夸奖别人很出色，都比自己强，是否意味着退出竞争呢？如 C；如果贬低别人，突出自己，也会给人一种不善于处理人际关系、不能客观对待别人的感觉，如 B；A 答案不足取，等于放弃了表现自己分辨能力的机会；D、E 答案可以借鉴，其中 D 表现出虚心的态度，同时还强调了自身的态度和优势。

9. 如何面对失误。

问题：如果你的工做出现失误，给本单位造成经济损失，你认为该怎么办？

【答案】A. 如果是我的责任，我甘愿受罚，咎由自取；B. 我本意是为单位努力工作，如果造成经济损失，我无能力负责，希望单位帮助解决；C. 我办事一向谨慎、认真，我想不会出现失误吧；D. 我想首先的问题是分清责任，各负其责；E. 我认为首要的问题是想方设法去弥补或挽回经济损失，其次才是责任问题。

评价：这是一个具有挑战性的问题。A 答案坦诚并能接受处罚；B 答案企图逃避责任，但是如果损失重大 A 无法承担，B 也逃脱不了；C 则认为自己不会出现这种情况，是一种不切实际的回避；D 理智地提出分清责任，各负其责；E 的态度较可取，先尽力挽回损失，表现出较强的责任心。

10. 你有过求职的经历吗？

问题：在此之前你去过什么单位求职，结果如何？

【答案】A. 我这是第一次求职，结果还不知道；B. 来此之前我报考过国家公务员和申请过留校工作，公务员录用工作还没开始，留校任教需要硕士以上学历，所以我到贵单位求职；C. 我去过两家单位求职，一家是某某公司，另一家是某某公司，都认为我不错，准备录用我；D. 我去过一些单位求职，都没成功，原因是双向的，但主要是我不愿意去；E. 我曾在某公司实习过，担任过某职位，干得也不错，他们也想让我留下，但我觉得贵单位更能发挥我的特长，所以我没答应他们。

评价：这是面试比较深入以后涉及的问题，用以了解考生在人才市场中的经历。E 答案表示了"人往高处走"的愿望；B 答案则是"脚踏两只船"；C 答案是把自己"吊起来"卖：我很受欢迎，已经有两家单位准备要我，你们想要不想要？这是一个不明智、甚至愚蠢的做法，极易引起用人单位的反感；D 答案说出自己在人才市场的境遇，可能工作更安心些，但表白"自己不愿去"有些画蛇添足。

11. 如何面对专业不对口的问题。

问题：你所学的专业和我们招聘的人员并不对口，你是不是不太适合这项工作呢？

【答案】A. 是这样。但是我所在的学校近几年不断深化改革，为了完善大学生的知识结构，开设了许多选修课，如……；B. 此事说来话长，长话短说吧，我从小就喜欢这个职业，而且在大学期间注意这方面能力的提高；C. 因为对此项工作有很浓厚的兴趣，而且注意在实践中不断提高自己，例如，这是我画的水粉画、油画，还有我发表的一些"豆腐块"文章；D. 我知道自己的专业与应聘的职位不太相符，我就是想试一试；E. 我认为实践出真知，我有很强的自学能力，我能够边干边学。

评价：A、B 答案从知识结构和实际能力方面强调自身的实力，有一定的说服力；C 答案用精心准备的"实物"来展示自己的能力，可谓用心良苦；D、E 答案的回答相比之下缺乏说服力。

12. 难题巧答。

问题一：你受过挫折吗？若有，请告知具体是什么事，又是如何渡过难关的？

【答案】A. 有也许我很幸运，至今还没失败过；B. 我在大学三年级有过不成功的恋爱经历，很快就没事了；C. 大二时，我父亲不幸去世，家里无法支付我的学费，但我在老师和同学的热情帮助下，靠勤工助学完成了学业；D. 在大一暑假回家的路上，我的钱包丢了，在中途转车时，我打了 3 天工，凑齐了路费才回家。

评价：D 的回答很能感动考官，说明他是自立、自强的人；A、E 的回答也能得到考官的认同；C 的回答不足取；B 的回答不能令人信服。

问题二：假如你晚上要送一个出国的同学去机场，可单位临时有事非要你办不可，你怎么办？

【答案】A. 向领导说明情况，送完同学后再处理事务；B. 如果有时间，提前去送同学，晚上赶回单位处理事务；C. 工作要紧，晚上我就不去机场了；D. 我的事情非常重要，希望领导谅解；E. 向领导说明情况，要求别人代办或改日再办。

评价：这实际上是让考生在情谊和工作之间做出选择。而这个问题的答案，同样具有非同一性的特点，也就是说，考生如果回答只以工作为重，则可能会被认为是缺乏生活的基本情趣；可如果考生回答要以情谊为重，则可能被认为是个以玩乐为主的人，因此，面对这类问题，最好是能将情境具体化，做出几种备份方案，以供选择，而不要贸然决断成某一种情况。

问题三：你在与客户接触的过程中，客户向你提出了一个你回答不了的技术问题，你当时又无法与其他人联系，你怎么办？

【答案】A. 对不起，我不清楚，不过最晚明天我就可以告诉你；B. 胡乱回答，应付搪塞；C. 我的业务水平很高，我想不会出现这种情况；D. 夸奖对方的提问，约定时间回答；E. 我刚刚参加工作不久，这个问题我不太清楚。

评价：这也是考察考生的应变能力。为客户提供令其满意的服务是公司的起码要求。回答不了客户问题，说明基本功有欠缺。可现在的技术发展日新月异，又很难说谁就能够满足客户的所有需求。因此，实事求是地说明自己的情况，保证平时加强基本功训练，尽量少出现这种局面，并向客户承诺在其能允许的最短时间里，将其问题做出圆满答复是可取的。因此，D、A 的回答可参考，B、C、E 的回答应避免。

五、面试前24小时的准备

通常情况下，面试对于考生来说是通向成功前最为紧张、至关重要的一关。考生们在面试前，存在适度的紧张情绪属于正常表现、正常现象。但是，过于紧张或者准备不当，都有可能使之前的付出功亏一篑，所以，在面试前要将任何一个环节、任何一种可能性、任何一种不利因素都充分考虑清楚，并且做到有相关应急预备措施，才能够称之为做足了功课。

对考生来说，面试前的24小时也是进行具体的操作和行动最为关键的时间，下面引入美国哥伦比亚大学就业指导专家针对第二天参加面试考试的考生们提出的较为合理又富有成效的几点建议，供考生参考并可以按照其建议进行操作和行动。

（一）面试之前一天

1. 为避免第二天迷路紧张，先到面试地点去一趟。

2. 准备好现金、车票等一切能使自己按时到达面试地点的东西。

（二）面试之前一晚

1. 复习报考单位各方面的情况和个人简历。

2. 大声说出从前曾做过的工作中所学到的相关技能，以及为什么自己是应聘职位的最佳人选的理由。将要点记录在一张索引卡片上。

3. 如果准备带上能证明自己业绩的资料，那么标出最引人注目的几项。

4. 准备好套装、化妆盒、个人简历、纸张和笔等物品。

5. 不喝酒，睡好觉。

6. 确保第二天面试前15分钟到达面试地点。

对考生来说，面试前的24小时的确是最为非常关键的时间，考生可以按照合理又富有成效的建议，进行面试前一天的操作和行动，以确保面试顺利，如愿到岗。

第二节　法检两院面试阶段的基本策略

一、面试起始阶段策略

（一）考生们进入面试考场应该注意的事项

考生们提前到达面试地点后，最好径直走向面试考场，而不要四处寻摸、东张西望，表现出别有用心等不良行为。进入面试考场后，可以查看"考生考察须知"等公告，也可以询问工作人员。询问时采用开门见山地说明来意的方式，经工作人员指导后直接到指定地点等候。考生们一定注意展示自身良好修养，注意文明用语，使用"请""您""请问""您好""打搅您啦""谢谢""非常感谢""多谢""再见"等是非常必要的，考生们应该多加注意。

另外，进入面试地点不宜与工作人员谈论招考机关单位情况，更不宜对招考机关单位、人员妄加评论或赋予说辞。这并非一个有学识修养的正常人员进入陌生新环境后该有的表现，更不应该是考生们面试前的表现。

考生们还应该注意不要驻足观看其他工作人员的工作，或在等候时对工作人员所讨论、宣布的事项发表评论，或对接听的电话发表任何意见或评论，以免留下不良的印象。

总之，考生们到达面试地点后应该清楚意识到，面试已经开始了，一定要注意展示自身良好的学识与修养，展示自身良好的素质品性。

（二）考生们等待面试前15分钟应该注意的事项

当你到达面试地点时，如果时间尚早，可以在外面散一会儿步，再进入面试场所——一般会有指定地点，供考生等待、准备和休息。

建议考生们面试最好是自己单独前往，以表现自己的独立与自信。因为，一般的社会认知是需要别人陪同面试的考生通常对自己没有信心、不能够独立应对事物。但是如果确实有朋友、家人陪同前来面试，可以请他们去外面等候。

在等待面试前的15分钟，考生们应该注意：

安静地坐在自己的座位上，可以尝试做深呼吸。待呼吸舒缓后，保持对面试所有相关信息的敏锐与关心，以保证及时调整自己的心态和相关策略。

可以再次整理一下自己的仪表，保持良好的礼仪形象。例如，男士注意一下领带松紧。松了，不符合着装礼仪；紧了，会造成呼吸不畅，容易产生紧张。是否疲惫或太过紧张，若略显疲倦，可以考虑去洗手间洗一洗脸，并请注意应该擦干面庞之后再回到休息室的座位上。女士关注一下发型，可以稍作整理。还需要注意鞋子是否需要擦一擦灰尘。

做深呼吸放松心情后，可以在心中复习相关的法律专业知识点；可以演练面试中自我介绍的语言组织以及其他可能出现问题的回答；可以尽力想象面试中的气氛，以提高自己的兴奋状态，集中自己的注意力。但如果这样会感到紧张，可以选择闭目静坐，使呼吸均匀而缓慢，做放松训练、练习。

总之，要保证自己处于一定的兴奋状态，既不松懈，又不紧张。心理学研究表明，只有在思想中等激活状态下，人的能力才能得到最好发挥。也就是说，要根据自己的实际情况作不同的调整。

总之，考生们到达面试地点等待面试前，要清楚意识到面试已开始，保持行为的文明礼貌。尽管还未进入面试考场，但也要注意坐姿端正，言语礼貌、文雅。

这是一个真实的面试案例：在一次公务员面试的等待过程中，一位考生去洗手间，在洗手间门口碰到另一位女士，此考生彬彬有礼地向对方点头致意，并打开门，请对方先进，对方表示感谢后，考生作了得体的回答。这本是一件小事。当此考生进入面试考场时，惊讶地发现在洗手间碰到的那位女士，正是面试考官中的一位。考生平静地向考官们问好。面试的整个过程，该考生都感觉到那位女考官对她友好、亲切与注意的目光，这个目光让她感到很轻松，似乎高高在上的考官一下子与自己的距离近了许多。在洗手间考生与那位女士的交流只是短短几句话，但这种非角色的人际交往，起到了很大的情绪互动的作用，让考生获益匪浅。举此例说明在等待面试时不要认为考试仅仅是在考场中。一个聪明的考生，应该清醒地意识到面试其实早就开始了。

等待时，还可以选择与其他考生交谈。可以鼓励那些怯场的人，或者帮助紧张的人放松，只要在情绪上不被影响就行；也可以与他们谈论一些轻松的话题，一定要保持积极的情绪状态。面试考场有时会出现这样的情形；当有考生从考场出来后，有人一拥而上，叽叽喳喳问个不停。这样，只能造成慌张和忙乱，并且给人留下不稳重的印象。冷静、沉着才是解决问题的"万能钥匙"。

二、面试进行阶段的策略

（一）面试中进、出考场应注意的问题

考生进入考场时应注意的问题：

开门、关门是人们每天都要进行的动作，但这看似简单随意的举动，在面试过程中一样不能忽视。

进入考场办公室，一定要先敲门再进入，等到考官示意后再就座。如果有指定的座位，应坐在指定的座位上。如果没有指定的座位，可以选择考官对面的位子坐下，这样方便与考官面对面地交谈。注意不要反客为主，没等考官示意坐下就先行入座。

1. 叩门。敲门的声音轻重缓急要适当，一般叩击 2～3 下即可。

2. 轻关门，点头致意。进入房间应该是轻轻的，如果需要关门的话，应该回身把门关好，不可以随手"砰"的一声把房门带上。进门后应向房里看到你的人点头致意，或问候"您好""你们好"。要脚步轻、动作轻。

3. 就座。待考官示意坐下后，表示感谢后再就座。

面试结束，考试实际并未结束，走出房间时应注意以下问题：

1. 面试结束时，离开必须先向考官致谢，然后起身，礼貌地离开。

2. 如面试已结束，但考官并没明确示意，考生可礼貌地询问是否可以离开。征得对方同意以后再起身道别。

3. 离去前要对房间里看着自己的人点头致意，微笑再转身离去。

4. 走出房间后，应该转身轻轻把门带上，不能扬长而去。

（二）面试中考生们注意保持微笑

笑容是一种令人感觉愉快的表情，是人际交往的润滑剂。它可以缩短人与人之间的心理距离，为深入沟通与交往创造温馨和谐的氛围。笑容是最直接、最有积极效果的一种身体语言。在面试过程中，或与考官交谈中，考生们应把握每个机会展露自信及自然的笑容。

在笑容中，微笑是最自然大方、最真诚友善的。真正的微笑应发自内心，渗透着自己的情感，表里如一。毫无做作或矫饰的微笑才有感染力，才能被视作"社交通行证"。

人们普遍认同微笑是基本笑容或常规表情。在面试中，考生们能够保持微笑，至少有以下几个方面的作用：

1. 表现心境良好。面露平和欢愉的微笑，说明心理愉快，充实满足，乐观向上，善待人生，这样才会产生吸引人的魅力。

2. 表现充满自信。面带微笑，表明对自己的能力有充分的信心，以不卑不亢的态度与人交往，使人产生信任感，容易被别人真正地接受。

3. 表现真诚友善。微笑反映自己心底坦荡，善良友好，待人真心实意，而非虚情假意，使人在与其交往中自然放松，不知不觉地缩短了心理距离。

4. 表现乐业、敬业。考官会认为你能在工作岗位上保持微笑，说明热爱本职工作，乐于恪尽职守。如在服务岗位，微笑更是可以创造一种和谐、融洽的气氛，让服务对象倍感愉快和温暖。

微笑是乐观之人特有的表情，包含着自信、宽容、富有情趣，保持微笑是值得考生们应好好练习、好好运用的"利器"。

如果在面试前，考生们还不能自如地面带微笑，就应该努力调整自己的情绪，应保持礼仪，先吸一口气，眼轮肌同时极力伸展，而后一边从鼻中呼气，一边放松眼轮肌，眼神传达出温柔、诚实的感觉。另外，考生们可以设法改变自己的心境，想想快乐的过去、成功的瞬间，勉强也要露出笑容，装成快乐的样子，这样在不知不觉中，心情也大受影响，真的高兴起来，脸上就会露出轻松、愉快的笑容。

（三）面试时的走姿、站姿、坐姿问题

1. 面试时走姿具有体现自信的作用。

自信的走姿应该是：身体重心稍微前倾，挺胸收腹，上身保持正直，双手自然前后摆动，脚步要轻而稳，两眼平视前方；步伐要稳健，步履自然，有节奏感。需要注意的是，如果同行的有招录单位的工作人员，不要走在他们前面，应该走在他们的斜后方，距离1米左右。

2. 面试时站姿给人的印象非常重要。

很多考生往往认为站姿简单而忽略它的重要性。站立时应当身体挺直、舒展，收腹，眼睛平视前方，手臂自然下垂。这样的站姿给人一种端正、庄重、稳定、朝气蓬勃的感觉，如果站立时歪头、扭腰、斜伸着腿，会给人留下轻浮、没有教养的印象。

在面试中，正确的站姿是站得端正、稳重、自然、亲切。做到上身正直，头正目平，面带微笑，微收下颌，肩平挺胸，直腰收腹，两臂自然垂，两腿相靠直立，两脚靠拢，脚尖呈"V"字形。女士两脚可并拢站立，如有全身不够端正、双脚叉开过大或随意乱动、无精打采、自由散漫的姿势，都会被看作不雅或失礼。

3. 面试时的坐姿有体现稳重的重要作用。

坐姿包括就座的姿势和坐定的姿势。

入座时要轻而缓，走到座位面前转身，轻稳地坐下，不应发出嘈杂的声音。穿裙子的女考生应用手把裙子向前拢一下。坐下后，上身保持挺直，头部端正，目光平视前方或与自己交谈的面试官。

坐稳后，身体一般只占座位的2/3，两手掌心向下，叠放在两腿之上，或放在桌子上面。两腿自然弯曲，小腿与地面基本垂直，两脚平落地面，两膝间的距离不宜太远。双手自然下垂肩部放松，五指并拢。

男女的坐姿有一定的区别：男考生可以微分双脚，双手可以随意放置，这样会给人以自信、豁达的感觉。女考生一般要并拢双膝，或者小腿交叉端坐，双手一般要放在膝盖上，以给人端庄、矜持的感觉。

考生们的坐姿注意不能够出现以下问题：

双腿不宜放开过大；不能够把小腿搁在大腿上；不能够把两腿直伸开去，或反复不断地抖动；等等。这些都是缺乏教养和傲慢的表现。

（四）注意聆听、目光运用的重要性

在面试过程中，如果是非司法岗位的结构化面试形式，意味着考生与考官之间存在有交流，考生们存在"聆听"考官话语的问题。如果是司法岗位的模拟法庭控辩面试形式，考生之间存在"聆听"相互话语的问题。而"聆听"也是一种很重要的礼节，不会"聆听"，也就无法回答、表达问题。好的交谈、表达建立在"聆听"基础上。考生们应该明白在此环节也要力争展示出能力和风采。

聆听就是表示出对对方说的话有兴趣。在面试过程中，考官或对手的每一句话都是非常重要的，要集中精力认真地去听，要记住说话人讲话的重点，并了解说话人的希望所在。

在聆听对方，尤其是考官的谈话时，要自然流露出敬意，表现出有教养、懂礼仪。一般社交礼仪场景下，好的聆听者有如下表现：

1. 记住说话者的名字，了解说话者谈话的主要内容。

2. 用目光注视说话者，保持微笑，恰当地点头示意赞同。

3. 身体微微倾向说话者，表示对说话者的重视。

4. 适当地做出一些反应，如点头、会意地微笑、提出相关的问题。

5. 不离开对方所讲的话题，巧妙地通过应答，把对方讲话的内容引向所需的方向和层次。

在面试过程中的目光运用方面。考生们应该明白，面试中与对方的目光接触是非常重要的，这可以增加自己的自信心，提高自己的士气，增长自己的气势。若是不敢正视对方，会表现出自己害怕、没有自信，从而助对手涨气势。

多数形式下，面试时考生与考官会隔一桌而坐。如果房间里没有桌了，就应该与面试官保持1米左右的距离。考生们注意在面试过程中，应有3/4的时间望着对方。当说到重点时，可稍望对方的眼睛，这可给人专心、诚恳、认真的印象。

在交谈和辩论问题时，要正视提问者的眼睛和眉毛的部位。还应该注意双方交谈、辩论时不要让自己的目光随意溜走。否则，目光的细微变化，都会反映出考生不够专心、不够自信。勇敢地用自己的目光正视考官和对手，这是考生们充满自信的表现。

（五）面试时考生们的手势运用技巧

在日常人际交往中，人们在自觉不自觉地在运用手势帮助自己表达意愿。那么，在面试中应该怎样正确地运用手势呢？

1. 表示关注的手势。在与他人交谈时，一定要对对方的谈话表示关注，要表示出你在聚精会神地听。对方在感到自己的谈话被人关注和理解后，才能愉快、专心地听取你的谈话，并对你产生好感。面试时尤其如此。一般表示关注的手势是：把双手交叉，身体前倾。

2. 表示开放的手势。这种手势表示你愿意与听者接近并建立联系。它使人感到你的热情与自信，并让人觉得你对所谈问题已是胸有成竹。这种手势的做法是手心向上，两手向前伸出，手要与腹部等高。

3. 表示有把握的手势。如果你想表现出对所述主题的把握，可先将一只手伸向前，掌心向下，然后从左向右做一个大的环绕动作，就好像用手"覆盖"着所要表达的主题。

4. 表示强调的手势。如果想吸引听者的注意力或强调很重要的一点，可把食指和大拇指捏在一起，以示强调。

以上是面试中常见的手势，但要达到预期的目的，考生们除了自己多加训练，使之固定化为自己的非语言符号外，还应注意在面试中因时、因地、因人灵活运用，成为自己重要的加分因素。

（六）如需握手，考生们应注意握手礼仪

1. 如何正确地与人握手。

握手被人们称为握手礼，它既是人们最常表现的肢体语言，也是一种非常重要的礼节。此外，它还含有感谢、慰问、祝贺和相互鼓励的意思。

握手的标准方式是行至距握手对象 1 米处，双腿立正，上身略向前倾，伸出右手，四指并拢，拇指张开与对方相握，握手时用力适度，上下稍晃动三四次，随即松开手，恢复原状。与人握手，神态要专注、热情、友好、自然，面带笑容，目视对方双眼，同时向对方问候。

面试中握手作为一种礼节，还应掌握四个要素：

（1）握手力度。握手时为了表示热情友好，应当稍许用力，但以不握痛对方的手为限度。在一般情况下，握手不必用力，握一下即可。男方与女方握手不能握得太紧，西方人往往只握一下妇女的手指部分，但老朋友可以例外。

（2）先后顺序。握手的先后顺序为：男女之间，男方要等女方先伸手后才能握手，如女方不伸手，无握手之意，男方可用点头或鞠躬致意；宾主之间，主人应向客人先伸手，以示欢迎；长幼之间，年幼的要等年长的先伸手；上下级之间，下级要等上级先伸手以示尊敬。握手时精神要集中，双目注视对方，微笑致意，握手时不要看着第三者，更不能东张西望，这些都是不尊重对方的表现。

（3）握手时间。握手时间的长短可根据握手双方认识程度灵活掌握。初次见面者，一般应控制在 5 秒钟以内，切忌握住异性的手久久不松开。即使握同性的手，时间也不宜过长，以免给对方造成不适。但时间过短，会被人认为傲慢、冷淡、敷衍了事。

（4）怎样握手最适宜。

面试考生双方见面，通常会互相握手。除非面试官没有意图跟考生握手，否则应等面试官伸出手来，才迎上去握，握手的时间应为 3~5 秒，不可拖得太久，尤其对方是异性时。握手的时候必须注意以下三点：第一，手要清洁，指甲经过修剪。第二，手心温暖，没有汗水。第三，力度适中，且面带微笑。

2. 握手时不可取的方式。

与人握手看似简单，其实里面的学问大着呢，绝不像很多考生想的，只是用自己的右手握对方的右手那样容易，如果这样想，就有可能犯以下错误：

（1）用两只手握。在中国，亲友间、哥儿们之间、老客户之间经常采用这种握手方式。但是，面试时这样做则是在冒险。请注意，用两只手握，会让人觉得你热情而友好，但同时也会让人觉得你对待考官像是在对待你年长的祖父。

（2）使劲用力。这种方式使人觉得你急于想得到这份工作，甚至会让考官感到恐惧或不舒服。他们很可能会对你说："不要打电话给我们，我们会给你打电话的。"

（3）拉拉扯扯。握手时拉动考官的整个手臂，或者用力过猛让他们全身晃动。这种握手只有和老朋友久别重逢时才可以。尽管它表示你很友好，但却说明你不能以非常商业化的方式处事。

（4）长时间地用力握手。长时间地握住考官的手，说明你过于紧张，而面试时太紧张表示你无法胜任这项工作。

（5）轻触式握手。轻触式握手显得你很害怕而且缺乏信心。你在考官面前应表现出你是个能干的、善于与人相处的考生。

（6）远距离握手。在对方还未伸手之前，就伸长手臂去够考官的手，表示你太紧张和害怕。考官会认为你不喜欢或者不信任他们。

3. 握手时的忌讳。

一般相对正规的场合或社交场合，在与人握手时，以下行为不应该发生，考生们也要多加注意。

（1）不要坐着和对方握手，应该起身立正。与人握手时要手掌心向上，表示自己的恭敬和谨慎。

（2）不要戴着手套与人握手。

（3）不要在握手时把另一只手插在口袋里。

（4）不要在握手时面无表情，无言无语。

（5）不要在握手时另一只手里依然拿着简历或资料。

（6）不要只握对方的手指尖。这会产生有意与对方保持距离的感觉，即便是女士，也要握住她的整个手掌。

（7）不要在握手时眼睛看别处，应保持目光与对方对视。

（8）不要在与对方握手之后，有意无意地擦自己的手掌。

（七）面试过程中考生们应该避免的情形

在面试时应该努力避免细小、琐碎的动作，尤其是一些令人难堪的小动作。以下这些动作，在面试过程中应注意避免和纠正：

1. 拖拽椅子，发出很大的声音。考生们应该谨记，文明是静悄悄的。

2. 一屁股坐在椅子上。考生们应该谨记，表现出能够掌控住自己的身体。

3. 坐在椅子上，耷拉着肩膀，含胸驼背，给人萎靡不振的感觉。考生们应该谨记表现出阳光、精神的面貌。

4. 半躺半坐，男的跷着二郎腿，女的双膝分开、叉开腿。考生们应该谨记自己的身体语言同样能够帮助我们面试成功。

5. 坐在椅子上，脚或者腿自觉不自觉地颤动或晃动。考生们应该谨记避免细小、琐碎的动作。

6. 在与他人交谈的过程中，嘴里吃着东西、叼着烟。

7. 弯腰低头。这样不但显得没有年轻人的朝气、精神萎靡不振，而且会让考官觉得面试者对这次面试没有兴趣，进而怀疑你是否真心愿意来工作。

8. 随便动面试考场办公室里的东西。考生们应该谨记尊重考官、尊重别人。

9. 面试结束离座时，不将椅子放回原位，离开时不向考官致谢。考生们应该谨记尊重考官，恢复原状，体现自身的修养。

10. 避免揉眼睛、掏耳朵等多余的不雅观动作。

三、面试结尾阶段的策略

面试临近尾声时，考生们应该注意做到争取机会充满自信地、坚定、恳切地展示求职意愿与任职的资格能力，自然、圆满地结束面试。

研究表明，求职意愿强的人员，在流动率方面低于求职意愿弱的人员，而在工作效率方面，前者高出后者30%左右。所以，公务员录用一般遵循这样一个原则：工作能力相当的情况下，工作动机强烈者优先。所以面试考官们认同这样的结论，如果把工作交给一个以该职业、职务、职位作为理想和追求，并乐此不疲、忘我工作的人，对组织和个人都是十分有利的，否则既不利于个人的发展进步又会给组织带来损失。

考生向考官表达自己的求职意愿时，态度要明朗、坚定、诚恳，语言要有感染力，身体语言要协调配合，坚持以诚动人，以情感人，相信"精诚所至，金石为开"。具体注意以下方面：

1. 配合考官，自然地结束面试。整个面试过程，考官们占据主导地位，有经验的考官十分重视面试结束阶段的自然和流畅，避免给考生留下某种疑惑、突然的感觉。

考生应注意判断抓住机会，向考官们传达一些重要的有利的信息，既要尽力表现自己，又要适可而止，见好就收。考生要全力配合考官，使面试在自然、轻松、愉悦的气氛中结束。

考生们需要特别注意，考官们主导整个面试的进程，考生不能够自作聪明主动提出结束面试，也不能够给考官任何暗示和提醒，不能够在面试考官指示结束面试之前表现出烦躁不安，如整理所携带的物品、头发、衣饰等的样子。

2. 礼貌地向考官告辞。当考官明示结束面试时，考生要礼貌地与考官们告辞。告辞时一般要面带微笑，并可以表达感谢这次面试机会，等等。

观察时机，考生们告辞时还可以向考官们表达虚心求教的话。例如，"非常有幸能与你们谈了这么多，我感觉收获很大，希望今后能有更多的机会向你们求教……"，等等。

辞别时应当从容稳重，应有条不紊地整理好随身携带的物品，出去推门或拉门时，要转身正面面对考官，让后身先出门，注意面带微笑，然后轻轻关上门。

3. 考生们可以对考场工作人员表示感谢。"敬人者，人恒敬之"，尊重和谦逊是一种风度，在面试时要表现出这种风度。尊重别人的劳动，平等待人，也是一个人有良好修养的表现。考生们进入面试考场，招录机关单位的考务人员在其中做接待、服务工作，在离去时应向他们表示诚挚的感谢。对工作人员表示感谢将具体展现出这种风度和个人修养。

更为重要的是这种尊重他人、谦虚谨慎的作风将赢得考官的好感，给他们留下美好的印象。尊重、谦逊、礼貌是一种赢得人心的重要品质，是令人无法抗拒的魅力。例如，当年周恩来总理出访非洲时，每到一个国家，不但对国家领导人和各界名流极其尊重，而且主动同司机、门卫、服务员们亲切握手交谈。时至今日，非洲人民依然铭记"周恩来"这个伟大的名字。

第三节　模拟法庭控辩式面试中法律专业用语参考

一、刑事案件公诉人、辩护人陈述阶段模板参考

（一）公诉人

审判长、审判员：

根据《中华人民共和国刑事诉讼法》第一百六十七条之规定，我受本院检察长的指派，以国家公诉人的身份对我院提起公诉的某某涉嫌××罪一案出席法庭，支持公诉，并履行法律监督职责。某某的犯罪事实，在起诉书中已明确认定，并为今天的法庭调查所证实，事实清楚，证据确凿充分，程序合法，适用法律正确。下面，我就指控本案某某涉嫌××罪的证据及其犯罪构成，被告人对社会造成的危害及应负的法律责任发表以下公诉意见，供合议庭合议……

（二）辩护人

××律师事务所接受被告人××的委托，并经被告人同意，指派我担任本案的辩护人。开庭前，辩护人会见被告人，进行了必要的调查，查阅卷宗，了解了基本案情。通过今天庭审查明的案件事实，结合相关法律规定，发表以下辩护意见，请法庭予以采纳。

二、刑事案件公诉人、辩护人总结阶段模板参考

（一）公诉人

本案被告人犯罪事实清楚，证据确凿充分。被告人的行为给社会造成了××危害，为了维护法律的权威和社会的公平正义，保护被害人的合法权益，根据罪刑法定原则和罪责刑相适应原则，请合议庭依据本案的事实和证据依法认定被告人有罪，并从重（从轻、减轻）处罚。

（二）辩护人

对定罪认可，但对量刑有异议：辩护人对公诉人指控罪名无异议，其定性准确，适用法律正确。但是，本案被告人存在××情节，说明被告人主观恶性小，犯罪情节较轻，认罪态度好，又是初犯，需要社会的关怀，应当（可以）予以从轻（减轻、免除）处罚。恳请审判长、审判员本着教育为主、处罚为辅的原则，对本案依法做出判决。

认为构成轻罪：辩护人对公诉人指控罪名有异议，其定性不准确，适用法律不正确。本案被告人实施的是××行为，符合××罪的构成要件，应以××罪定罪处罚。恳请审判长、审判员依据本案事实和证据依法做出判决。

认为不构成犯罪：对于被害人的死亡，辩护人深表痛惜。但本案被告人没有犯罪意图，没有实施犯罪行为，不符合犯罪的构成要件，不应当对其定罪处罚。恳请审判长、审判员根据罪刑法定原则和罪责刑相适应原则，依法做出被告人无罪判决。

三、模拟法庭控辩式面试注意要点

1. 自信仪态、流利表达、逻辑推理、条理清楚很重要，在准备阶段可以把第一部分陈述内容和第三部分总结陈词的要点写出来，如果抽到辩方，虽然不明确知道对方的观点，但可以根据给定案例大概推测，做好两套方案以备不时之需，写出自己的思路。

2. 用词要精准确定，体现法言法语的意味，反驳要到位（狠、准）。为尽可能消除出现明显因用词错误所产生的影响，如把"民事案件的代理"说成了"刑事案件的辩护"时，则可以在后面的控辩中笼统地表达为"我方""你方"或"对方"。当然在运用一些重要、原则性的概念、术语时，如把"刑事案件的主观罪过"说成了"民事案件的过错"，倘若自己很快意识到就应及时纠正，没有确切把握时则应谨慎表达，在备考前更应加强这方面的学习和积累。

3. 控制好自己的情绪，当对方语速很快、很流利，而自己不太流畅时，应从容不迫、坦然应对，尽可能不要受对方的影响，按照既定方案针锋相对地给予反驳。如果对方在最后陈述完毕后又发言了，此时的发言是无效的，自己则无需再对对方的发言进行反击，不论对方说得好与坏、对与错，自己都要把握好，即使被对方抓住一点毛病，也要镇定，如果发现自己犯了明显的错误，在下一轮时就不要再重复自己原有的观点。

4. 把握好时间，由于控辩程序中的每一个步骤、环节是有时间限定的，如果一方或者双方对案例理解出现偏差，运用法律不当，以至在辩论阶段双方焦点太少，矛盾不突出，就会出现无话可说，时间无法用足甚至纠缠于某些细枝末节反复争执而被主考官打断的尴尬情形，这时可以通过一点套话暂时过渡，迅速反应，围绕案例，紧扣重要信息，适当延伸，做到有事实则客观表述，法条把握不准可以展开合理想象，有所拓展，从情理着手，以法理为原则进一步分析阐述。

5. 如果你的对手很强，你的分数不会很低，他（她的）回答或提问可以给你思路和方向。有些题目可能辩方不占优势，但是既然抽到辩方就要坚持自己的观点，而抽到控方则要注意定性的准确，避免出现法律适用原则性的错误。控辩中的神色交流很重要，陈述、指控、反驳、总结时要目光专注于你的对手，适当地加入如手势等必要肢体语言增加表达的力度与自信，同时也要注意和考官们的眼神沟通，回答的时候应尽量少看自己准备的稿纸。

四、法检系统面试考生语言运用的技巧

面试场上考生的语言表达艺术标志着考生的成熟程度和综合素养。对考生来说，掌握语言表达的技巧无疑是重要的。在面试中怎样恰当地运用谈话的技巧呢？

1. 口齿清晰，语言流利，文雅大方。交谈时要注意发音准确，吐字清晰。还要注意控制说话的速度，以免磕磕绊绊，影响语言的流畅。为了增添语言的魅力，应注意修辞巧妙，忌用口头禅，更不能有不文明的语言。

2. 语气平和，语调恰当，音量适中。面试时要注意语言、语调、语气的正确运用。语气是指说话的口气；语调则是指语音的高低、轻重配置。打招呼问候时宜用上升调，加重语气并带拖音，以引起对方的注意。自我介绍时，最好多用平缓的陈述语气，不宜使用感叹语气或祈使句。声音过大令人厌烦，声音过小则难以听清。音量的大小要根据面试现

场情况而定。两人面谈且距离较近时声音不宜过大，群体面试而且场地开阔时声音不宜过小，以每个考官都能听清你的讲话为原则。

3. 语言要含蓄、机智、幽默。说话时除了表达清晰以外，适当的时候可以插进幽默的语言，使双方谈话增加轻松愉快的气氛，同时展示你的优雅气质和从容风度。尤其是当遇到难以回答的问题时，机智幽默的语言会显示你的聪明智慧，有助于化险为夷，并给考官良好的印象。

4. 注意听者的反应。面试不同于演讲，而是更接近于一般的交谈。交谈中，应随时注意听者的反应。比如听者心不在焉，可能表示他对你这段话没有兴趣，这时你必须设法转移话题；对方侧耳倾听，可能说明你音量过小，对方难于听清；皱眉、摆头可能表示你的言语有不当之处。根据对方的这些反应，就要适时地调整你的语言、语调、语气、音量、修辞，包括陈述内容。这样才能取得好的面试成绩。

五、法检系统面试言语表达的原则与技巧

（一）面试言语表达的原则

1. 诚恳。诚恳待人是人际交往的基本原则，交谈也是如此。

2. 大方。要把握住自己，与任何人的交谈都应该是落落大方的。即使在严肃的考官面前，也要表现从容，不要扭捏不安、拘束。即便做不到谈笑风生，也应该不慌不忙、有问必答，切不可躲躲闪闪、慌慌张张。

3. 平等。交谈的双方可能身份地位不同，但交谈双方说话的权利应该是平等的。面对威严的考官，考生不能唯唯诺诺、手足无措。

4. 谨慎。古人说要"敏于事而慎于言"，这是经验之谈，意思是说做事要敏捷，说话要谨慎。讲话之前，应对你要讲的话稍加思索，想好了再说，还没有想清楚的就不要说，切不可冒冒失失胡乱议论，甚至不知所云。讲话之前不假思索，所讲的话必然言不及义、文不对题，将给人以一种浅薄之感。

5. 朴实并且有分寸。文雅，当然是一种美德，这是知识渊博的自然流露。面对考官，千万别乱用一些名词典故，以免弄巧成拙。只要用词达意、通顺、易懂即可，自然朴实的语言自有其动人之处。

（二）面试言语表达的技巧

1. 把握重点，简洁明了，条理清楚，有理有据。一般情况下回答问题要结论在先，议论在后，先将你的中心意思表达清晰，然后再做叙述和论证。否则，长篇大论会让听者不得要领。面试时间有限，考生难免神经有些紧张，若多余的话太多，容易走题，反倒会将主题冲淡或漏掉。

2. 讲清原委，避免抽象。考官提问总是想了解一些考生的具体情况，切不可简单地仅以"是""不是"作答。针对所提问题的不同，有的需要解释原因，有的需要说明。不讲原委、过于抽象的回答往往不会给考官留下具体的印象。

3. 有个人见解，有个人特色。考官每年要接待考生若干名，相同的问题要问若干遍，类似的回答也要听若干次。因此，考官会有乏味、枯燥之感。只有具有独到的个人见解和个人特色的回答，才会引起对方的兴趣和注意。

第三编　法检两院（司法岗位、非司法岗位）面试实战

第六章　司法岗位、非司法岗位面试例题与分析

由于法检系统工作的特点，所需法律知识专业性较强，所以本部分所举例的题目，主要是结合 2013 年、2014 年的结构化面试形式、模拟法庭控辩式面试案例考试形式，从专业知识角度精心设计，以帮助考生有的放矢，更好地从专业知识角度应对法检系统的面试。希望考生在阅读这些题目后，对法检系统面试所要求的知识背景有一个大致的了解，进而可以有目的地进行一些知识准备。

需要特别指出的是，基于法庭控辩式面试中给定考生的案例，一般具有较强的争议性，能够更加了解考生的法学专业能力。所以，为了让各位考生在比较短的时间内，都有充分的借鉴和参考的余地展开论辩，展现考生的特点和能力。本章在第二节至第四节选取了刑事、民事和行政三大部门法中有代表性、争议性的案例，力求比较全面、系统地覆盖各部门法重要、疑难的知识点，通过大量练习而有针对性地模拟备战。结合长期以来法检两院模拟法庭控辩式面试实战，在所给案例中，遵循由易到难的原则，有的给出分歧意见或者争议焦点提示考生，有的给出诉讼请求，给出案件事实由考生自行明确分歧意见，合理设想，提出不同的争议的焦点。

第一节　结构化面试试题举例及分析

1. 结合自己的经历，谈谈报考法院（检察院）的优势和劣势。

答：我今年××岁，中共党员，××大学法律专业毕业，本科学历，2006 年通过国家司法考试。熟悉民事法规，擅长司法写作。曾在××工作过（曾在学校任××职，组织过多次法制宣传、普法教育）。

我这个人崇尚法律的公平和公正，性格偏向文静，办事稳重认真，待人热情，彬彬有礼，具有团队精神，特别是富有正义感。同时，丰富的工作经历（课外实践）锻炼了我的组织能力和协调能力，使我具有良好的沟通能力与倾听能力，更重要的是使我明白了一点，我一直最想做的也适合做的是法官（检察官）。

当一名法官一直是我的梦想，当然我也存在××不足，但在今后的工作中我将会努力克服。（更多内容按照前部分的讲解，结合自身情况阐述。）

2. 很多人认为，学法律的应该去做律师，想进法院（检察院）的大学生往往不是学生中的精英，而是一些只求四平八稳、上进心不强的"二流"学生，你怎么看？

答：首先，我认为无论是律师、法官还是检察官都只是一种职业，它们没有"一流"

"二流"之分，更不是所谓的精英学生得去做律师而不当法官（检察官），以美国为例，他们的法学专业学生还得先当 10 年以上律师才能做法官呢！其次，我认为对职业的选择应该根据每个人的爱好和特点出发，我喜欢这个职业，而且我认为我具有崇尚法律的精神和信念、优良的法律职业能力和专业适应能力、良好的品性和德行等当法官（检察官）所需要的各种优良素质。所以我站在这里，希望成为一名法官（检察官）。

3. 请问你对检察院的工作性质，福利情况了解多少？

答：第一，我国《宪法》第一百二十九条和《人民检察院组织法》第一条规定：中华人民共和国人民检察院是国家的法律监督机关。主要是对国家机关、国家机关工作人员是否违反《刑法》实行监督，以及对其他司法机关司法活动实行监督。检察官是国家法律监督职能的具体承担者，"严格监督，公正执法"是其基本使命。第二，爱因斯坦说过：一个人的价值，主要看他对社会的付出，而不是他对社会的索取。我认为，人生的价值有两个方面：一是对社会的贡献，这是主要的；二是社会对他的回报，这是次要的。做一名检察官一直是我的理想，虽然我对检察院的福利了解不多，但我相信，通过检察院的工作能实现我的人生价值。

4. 我国现行《宪法》修改过几次？最后一次修改的时间及主要内容是什么？有什么意义？

答：中国现行《宪法》是 1982 年 12 月由第五届全国人大第五次会议通过的。根据形势发展的需要，先后于 1988 年、1993 年和 1999 年对《宪法》的部分内容作了修改，共涉及 17 条。最后一次修改为 2004 年，该修正案共有 14 条，主要内容是："三个代表"重要思想在中国政治和社会生活中的指导地位得以确立；物质文明、政治文明和精神文明协调发展有了《宪法》保障；土地征用制度被完善；国家对发展非公有制经济的方针进一步明确；"公民的合法的私有财产不受侵犯"被写入《宪法》；增加了建立健全社会保障制度的规定；进一步为尊重和保障人权提供了《宪法》保障；完善了全国人民代表大会组成的规定以及关于紧急状态、国家主席职权、国歌和修改乡镇政权任期的规定等。此次修改，把中共十六大确定的重大理论观点和重大方针政策写入《宪法》，具有重大而深远的意义。《宪法》修正案凝聚了中国共产党和人民的集体智慧，立意高远，内涵深刻，顺乎民意。修正案体现了《宪法》的稳定性与适应性的统一、中国共产党的主张与人民意志的统一，充分发扬民主和严格依法办事的统一，是中国宪政史上的又一里程碑。

5. 谈谈你对"依法行政"的认识。

答：经过多年的努力，各级政府部门在依法行政方面都取得了明显进展。政府法制建设得到加强，行政立法工作步伐加快，立法质量不断提高，过去常见的那种政府部门"红头文件"动辄对抗政策法规的现象已经越来越少见；行政执法体系逐步健全，执法力度不断加大，既保证了法律、法规的贯彻实施，也推动了政府职能和管理方式的转变；各级行政机关工作人员特别是领导干部的依法行政意识明显增强，依法行政能力有所提高。

然而，与现代行政管理的发展相比，以依法行政的要求来看，以建设法治社会的目标来考虑，少数地方的政府部门及其工作人员的素质还很难令人满意。这是导致这些政府部门及其工作人员常常陷于诉讼之累的根本原因。事实上，这些都是不依法行政所造成的。

如果说以前我们面临的主要问题是"法制不健全""无法可依""缺少规矩"的话，那么现在我们在法制建设上所存在的问题则主要是"有法不依、执法不严"，说白了就是

"法制观念淡薄""缺乏规则意识"。有的地方仍存在政企职责不分，政府职责"错位""缺位"的问题；少数地方有法不依、执法不严、违法不究的现象比较严重，违法或者不当的行政行为得不到及时制止和纠正；有的对行政权力的监督和制约机制还不够健全，权力与利益挂钩、与责任脱钩的问题没有完全解决；一些行政机关工作人员法制观念淡薄、不依法办事的问题还比较突出。因此，从根本上解决这些问题，需要加快推进依法行政、建设法治政府的步伐。

要牢固树立宪法和法律至上的理念，不断提高依法决策、依法管理、依法办事的能力和水平，努力形成尊重法律、崇尚法律、遵守法律的良好氛围。要善于运用法律手段管理经济、文化和社会事务，依法妥善处理各种社会矛盾。要不断加强行政执法监督力度，彻底解决政府管理职能"越位""缺位""错位"问题，坚决清除以权代法、以权压法、以权废法的现象。各级政府部门要充分认识全面推进依法行政的重要性和紧迫性，特别是各级领导干部，更应不断增强依法行政的自觉性，真正把依法行政这几个字落到实处。

6. 哪些事项可以设定行政许可？颁布《行政许可法》的重要意义是什么？

答：按照《行政许可法》，可以设定行政许可的事项是：（1）直接涉及国家安全、公共安全、经济宏观调控、生态环境保护以及直接关系人身健康、生命财产安全等特定活动，需要按照法定条件予以批准的事项；（2）直接关系公共安全、人身健康、生命财产安全的重要设备、设施、产品、物品，需要按照技术标准、技术规范，通过检验、检测、检疫等方式进行审定的事项；（3）提供公共服务并且直接关系公共利益的职业、行业，需要确定具体特殊信誉、特殊条件或者特殊技能等资格、资质的事项；（4）有限自然资源开发利用、公共资源配置以及直接关系公共利益的特定行业的市场准入等，需要赋予特定权利的事项；（5）企业或者其他组织的设立等，需要确定主体资格的事项；（6）法律、行政法规规定可以设定行政许可的其他事项。

颁布《行政许可法》的重要意义主要是：

（1）有利于从根源上和制度上杜绝暗箱操作和钱权交易，清除在审批中存在的腐败现象。建立有效的监督和约束机制，强化行政机关的责任，对改变政府的形象、提供优质的服务是非常有利的。

（2）方便当事人、方便群众，保证公民、法人和其他组织的合法权益，这是制定《行政许可法》的立法宗旨之一。在这部法律里，把简化行政审批的程序，提高办事效率和提供优质服务作为非常重要的内容来加以规定，这样就可以更好地发挥公民、法人和其他组织的主动性、积极性和创造性，体现了立法机关和行政机关对广大人民群众利益的高度重视，体现了"三个代表"重要思想的要求。

（3）制定《行政许可法》有利于进一步扩大对外开放和与国外规则接轨，其中很重要的一点是，我国的行政审批必须要公开透明、规范。通过制定《行政许可法》，我们将行政许可事项的范围作了明确的规定，这有利于我们国家参加缔结的国际条约和协定，要求实施的或者可以实施的许可事项转化为国内法加以落实，这样既可以与国际协调，也可以更好地维护我们国家的经济利益和安全。

7. 请你谈谈《物权法》颁布的重要意义？

答：《物权法》的颁布实施主要有如下重要意义：第一，肯定了物权制度，特别是对所有权的一体保护，不仅保护国家所有权、集体所有权，而且特别强调了保护私人所有权，这是具有重要意义的。物权就是财产权，是人权的组成部分，尊重个人的物权，就是尊重人权的基础，尊重人权。没有对物权的保护，对人权的保障就是不完善的。第二，《物权法》是改革开放三十多年胜利成果的记录，是将改革开放胜利成果转化为法律的形式固定下来，继往开来。例如，土地承包经营权、建设用地使用权等。第三，完成了《民法典》制定工程中的核心部分，《民法典》的起草工作进入了顺畅的时期，就像江河进入开阔的平原河道，列车驶出了崇山峻岭一样。只要《侵权责任法》和《民法》总则修改完成之后，《民法典》起草任务就大功告成了。第四，标志着我国社会主义市场经济法制体系完成了最为重要的部分。

8. 2007 年颁布的《企业所得税法》把内外资企业所得税进行了合并，你如何看待这一问题？

答：（1）合并内外资企业所得税顺应世界税制改革的潮流。自 20 世纪 80 年代美国里根政府掀开世界税制改革的序幕开始，税制改革的浪潮席卷了世界诸多国家，企业所得税改革一直是各国税制改革的重要内容。各国以减税为主要内容的企业税制改革，在一定程度上影响到我国吸引外资的税收优势，弱化了我国所得税制对外资的吸引力，同时也进一步加大了我国所得税制改革的紧迫性，并影响了我国企业所得税制改革的方向。在世界降低所得税税率的大环境下，我国的所得税制改革不能逆潮流而行，否则会影响国际资本向我国的流动。因此，我国应合并内外资企业所得税，顺应国际税率水平下降的总体趋势。

（2）内外资企业所得税合并符合我国经济市场化的要求。内外资企业分别实行两套所得税制是在我国改革开放初期，这是由急切需要大规模引进外国资本和技术的特定经济和历史条件决定的。随着改革开放的深化，我国企业已进入或将大规模进入国际市场，参与国际竞争，这种税负轻重有别的所得税制有悖于国民待遇原则，尤其不利于我国国有企业真正成为市场的主体，不利于现代企业制度的建立，不利于同外国企业同等条件下的国际竞争。随着我国的社会主义市场经济体制逐步完善，市场机制在资源配置中的基础作用不断增强，市场竞争也越来越充分。市场竞争要求公平竞争，税负公平是公平竞争的重要保证。企业所得税是纳税人税收负担的重要组成部分，公平竞争、公平税负要求各类企业的所得税在税率、税基、优惠政策等方面享有同等待遇。

（3）合并内外资企业所得税是体现世贸组织国民待遇原则的首选方案。从许多国家企业所得税的情况看，虽然有些国家制定了一些针对外资企业的所得税优惠政策，但是对外资企业和本国投资者投资的企业分别实行两套所得税制的国家并不多见。我国加入世界贸易组织后，对外开放的大环境发生了新的变化，必须全面提高对外开放的质量和水平，而在经历了 30 多年的努力后，我国已经有经验和能力在更宽领域、更高层次上利用外资。在这样的新形势下，要使国民经济在更广的范围和更深的层次上与世界经济融为一体，就必须在遵守国际规则、履行国际义务方面进行法律的强制性约束，包括企业所得税在内的税收法规必须符合世贸组织的要求和我国做出的承诺。为解决加入世界贸易组织后内外资企业不公平竞争的问题，我国尽快合并内外资企业的所得税不仅是必要的，也是可能的。

9. 你认为 2007 年 8 月 30 日通过的《反垄断法》有什么意义？

答：《反垄断法》一向被称为"经济方面的宪法"，其核心内容是以强劲手段保护公平竞争，制止违法垄断和不正当竞争行为，对于维护市场经济秩序，保证市场经济的正常运行，营造公平有序的市场环境，保持我国经济活力，促进社会主义市场经济健康发展，具有重大意义。这次通过的《反垄断法》充分考虑到了我国经济发展的阶段性特点，从中国经济的实际出发来进行立法，并积极借鉴了国际有关立法的有益经验。包括了禁止垄断协议、禁止滥用市场支配地位和对企业并购进行控制的条款等。还充分考虑到了该法与中国现有的有关法律、行政法规的联系，比如和《反不正当竞争法》相配合。它的通过标志着我国竞争政策基本框架的形成，基本形成了我国的市场竞争规则，我国的市场竞争规则将主要由对不正当竞争行为的控制和对垄断行为的控制来体现，它的通过将使我国更好地适应社会主义市场经济发展和参与国际竞争的需要。随着我国经济的发展和国际化程度的提高，《反垄断法》不仅能够维护市场的有效竞争，推进企业和社会创新，还将极大地推进社会生产力的发展，提升国家的整体竞争力。

第二节 模拟法庭控辩式面试刑事案例

1. 行为人甲以杀人的故意给乙吃了毒药，看到乙中毒倒地后痛苦挣扎，顿生同情，于是开车送乙去医院救治。途中，由于甲的驾驶过失，汽车撞到电线杆上，导致乙当场死亡。

【争议焦点】甲的故意杀人行为能否构成犯罪中止？

（1）通常认为犯罪中止的成立要求符合时间性、自动性、有效性三个要件，其中有效性是指预期的犯罪结果没有发生。本案中乙的死亡结果发生了，不符合有效性要件。所以甲理应成立故意杀人罪（既遂）。

（2）虽然甲以杀人的故意对乙实施了杀害行为，最终也发生了乙死亡的结果。但是甲并车送乙去医院的行为仍可谓其杀人行为的中止，至于乙的死亡结果是甲的另一个过失行为导致的，应另作评价。所以甲的行为可以成立故意杀人罪（中止）和交通肇事罪，数罪并罚。

2. 2007年10月31日20时许，赵某因故被李某等人困在一宾馆内，赵某为脱身打电话向王某求救。王某即骑车携带其非法持有的一把自制枪支赶到现场。后王某、赵某为了顺利脱身，先后出示该手枪威胁李某等人。经鉴定，王某带至现场的枪支系以火药为动力，有击发装置和铁质托柄，能够正常击发，具有杀伤力。

【争议焦点】被告人赵某是否犯非法持有枪支罪？

（1）赵某的行为属于正当防卫。

（2）赵某的行为属于紧急避险。

（3）赵某的行为构成非法持有枪支罪。

3. 为报复生意场上的竞争对手，某一天李某雇佣杀手秦某谋杀崔某，并当即预付1万元酬金，约定事成之后再付4万元。当日，李某通过录像带向秦某指认了崔某，初步策划了行动方案。2个月后，李某电话通知秦某不要再谋杀崔某。但此后秦某仍将崔某杀害，并告知李某事已办完，要求支付酬金。李某虽不愿意，还是将4万元钱电汇给秦某。

【争议焦点】

（1）李某的行为构成犯罪中止。

（2）李某构成故意杀人既遂。

4. 被告人张某患有梦游症。某晚，张某持刀将其妻砍死。第二天清早醒后，发现其妻死亡，却不知是自己所为，因而向公安机关报案。经调查，确认张某是杀妻之凶手。据张某回忆说，夜里梦见自己在烈日下赶路，口渴难忍，后来到一片西瓜地，遂用刀割下一个。

【争议焦点】

（1）认为梦游症不是精神病，张某的故意杀人罪成立。

（2）张某的行为不构成犯罪。

5. 李某，男，39岁，机关干部，平常从不饮酒。某日，李某参加同学聚会，先喝了半斤白酒，又喝了5瓶啤酒。席间李某突然掏出随身携带的一把多用刀朝在座的人乱刺，当场刺死一人，刺伤四人，行凶后，李某昏睡于酒桌旁，过后不久即被拘留。归案后，李某说他对杀人及伤人过程和情节不能回忆。经司法精神病鉴定，李某系病理性醉酒。

【争议焦点】

（1）认为对上述案件中李某行为不负刑事责任。

（2）认为李某应负刑事责任。

6. 范某，男，33岁，工人。2014年10月3日，范某领着4岁的儿子在公园的电马上玩耍，因为儿子与一个和他同龄的男孩争座位，从电马上摔了下来，头上磕起了一个大包。范某十分生气就拉过那个男孩打了他一记耳光。男孩的母亲见状就质问范某，为什么不问青红皂白就打她的孩子。这时男孩乘机在范某的手腕上咬了一口，范某十分恼怒，顺手用力将孩子推了一把，男孩跟跄了几步倒在地上，头部正好撞在了石阶一个破裂的角上，当场鲜血直流，造成神经受压，经抢救无效死亡。

【争议焦点】

（1）范某的行为构成故意伤害罪。

（2）范某的行为构成过失致人死亡罪。

（3）范某的行为不构成犯罪，是意外事件。

7. 谢某，男，30岁，个体木匠。李某，男，29岁，农民。某年夏天某晚，谢某、李某因赌博输钱而共同商议拦路抢劫。当夜22时许，二人在某公园后山小路旁守候，恰逢谢某之妻周某从朋友处抄近路回家。二人即起歹意，谢某言："送上门的妞子，管她有钱无钱，弄来玩玩再讲。"李某即道："我去弄来。"李某悄悄接近，从背后卡住周某脖子威胁说，要命就不要出声。同时拉扯周某的外衣堵住其嘴，蒙住其头部。这时，谢某也上来一起连拉带拖将周拖到某山坡树丛。李某对谢某言："大哥你先来。"于是二人对周某进行了轮奸。随后，二人便在周某的衣服里搜索钱财，周某挣扎着拉掉蒙头塞嘴的外衣，边穿裤子边哭骂。谢某发觉不对头，即上前扶起周某，认出是其妻，随转身猛击李某一耳光，臭骂其瞎了眼。李某自感不妙，即到派出所自首。

【争议焦点】

（1）认为可以不对谢某以犯罪论处。

（2）认为应对谢某定强奸妇女罪。

（3）认为应对谢某以强奸妇女（未遂）罪进行处罚。

8. 甲、乙、丙三人为同事。甲对丙有仇，常存杀丙之心。后乙又与丙结仇，并向甲流露出杀丙之意。甲不置可否，故作漠然之态。某日，乙、丙二人互殴一场，之后乙的反应激烈，准备晚上杀丙。甲知后，晚上在乙前往犯罪地点杀丙时暗自跟踪乙。乙在实施加害丙的过程中，手中匕首被丙打落掉至甲藏身处，甲见乙失去凶器后难能杀死丙，便将匕首拾起悄悄扔至乙的脚下，乙拾起匕首向丙猛刺数刀，至丙死亡。

【争议焦点】

（1）认为甲的行为不构成犯罪。

（2）认为甲的行为构成共同犯罪。

（3）认为甲的行为是单独而非共同犯罪。

9. 甲欲杀乙，同时知道丙与乙有仇，便想利用丙杀乙。在某次聚会上，甲明知丙在隔壁房间，但佯装不知，故意和他人大谈乙的为人，并捏造乙和丙妻有不正当关系，而且在谈话中还透露乙每天早晨有长跑的习惯，常经过某偏僻处等。甲的谈话激起了丙对乙的愤怒，并且，也为丙提供了选择犯罪的时间、地点等信息。于是某日清晨，丙在一偏僻处将正在晨练的乙杀死。

【争议焦点】

（1）甲不构成犯罪。

（2）甲构成犯罪。

（3）甲构成共同犯罪。

10. 1999 年 9 月 6 日 10 时许，被告人木某驾驶其农用三轮车，自行载客，当车行至某路段时，木某见前方有交通局工作人员正在检查过往车辆。因自己的农用车有关费用欠缴，木某担心被查到受罚，遂驾车左拐，在某村李某家住宅附近停车让乘客下车。因车顶碰触村民王某从李某家所接电线接头的裸露处，车身带电。先下车的几名乘客，因分别跳下车，未发生意外，也未发现车身导电，后下车的乘客张某由于在下车时手抓挂在车尾的三轮车车梁上而触电身亡。张某触电后，同车乘客用木棍将三轮车所接触的电线击断。

现场勘验表明，被告人木某的农用三轮车出厂技术规格外形尺寸为长 368 厘米、宽 140 厘米、高 147 厘米。木某在车顶上焊接有角铁行李架，致使该车实际外形尺寸为高 235 厘米。按有关交通管理法规规定，该种车型最大高度应为 200 厘米。王某套户接李某家电表，套户零线、火线距地面垂直高度分别为 253 厘米、228 厘米，且该线接头处裸露。按有关电力法规规定，安全用电套户线对地距离最小高度应为 250 厘米以上，故王某所接的火线对地距离不符合安全标准。

【争议焦点】

（1）被告人木某的行为属意外事件，不构成犯罪。

（2）被告人木某的行为符合过失致人死亡罪的犯罪构成要件，应当定罪处罚。

11. 王某在上高中时与同班女生赵某确立了恋爱关系。2004 年 12 月，赵某向王某提出分手，并和另一高中同学恋爱。王某因不同意分手，多次到赵某就读的某经济学院对赵某进行纠缠，并多次打电话到赵某宿舍对赵某实施威胁。当王某意识到和赵某的关系已无法挽回后，遂产生和赵某同归于尽的念头。

2005 年 1 月 10 日中午，王某在其就读的某高等专科学校附近的"百平超市"内购得 1 把水果刀。当晚，王某打电话给赵某，提出和赵某见最后一面，称以后不再进行纠缠，赵某遂表示同意。第二天下午 3 时许，王某携带水果刀来到经济学院，和赵某在该学院图书馆 4 楼的走廊见面。两人交谈至当日下午 6 时 40 分许，王某见赵某仍决意要和自己分手，提出吻别。王某亲吻赵某后用右手挟住赵某的脖子，用左手持水果刀朝赵某的头部、面部连刺数刀，赵某被刺后坐到地上流血不止。王某见状停止了行凶，责怪赵某太绝情。赵某表示要与王某和好。王某认为赵某还在欺骗他，便再次用水果刀朝赵某头部、面部等处一顿乱刺，最后因用力过度刺中赵某下颌部导致刀柄断裂才住手。后王某用赵某的手机拨打了120电话，打电话后又脱下赵某的裤子将赵某阴部咬伤。后120救护车赶到，将赵某送往医院进行治疗。赵某经抢救脱险，其损伤经法医鉴定为重伤并构成五级残疾。

【争议焦点】

（1）被告人王某的行为构成故意杀人罪（未遂）。

（2）被告人王某的行为构成故意伤害罪。

12. 2005年8月6日，被告人杨某主谋并纠集被告人李某预谋实施抢劫。当日10时许，二人携带事先准备好的橡胶锤、绳子等作案工具，在北京市密云县鼓楼南大街骗租陈某（女，29岁）驾驶的松花江牌小型客车。当车行至北京市怀柔区大水峪村路段时，经杨某示意，李某用橡胶锤猛击陈某头部数下，杨某用手猛掐陈的颈部，致陈某昏迷。二人抢得陈某驾驶的汽车及诺基亚牌8210型移动电话机1部、寻呼机1个等物品，共计价值人民币42000元。

杨某与李某见被害人陈某昏迷不醒，遂谋划用挖坑掩埋的方法将陈某杀死灭口。陈某佯装昏迷，趁杨某寻找作案工具，不在现场之机，哀求李某放其逃走。李某同意掩埋陈某时挖浅坑、少埋土，并告知掩埋时将陈某的脸朝下。杨某返回后，李某未将陈某已清醒的情况告诉王某。当日23时许，二人将陈某运至北京市密云县金叵罗村朱家峪南山的土水渠处。李某挖了一个浅坑，并向杨某称其一人埋即可，便按与陈某的事先约定将陈某掩埋。杨某、李某离开后，陈某爬出土坑获救。经鉴定，陈某所受损伤为轻伤（上限）。

【争议焦点】

（1）两人在抢劫罪方面成立共同犯罪，但是在故意杀人罪方面，李某不成立故意杀人罪，杨某单独构成故意杀人罪。

（2）两人在抢劫罪方面成立共同犯罪，在故意杀人罪方面，两人也成立共同犯罪，李某成立故意杀人罪（中止），杨某成立故意杀人罪（未遂）。

13. 王某与李某为夫妻，李某之母赵某对王某没有生育不满。一天，李某打王某，赵某在一旁帮李某，后王某流产。王某认为其流产是赵某殴打所致，遂产生用老鼠药毒杀赵某的恶念。

1996年6月19日19时许，王某乘李某不备，将毒鼠药放入李某为其父王甲、其母赵某煲的汤内。但赵某让王甲先喝。王甲喝时，王某因怕事情败露未予制止。次日凌晨1时许，王甲因中毒死亡。

1996年6月29日，王某乘赵某不备进入赵某住房，将毒鼠药放入赵某使用的茶壶中。赵某及其孙子王某甲、王某乙因饮用壶内水中毒，后经医院抢救脱险。

1996年8月28日上午，王某乘赵某不备进入赵的住房，将一包毒鼠药放入赵某使用的一白色磁茶壶中。当天到赵家聊天、做客的邻居、亲戚等10人喝了壶内的水后中毒。其中，1人经医院抢救无效死亡，其余9人受轻伤。

【争议焦点】

（1）被告人王某的行为构成投放危险物质罪。

（2）被告人王某的行为构成故意杀人罪。

14. 2012年12月至2013年4月2日期间，被告人王某私自将货车底部加装了一个空水箱后，伙同雇佣的司机郝某，先将空水箱加满水后，驾驶加满水箱水的空车过磅进入矿区，在矿区内无人场所，将加装水箱内的水放完，装满煤泥出矿过磅后，多拉出等同于水箱内所加水的重量的煤泥，共计作案25次，所得煤泥卖了约5000元，由其本人用于日常消费。经公安机关侦查实验和鉴定，以加满水箱水的空车称重、以放完水箱水的满载车过磅出矿区的方法，证实一次作案货车加满水和放完水的车重相差0.86吨。经查实，2012年12月，拉出煤泥2次，价值705.2元；2013年1月至2013年4月，拉出煤泥23次，价值7318.6元。王某共拉出25车次，价值共计8023.8元。案发后，被告人王某退还给被害单位某煤矿煤泥共计13.16吨。

【争议焦点】

（1）被告人王某的行为构成诈骗罪。

（2）被告人王某的行为构成盗窃罪。

15. 温某在施工现场负责管理爆炸物品。1998年2月一次收工时，工人邱某将放炮剩余的30多个雷管交给温某。温某擅自将雷管带回家中，并在除夕之夜将其中一个雷管点燃爆炸，当即将右手三个指头炸伤。温某一气之下，将剩下的雷管全部扔到电业局工程处后院墙内，后被学生刘某、龙某、梁某等人拣去当"刺花炮"玩。刘某用火药枪顶着雷管放了一枪，造成三个手指头被炸掉，左眼眼底震伤。龙某将雷管扔到其兄家炉子里，雷管爆炸后，左眼被炸伤。

【争议焦点】

（1）温某应以危险物品肇事罪论处。

（2）温某应定过失爆炸罪。

16. 1998年8月5日8时许，杨某与邻居邹某、叶某等人到市人民会场准备买电影票看电影，看到李某正在该处出售高价电影票。杨某见李某手上戴有一块瑞士手表（价值1800余元），便乘人多拥挤之机，将李某手上表带拉断，把手表抢走。杨某抢手表时，被旁边的两名男青年看见，这两名青年即拦住杨某，以买表为名，将表拿到手，并以150元钱作价，要杨某把刚抢得的手表卖给他们，杨某不同意，为此双方发生争吵。此时，郭某走上来询问，得知手表是杨某抢来的，郭某即从两名男青年手中把杨某抢得的表夺走。次日，郭在家中被公安机关抓获。

【争议焦点】

（1）郭某的行为不构成抢夺罪。

（2）郭某的行为已构成抢夺罪。

17. 尹某，男，45岁，某地区行政专署干部。朱某于某年3月向公安机关递送了去香港探亲申请，至4月仍无消息。后朱某通过李某找尹某帮忙，尹某于同年5月带朱某、李某到有关部门反映、询问，并于7月10日促成朱某赴港。朱某为酬谢尹某帮忙，曾先后6次送给尹某财物合计人民币9000余元。

【争议焦点】

（1）认为尹某已构成受贿罪。

（2）认为尹某没有利用自己职务之便，因而没有构成犯罪。

18. 某甲，男，31岁，某派出所民警。民警某甲执行任务将一醉酒人某乙带回派出所。行至一建筑工地混凝土搅拌机处时，乙抓住一女工的手说："大姐，救救我。"甲认为乙要耍流氓，即喝令乙放开手，乙放开手后跟跄几步便靠在墙上喘息。某甲上前用右手抓住其肩猛拉一把说："快跟我走！"乙由于醉酒，自控能力减弱，又跟跄几步（约1.48米），摔倒后卧在搅拌机旁一摊水中（水是搅拌机流出的混凝土浆泥沙混合物，水深1.5米，面积约10平方米）。甲赶上前去拉住乙衣领喊他起来，这时有人喊水中有电，甲只好将手缩回。当关电闸后将乙从水中拉出时，乙已经停止了呼吸。经医生鉴定：乙是由于水进入呼吸道窒息死亡。

【争议焦点】

（1）某甲构成了过失致人死亡罪。

（2）因属意外事件，某甲的行为不构成犯罪。

19. 被告人黄某、王某预谋对张某（女，22岁）进行抢劫，二人购买了弹簧刀、胶带、手套、假胸卡等作案工具，并事先对作案地点进行踩点观察。后两人按照事先分工，携带作案工具，假冒维修工进入张某所住公寓欲实施抢劫。因张某对二人行为产生怀疑而有所警惕，二人未敢实施，即逃离，在逃离途中被保安人员抓获。

【争议焦点】

（1）二人构成抢劫罪，但系犯罪预备阶段的犯罪中止，应当免除处罚。

（2）被告人系抢劫罪且系犯罪未遂。

20. 犯罪嫌疑人张某于2001年4月3日20时许，开着桑塔纳牌出租汽车回家，到家后进屋休息，突然听到有人砸自己家的门、窗、玻璃，出屋后发现四名男子（林某、王某、王某某、冯某某）从自家院旁分乘两辆摩托车逃跑，张某与其妻孙某开着自己的出租车紧追。当追至某加油站附近时，其中由于被害人林某与冯某某骑的一辆摩托车左右摇摆，企图阻止张某超车，张某几次试图超车，欲将二人别倒抓获。当被害人林某的摩托车向右打方向时，犯罪嫌疑人张某猛踩油门欲从左侧超车时，将林某、冯某某的摩托车撞倒，致林某当场死亡（致肝破裂创伤失血性休克死亡），致冯某某轻微伤。犯罪嫌疑人张某将摩托车撞倒后没有踩刹车，继续往前行驶120米自动熄火，张某见二人躺在地上不动，便拨打110报警等待，后民警赶到将二被害人送往医院。

【争议焦点】

（1）应张某定过失致人死亡罪。

（2）应认定张某为故意伤害罪。

21. 高某和孙某、朱某等5人到歌厅唱歌，要了小姐，二人换了几回小姐。经理吴某过来询问情况时，高某对经理说："老板，你这里全是男服务生，正好我有两个小兄弟也来北京找工作。"经理说："我们可养不起。"吴某走后，高某唱歌时不慎将茶几碰倒。服务生收拾后又重新上了酒水。后歌厅经理吴某给"大明"打电话，称歌厅有几个人要闹事，让"大明"过来把事摆平。过了十几分钟，"大明"带来两个人，并进包间看了看，后又打电话叫来了四五个人，坐在大厅。之后，高某感觉不好，也让朱某叫点儿人来。朱某出去打电话，其间高某两次给110打电话报警。后孙某出屋上厕所时，见大厅里有10个人左右，之后孙某就出歌厅找到朱某，让其叫人，朱某则让孙某回家取"家伙"。孙某于是打车回到暂住地，拿了一把切西瓜刀、一把菜刀、一把折叠小刀和一把锤子，又回到歌厅，见朱某还在外面打电话，朱某让孙某先把东西拿进去。孙某就进歌厅的包间说："我见外面有三四个人总往咱屋内看，是不是因为刚才换小姐的事。他们以为咱们是来闹事的，用刀防着点。"之后孙递给了高某一把切西瓜刀，给了另两人一把锤子和一把折叠小刀，孙某自己留了一把菜刀。约20分钟后，进来七八个人，双方发生争执，高某称对方用茶杯打他，胳膊、肚子被扎，捂着肚子躺在了沙发上。高某这时打电话报警。对方听见报警就全跑了。后经现场勘查，歌厅经理吴某伙同"大明"纠集的"姜山"被他人用锐器刺中左胸部致心室破裂急性失血性休克死亡。案发后，其他涉案人员均在逃。

【争议焦点】

（1）高某、孙某的行为系正当防卫。

（2）高某、孙某的行为系聚众斗殴。

22. 罗某在明知杜某等三人暴力抢得被害人的信用卡，控制其人身自由，并逼使其说出密码的情况下，仍持该卡分别从中国交通银行某分行、中国工商银行某分理处、中国建设银行某储蓄所帮杜某等取走人民币4.5万元，后被查获。

【争议焦点】

（1）罗某属抢劫罪的事中共犯，对其应以抢劫罪论处。

（2）罗某的行为应定性为信用卡诈骗罪。

23. 金某夫妇去上海参加儿子的婚礼，临行前委托其同事李某帮他们照看住宅。李某在金某家书房内翻阅杂志时，发现书中夹有现金1万元，于是，李某将这1万元现金拿走，并伪造金某家"被盗"的现场。金某夫妇从上海回家，李某对金某夫妇谎称他们家被盗。金某夫妇发现夹在书中的现金1万元不见，遂向公安机关报案。

【争议焦点】

（1）李某的行为应定盗窃罪。

（2）李某的行为构成侵占罪。

（3）李某的行为构成诈骗罪。

24. 杜某无意间在路上捡到一张医保IC复合卡（具有信用卡功能）。在路过自动取款机时，试着将信用卡插入ATM机中，随意输入6位密码，发现该卡竟然可以使用，卡内余额为300元。杜某将300元取出后，发现卡内的金额竟然增加了许多，并且越取越多。后杜某在多家银行的ATM机上多次取款，并未遇到任何障碍。杜某在几天之内总共取到60多万元。直到9月24日，银行工作人员才发现该卡的交易出现异常，当杜某再次到某银行的自动取款机上取款时，被银行工作人员抓获。经调查发现，该卡原持卡人陈某在一个月前遗失该卡，随后向银行进行了挂失。但因银行的系统出现故障，杜某才可以无限制地取钱。

【争议焦点】

（1）杜某的行为构成盗窃罪。

（2）杜某的行为构成信用卡诈骗罪。

（3）杜某的行为构成侵占罪。

25. 程某在某银行的甲储蓄所取钱时，由于储蓄员的疏忽大意将程某所持的账户余额多输入3.6万元，程某发现后当日在该银行的乙储蓄所取走其中的3万元。该银行在当晚发现这一情况后，立即向公安机关报案，公安机关于次日将程某抓获并追回全部款项。

【争议焦点】

（1）程某的行为构成诈骗罪。

（2）程某的行为构成侵占罪。

（3）程某的行为属于民法上的不当得利，而不是刑事犯罪行为。

26．徐某与长途客车售票员史某素有过节，为报复史某，1999年7月，徐某在公路上将史某乘坐的客车拦下，史某下车后，徐某持一棍棒追打史某，在躲避中，史某跑到公路中央，此时恰有一辆汽车经过，将史某撞成重伤。

【争议焦点】

（1）徐某的行为不构成故意伤害罪。

（2）应以故意伤害罪追究徐某刑事责任。

27．一婴儿出生3天后，因病危被送进某县妇幼保健院监护室的暖箱（塑料制品）中实行特别看护。当晚8时左右，医院突然停电，为了便于观察，当时值班护士就在暖箱的塑料边上粘上两根蜡烛。当天晚上10时50分，护士张某接班后，见蜡烛快烧完了，就在原位置上又续上一根新蜡烛。第二天凌晨5时左右，张某在未告诉任何人的情况下，将婴儿一人独自留下去卫生间，当她返回后，发现蜡烛已经引燃了暖箱，婴儿因窒息死亡。

【争议焦点】

（1）应定张某失火罪。

（2）应定张某为重大责任事故罪。

（3）应定张某为过失致人死亡罪。

28．2002年6月22日，孙某下班后骑摩托车回家，在公路上被王某等4人拦截。王某等对孙某进行殴打，在孙某不敢反抗后胁迫孙某来到一家酒店请客吃饭，花费共计1800余元。由于孙某所带现金不足，遂将摩托车抵押在酒店，后赎回。

【争议焦点】

（1）王某等人的行为构成敲诈勒索罪。

（2）王某等人的行为构成抢劫罪。

（3）王某等人的行为构成寻衅滋事罪。

29．1999年2月至2002年4月，李某任某县县长期间，利用职务之便为他人谋取非法利益，并收受他人财物共计28万余元。2002年5月，李某以私人名义将所收受的27万余元钱物分别捐献给希望工程和敬老院。2002年11月案发后，李某对其收受钱物的行为供认不讳，并主动上缴了剩余的1万余元财物。

【争议焦点】

（1）李某的行为不构成犯罪，只是一种违法乱纪行为。

（2）李某的行为已触犯刑律，构成了受贿罪。

30．甲系国家机关工作人员，利用职务便利为乙及其亲友提供了帮助。为此，甲收受乙给予的房屋两套（未办房产证），价值人民币200余万元，其对房子进行了装修，案发前居住使用长达一年多。

【争议焦点】

（1）甲因没有取得两套房产所有权，其受贿行为仍处于未遂状态。

（2）甲的受贿行为已既遂。

31. 李某，男，19岁，某日上午9时许，李某见该乡女青年单某一人在草滩上牧羊，便上前搭话，交谈中产生强奸恶念，便将单某拉入附近沟内按倒，强行扒下单某的裤子，单某极力反抗，大声呼救。李某恐被人发现，掏出随身携带的匕首向单某腹部猛刺了一刀，单某继续呼救，李某遂卡住单某的脖子，抽出匕首再次向单腹部猛刺数下，致单某当场死亡。案发后，李某被抓获归案。

【争议焦点】

（1）应定李某故意杀人罪。

（2）应定李某故意杀人罪、强奸罪，数罪并罚。

32. 被告人李某（男，22岁）于某日深夜窜入某大学校园内，企图伺机强奸女生。李某摸到该校学生公寓2号楼，用随身携带的螺丝刀将第三间房门撬开。李某进入宿舍后，见床上躺着一个人（王某，男，18岁），就上前用双手掐住王某的脖子。王某被掐后剧烈反抗、挣扎，但李某仍不放手。待王某屈从后，李某便将王某的裤子褪掉，随后自己脱下裤子正欲行强奸，突然发现王某竟然是男生，于是急忙将被子盖到王某身上，仓皇离去。

33. 苏某因邻居李某不同意其女儿与自己恋爱而对其怀恨在心。一天傍晚二人又因琐事发生争吵，于是，苏某用随身携带的扁担猛击李某头部，致其死亡。苏某将李某的尸体藏在树林中，后于次日凌晨告知其父母并准备自杀还命。此时，苏母提出："我娃还年轻，要还命让你爹去。"苏父于是起身去找农药服毒。苏母说："那农药连庄稼都保不住，还能保住你娃。"看见父亲还在犹豫，苏某便将手中的绳索扔到其父脚下边，说："要去就快点，天亮了就来不及了。"后苏父用这一绳索吊死在树林中。

34. 胡某，27岁，非常喜欢邻居家4岁的小强。一日胡某带小强到桥上玩，提起小强的双手将其悬于桥栏处，开玩笑说要把小强扔到河里，小强边喊"害怕"边挣扎，胡某手一滑，小强掉入河中，溺水而死。

35. 乙欲杀其仇人苏某，在山崖边对其砍了七刀，被害人重伤昏迷。乙以为苏某已经死了，遂离去。但苏某生命力顽强，苏醒后，却刚迈了两步即踩空跌下山崖摔死。

36. 乙以杀人故意瞄准李某的头部开枪，由于枪法极差，没有射中，但打中其他不足以致死的部位。可是由于李某系血友病患者，最后流血不止而死亡。

37. 春节到，甲村陈某与妻子王某、儿子小陈（15岁）在自家火柜中边烤火边商量如何安排请客事宜。言谈中发生争执，儿子小陈抓起陈某的领带，打了陈某一耳光后跳下火柜。陈某十分气愤，跳下火柜从门角拿起一根扁担去打儿子，王某从正面抢扁担以阻止陈某打儿子，结果扁担打在王某右腰部。王某当场倒地呕吐，陈某见情况不对，即将妻子送往医院，后王某因抢救无效死亡。经法医尸检，王某系钝器以较强力作用于右肾挫伤引起失血性休克，合并感染性休克而死亡。

38. 村民李某发现盗贼王某从本村张某家中偷出一头公牛，便尾随王某到邻村的一集市。王某到一地摊上吃饭，将所偷的公牛拴在附近。李某于是上前围着公牛转了两圈，高声喊了两句："谁把我的公牛牵到这儿"。王某吓得不敢吭声，李某便当众将牛牵走，卖得赃款4000元。后李某被抓获提起公诉。

39. 甲、乙2000年曾因共同抢劫受过刑罚处罚。2011年七夕节下午，二人手机短信联系"骗个人来搞一下"。当晚二人将女丙骗上车并开车带至某公园。甲拉丙往树林里走，丙不愿意，乙朝丙大吼："你知道我是谁吗？"丙很害怕。到树林后，甲一巴掌将丙打倒在地，并强迫丙脱掉衣服，丙不从，甲就对站在旁边的乙说："你去拿刀。"乙知道甲这么说是为了吓唬丙，于是站着没动，也没说话。接着，甲强奸了丙，强奸时甲让乙翻丙的包。乙在附近一两米处从丙背包中获得手机1部、现金400元，二人均分。事后查明，关于共谋时说的"搞"，甲称是指劫色，乙称是指劫财。

40. 甲决意杀害丁，知情的乙与丙并无意思联络，却分别向甲提供了性能相同的枪支，甲使用乙提供的枪支杀害了丁。甲、乙、丙被公诉。

第三节 模拟法庭控辩式面试民事案例

1. 年龄为2岁多的小宇和4岁的威威平时在一起玩耍。今年3月10日下午，威威又到小宇家店面楼上的卧室和小宇玩，小宇的母亲张某打开电视机，让两小孩一起观看动画片。便下楼帮丈夫姚某照顾生意。下午5时许，姚某上楼，见房门紧闭、门缝冒烟，小孩在里面大声哭叫，立即将门打开。只见已成一团火的小宇正发出凄惨的哭叫，威威虽然衣服被烧坏，但未伤及身体。姚某用水泼灭火后，立即将小宇送县人民医院抢救。但小宇终因伤势太重，在次日凌晨1时30分因抢救无效死亡。

小宇的父母认为，威威平时有玩打火机的习惯，小宇的死是因威威玩弄打火机着火造成，其父母未尽到监护之责，对此应承担赔偿责任。而威威的父母则辩称：威威到姚家玩耍，对方没有表示制止，姚某夫妇已经默认了对威威监护责任的承担。姚某夫妻为方便自己，不受小孩干扰而将两小孩关在楼上居室内，使两小孩离开他们的视觉和听觉范围，导致起火后两小孩哭叫了许久都不知道，其行为完全置两小孩安全于不顾，没有尽到监护责任。因此，姚某夫妇应承担事故的全部责任。

【争议焦点】两小孩在家共同玩耍时，因玩弄打火机引起着火而烧死一人，这个责任该由谁来承担？

第一种意见认为：小宇的父母负全部责任，威威的父母不承担责任。因为小宇是在自己家被烧死的，威威虽比小宇大一岁多，但也只有4岁，都是无行为能力人。威威到姚家玩耍，小宇的父母并没有拒绝，而是让威威和小宇一起在二楼的卧室里玩，在事实上已经形成了对威威监护责任的承担。小宇的父母疏忽大意将两小孩关在楼上卧室内，在发生险情后无法听到小孩的哭叫声，耽误了抢救时机，最终导致小宇的死亡。故应由小宇的父母自己承担全部责任。

第二种意见认为：威威的父母和小宇的父母负同等责任。小孩之间到对方家玩耍是一种很平常的现象，并不构成监护责任的转移，小宇的死亡是小宇与威威共同玩火造成的，两小孩均是无民事行为能力人，双方的父母均未尽到监护责任，应承担同等责任。

第三种意见认为：小宇的父母负主要责任，威威的父母负次要责任。威威到小宇家玩耍，并不当然构成监护责任的转移，但两小孩是在小宇家玩，小宇的父母应当负有更多的注意义务。小宇的父母疏于看护，从而导致小宇被火烧死，应承担主要责任；威威的父母在威威较长时间离开自己看护范围情况下，不予过问，也属于一种监护不力行为，应负次要责任。

2. 王某自建起一栋二层楼房后，约好友李某一同去房管机构办理权属登记。由于房管机构的工作人员疏忽，将所有权人错误登记为李某，王某一时大意并未察觉。随后王某因长期外出务工，遂将该房屋交由李某保管。后来，某日李某向赵某借款 15 万元，并以该楼房作为抵押，双方去房管机构办理了抵押登记。后因李某不能按时还款付息，便与赵某协商将该楼房拍卖偿还借款。王某得知此事后一方面要求房管机构撤销错误登记并确认其为所有权人，一方面坚决反对赵某拍卖楼房。因最终无法达成协议，王某遂将李某和赵某一同诉至法院，要求确认二者间的抵押合同无效。

【争议焦点】李某和赵某的抵押合同是否有效。

3. 娄某在甲市粮食库购买花生油，该库花生油标价每千克 5.70 元，娄某当即交款 2052 元，购花生油 360 千克，由甲市粮库开票处开具了提油单据。娄某随即持提油单到甲市粮库的油库提油。油库出货员说油管冻结，放不出油，要娄某改日再来。次日，娄某又去提油，仍被告知油管冻结。第三日，娄某再次去提油，被油库告知：油已涨价，没有提走的油不能再提，开过票的可按每千克加价 0.20 元退款。对此，娄某不同意，坚持要求按原价提油，遂诉至甲市 A 区人民法院，要求甲市油库按原价给付花生油。

【争议焦点】

（1）360 千克的花生油是否完成交付。娄某是否取得其所有权。

（2）油库能否以为平抑市场价格，维护国家和消费者利益而对粮、油价格进行控制为由抗辩。

4. 马某家住城郊，15 岁时，父母在一起事故中双亡，马某与爷爷共同生活。马某高中毕业后没有考上大学，就与爷爷一同以修鞋为生。后来爷爷去世，马某一个人生活，亲戚朋友经常接济他。不久，与马某一同长大的在深圳打工的李某从深圳回来过春节，马某对李某描述的深圳生活非常向往。春节过后，马某决定与李某去深圳打工。临行前，马某对前来送行的村里人表示，自己在城郊的两间土房不要了，等自己赚钱回来，盖更好的房子。6 年后，马某在深圳意外受伤，全部积蓄都用来治伤了。在此期间，马某深感城市的人情淡漠，非常怀念家乡。伤好后，马某决定回家乡生活。回来后，发现自己的两间土房被同村人张某占有了。马某要求张某返还房屋，张某认为，马某已经抛弃了该房屋，无权要求返还。为此马某将双方纠纷诉至法院。

【争议焦点】

（1）马某有权要求张某返还房屋。

（2）马某已经抛弃该房屋，无权要求返还。

5. 甲房地产公司与乙公司就买卖房屋达成协议，双方签订了房屋购买合同，乙公司购买甲房地产公司面积为 3000 平方米的写字楼，总价款为 3000 万元。合同履行期届至，买方乙公司交付了价款，但比约定的清偿期迟延了 10 天。同时卖方甲房地产公司也依合同约定完成交付，将该楼盘移转给乙公司占有，并着手办理产权过户手续。在此期间，经交付已实际占有该房屋的乙公司因业务调整的需要，又将该房屋以每平方米 11000 元的价格转让给第三人丙公司，双方订立了房屋买卖合同。丙公司在购买时到房地产登记部门查阅登记，登记机关告知该房产过户手续已经领导批准，正在办理中。丙公司便向乙公司支付了 3300 万元总价款，并与乙公司完成了该房产的交付。至此，该房产已由第三人丙公司占有。其后，丙公司要求登记机关一次性将该房产过户登记到其名下。后由于甲公司了解到该楼盘所处地区将由政府规划开发为商业区，该处楼盘房价也将大幅升值，极具投资潜力。甲公司便以乙公司迟延10天支付房款为由诉至法院，诉请解除购房合同，并请求该房产的占有人丙公司返还房屋。

6. 张林与马亮是邻居，张林住马亮家的前院，张林家不远处有一条河，每到汛期，小河的水都要涨好几倍。一年秋天，马亮因经商需要，准备在自家院修一个地窖。地窖刚挖到2米深的时候，张林担心夏季河水倒灌，冲毁住宅，便出面阻拦。马亮认为，地窖是在自家院子挖的，张林无权过问，就继续施工。一年后，由于夏季河水上涨，马亮家的地窖开始渗水，致使张林家的房子地基毁坏，房子中间出现了裂缝。张林马上要求马亮停止使用地窖，用土填平，但遭到马亮拒绝。随后的两年由于雨水较少，河水没有倒灌，两家相安无事。到了第四年夏天，有预报说可能发生较大降水，为了防止自家房屋因下大雨引起河水倒灌而遭受损害，张某起诉到法院，要求赔偿损失。

7. 1998年2月，张某受李某委托为其购买烘干机。不久张某从湖北省钟祥县赵某处购买旧烘干机一台交予李某，并告知：烘干机的购买价格是4.4万元，差旅费2500元、运费3500元。由于三者均无发票，且购买烘干机之前张某也没告知李某烘干机的价格，李某因此对烘干机的价格产生疑虑，要求在核实烘干机的价格后付清本息，张某同意，并在2000年6月21日与李某签订了协议书，其主要内容为：（1）张某在1998年2月18日购买旧烘干机花去4.4万元，差旅费2500元，运费3500元，张某购买烘干机共花5万元。（2）李某负责对张某购买的烘干机进行核实价格，如果烘干机确实是4.4万元买的，李某在20日内付清本息；如果烘干机是4.4万元以下买的，则烘干机无偿归李某所有，运费、差旅费由张某负担。

合同签订后，李某进行核实烘干机价格，得知张某是3万元买的烘干机（张实付2.86万元），遂以烘干机是4.4万元以下购买为由，拒绝还款。张某则以双方2000年6月21日订立的合同显失公平为由向丰县人民法院提起诉讼，要求撤销该合同，由李某归还购买烘干机的本息87600元。

【争议焦点】

第一种意见认为：双方6月21日订立的合同是双方真实意思表示，李某在订立合同过程中，既无恶意也无违法行为，因此此合同是合法有效的。按合同约定李某应无偿占有烘干机，运费、差旅费由原告张某负担。

第二种意见认为：张某垫付款为李某购买烘干机，李某接受并投入使用。如果按协议，所有费用均由张某负担则显失公平，因此该协议应撤销，李某应按张某的实际支出费用支付货款、运费及差旅费。

8. 张某在某电脑城门口看到告示牌"买一送一"的承诺后即向该店商家购买了一台品牌电脑，并得到该商家购送价值240元的U盘。回家后，张某发现所赠U盘本身的产地与其外包装不符，便与该商家磋商，要求更换与其所赠U盘外包装相符的U盘或依法赔偿，被遭到拒绝而引起诉讼。经鉴定，所赠U盘为疵品。

【争议焦点】对所赠U盘商家是否承担责任？

第一种意见认为：U盘是张某购买电脑的受赠品，此U盘为疵品，显然不是商家的责任，因而无须赔偿。若是电脑有瑕疵，商家则必须依法承担更换或赔偿责任。

第二种意见认为：张某向商家购买了电脑，U盘虽系商家赠品，但实际上是张某向商家购电脑时的附加条件，也即商家附属义务，张某虽没有付 U 盘款给商家，但付款义务已经转移到商家赠与前提条件的商品（即电脑）中。故商家应承担由所赠 U 盘而带来的民事责任，即更换或赔偿。

9. 2001 年 10 月，被告许某承租原告孙某楼房底层最南侧一间房屋经营塑料制品。2002 年 4 月 24 日 5 时 30 分，被告许某承租的房间发生火灾，室内塑料制品及床铺、办公桌等物品被烧毁，起火房间严重烧毁，与起火房间相邻的部位轻微受损和烟熏。经公安消防部门认定火灾原因不明。原、被告双方就损失赔偿问题协商未果，引起诉讼。原告孙某诉称，被告对出租房使用不当，才导致火灾的发生，请求法院判决被告依法赔偿某损失。被告许某辩称，公安消防部门已认定火灾原因不明，故自己不应承担责任。

【争议焦点】租赁合同标的物风险由谁承担？

10. 甲于 2010 年 5 月看中一商业区，2 个月后，甲便与乙公司签订了一份《商铺认购意向书》，其内容约定如下：甲向乙公司预付 30000 元，作为购房意向金，甲将取得小区商铺 15 平方米的优先认购权。甲成功认购后该意向金自动转为认购金的一部分。如甲未在约定期限内认购，则视为放弃优先认购权，乙公司不退还该意向金。乙公司有义务在该商业区正式认购时优先通知甲来认购中意商铺。此外，该意向书明确商业区商铺的均价为每平方米 10000 元（可能有 2000 元以内的浮动）。上述意向书签订后，甲便向乙公司支付 30000 元。2011 年，乙公司开始正式销售商铺，但并未通知甲前来认购。2012 年底，商铺全部售出。2013 年 1 月，甲要求乙公司按照意向书签订正式买卖合同。乙公司称：该意向书并不具有法律约束力，且商铺早已在 2012 年全部售出。甲也未因此损失，可全部退还 30000 元。甲认为乙公司没有履行诚实信用原则，遂诉至法院，请求判令乙公司赔偿经济损失 15 万元。

11. 2011 年 4 月 1 日，王某至上海出差，当晚住宿在上海恒大酒店。在进行登记时，酒店向王某出示了一张"旅客须知"，其内容为：尊敬的旅客朋友，欢迎入住本店，为确保您的财产安全，按《旅店业治安管理办法》规定，请您务必将现金和贵重物品旅行包存入酒店保管室。不愿存者，后果自负，请签名。王某进入该酒店后，并不想把随身财物存入保管室，但其想着不签字酒店就不让其入住，于是便在"旅客须知"上签了字。住宿至第二天，王某醒来，发现酒店房门打开，随身携带的佳能相机以及现金 5000 元等总价值为 2 万元的财物被盗。张某认为酒店安保工作不充分致其被盗，酒店应赔偿其损失，而酒店以其在"旅客须知"上签了字为由拒绝赔偿。随后，张某向人民法院起诉，要求酒店赔偿全部经济损失及精神损失费共计 3 万元。

12. 一直在外地经商的李村村民李某于 2011 年 10 月回到李村，发现李村村头一条马路年久失修，很难行走，便提出愿意捐款 70 万元重修该马路。李某要求李村也能提供相应的配套资金辅助道路建设。李村对此表示同意，双方协商于 2011 年 12 月资金一次到位并形成书面形式约定。

2011 年 12 月，李某动员村民将该马路平整，为铺设柏油做准备。12 月底，李某却未能按时将 70 万元资金支付到位。李某称，其生意突然亏损，已无力支持 70 万元，但愿意将现有资金 10 万元全部捐献给李村。李村以李某违约为由将其诉至人民法院，要求支付 70 万元修路款和承担拖欠修路款的损失。李某辩称，自己是在村长的教唆下而做出承诺，不具有法律效力。由于生意亏本，10 万元已经是极限，不算违背承诺，要求驳回起诉。

13. 2009 年 12 月 27 日，原告张某与被告刘某口头协商，约定：由被告刘某将原告张某的 12 吨大米运至广东省新丰县何某处，共计运费 840 元，米款由被告带回。28 日原告将 12 吨大米装上被告的车后，被告刘某出具给原告张某收条一张。第二天被告与其雇请的司机到达目的地，与收货人何某取得联系，并将大米卸在何某的店内。被告及雇请的司机吃下何某提供的早餐后，昏睡到当日晚上 8 时才苏醒，醒后发现大米和汽车均不知去向。被告即向当地公安机关报案，经当地公安机关追查，将被告的汽车追回，但 12 吨大米至今未查明下落。

2010 年 3 月，原告以被告未尽到合同约定的"把货款带回"的责任，属违约行为为由，向法院提起诉讼，要求被告赔偿大米款 19490 元的损失。被告辩称：其已履行了运输合同的义务，不能带回货款是他人诈骗犯罪所致，责任不在被告。同时提出反诉称：要求原告支付运费及赔偿其因中毒所花费的医疗费用。

14. 张某和中建模板厂经常有业务往来。2011 年 4 月 13 日，张某和中建模板厂签订《运输协议》，约定：甲方委托乙方运输一批工程模板。共计 3 车。该协议上并无中建模板厂的公章，只有其副经理和发货员的签字。协议签订后，张某分 3 次将所有模板运输完毕。直到起诉前，中建模板厂仍未支付运输费总计 6000 元。于是张某向人民法院起诉，要求其支付运费 6000 元。中建模板厂辩称：《运输协议》上只有副经理及发货员签字，仅表明合同成立，效力是待定的，且效力待定的合同未经被代理人追认，对被代理人不发生效力，由行为人承担责任。而我厂未做任何表示，视为拒绝追认。因此，中建模板厂没有支付 6000 元的义务。

15. 2013 年 4 月 10 日，王某将其购买的一辆摩托车停放在甲农贸市场外，保管人江某收取 4 月 10 日至 5 月 10 日期间的停车费 60 元，并出具一张收据交由王某收执。之后，王某于 5 月 9 日取车时发现其摩托车不见了，王某随后向派出所报案。据此，王某与江某因赔偿问题发生纠纷，王某起诉至甲县人民法院。请求江某赔偿购车费、购置税、误工费及农药费共计 5 万元。江某辩称，甲农贸市场将市场外面临街的场地租给自己，用于给别人存放车辆，其出具的收据是停车费而不是保管费。江某认为王某主张特别是误工费及农药费无任何法律依据，不予赔偿。

16. 2012 年 4 月，某市第三中学需要购买电脑 100 台作教学使用。便向 L 电脑公司发出电子邮件，要求以每台 4000 元的价格购买 100 台电脑。并要求甲在半个月内送货上门。邮件送出后，学校收到 B 电脑公司的广告，其价格比 L 公司的价格低 5%，并且能马上送货上门。于是，学校立即要求 B 电脑公司送货上门。收到 B 公司的电脑后，学校马上打电话联系 L 公司退货。因电话没有打通，便派专人到 L 公司联系退货事宜。学校派出的人刚走，L 公司便发过一封邮件称同意学校要求，半个月内按时送货。学校派出的人到达 L 公司后，公司的人表示不能退货。半个月后，L 公司的电脑送到学校，学校拒绝收货，于是 L 公司便于 2012 年 7 月向区人民法院起诉。学校辩称：学校已经在其发出承诺前打电话撤销，由于 L 公司不接电话，导致通知没及时送出，是 L 公司自身出现的失误，且已经派人亲自到 L 公司，学校没有过错，不承担赔偿责任。

17. 潘某与罗某确立恋爱关系后按照当地风俗，潘某交罗某红包人民币 990 元，后又为罗某购买 4 种金首饰，共花费人民币 1 万元，现金首饰均在罗某处。潘某父母按当地风俗为二人举办了酒宴，期间潘某给罗某彩礼人民币 2 万元及给罗某亲朋好友红包共计人民币5000元。酒宴过后，罗某、潘某共同生活了一段时间，但未办理结婚登记手续，之后罗某离开潘某。现潘某与罗某已解除婚约，潘某要求罗某返还彩礼及金首饰无果，遂起诉至法院。

18. 女大学生严某因毕业后找工作的艰难以及与父母思想沟通上的障碍，患了严重的失眠症，遂至市精神病医院就诊。医院诊断其疾病为严重抑郁症，门诊病历中医生分析严某的症状为：悲观、厌世，有自杀倾向。医院为此开具两种安眠药品共160粒，其中一种安眠药品为100粒，远远超出了精神药品管理办法对此类药品的限制量，后严某服用该药自杀身亡，并留下遗书一封，诉说了内心的苦闷。严某父母含辛茹苦抚育女儿大学毕业，谁知陡然间痛失爱女，悲伤之极。经过咨询，他们得知医院存在违规开药的情形，遂诉至法院要求该市精神病医院承担民事赔偿责任。

【争议焦点】

第一种意见：医院不应承担赔偿责任。

第二种意见：医院承担少部分民事责任。

第三种意见：医院承担全部民事责任。

19. 2004年10月18日，王某携年仅6岁的小孙子李某去公园游玩。途中，李某在过马路时，被沈某无证驾驶摩托车撞倒，当场死亡。走在李某身后的王某目睹事故的全过程，因受过度惊吓，当场晕倒，后因抢救无效死亡。李某的父母诉至法院，要求肇事者沈某赔偿其因李某、王某的死亡造成的各项损失合计43万余元。

【争议焦点】对因过度惊吓而死的王某，沈某是否应承担赔偿责任？

第一种意见认为：沈某的侵权行为造成的直接后果是李某的死亡，王某的死与该侵权行为没有必然的因果关系，何况王某之死与其自身健康、心理状况有关，如支持李某双亲的诉请，会不适当扩大沈某的赔偿责任范围，故沈某对王某之死不承担赔偿责任，但可以基于道义承担补偿责任。

第二种意见认为：沈某的侵权行为与王某死亡之间虽没有直接、必然的因果关系，但该侵权行为对损害后果构成适当条件，应承担侵权责任。

20. 2004年8月20日傍晚，《××晚报》报社记者孙某外出采访归来，在东方广场看到两原告刘某、张某骑自行车撞倒一位70多岁的老人，两原告不但不赔礼道歉反而出言不逊，欺侮被撞老人。旁边一位同志出于义愤，指责他们的不道德行为，两原告恼羞成怒，将该同志鼻子打伤，记者孙某见此情景，即用相机拍下该场面。第二天，《××晚报》配以"如此英雄"的标题和说明在第四版"社会新闻"栏中登出了这张照片。报纸出版后，两原告的行为受到广大群众的指责，其所在单位也给予两人行政记大过处分。两原告认为记者未经他们同意拍摄并在报纸上登出他们的照片，侵犯了两原告的肖像权。为此，起诉法院，要求被告停止侵害，赔礼道歉，赔偿精神损失5000元。

【争议焦点】记者孙某和《××晚报》报社的行为是否侵犯了二原告的肖像权？

21. 李某与张某系夫妻关系，因感情不和，已分居生活。2004年3月李某以自己的名义将5000元钱存入某信用社，存期3年。5月初张某回家发现了该张存单，遂持自己的身份证和结婚证书，以急需支付药费为由将存款本金取走。6月8日，李某因急用想取出该存款，但未找到存单，遂到信用社申请挂失。信用社工作人员告诉李某，该款已被其妻取走。李某认为信用社违规操作，遂起诉要求其赔偿存款本息。

【争议焦点】信用社是否该承担赔偿责任。

22. 某日，原告 7 岁的儿子穿过昌泰高速公路吉水段一破损的护栏上至高速路，被急速行驶的一辆汽车撞倒身亡。交通管理部门出具的"责任事故认定书"中认定原告之子负事故的全部责任。原告认为江西省高速公路股份有限公司未尽到维护责任，才导致其子钻入封闭的高速公路内被撞身亡，遂以其为被告诉至法院，要求其承担因疏于管理致原告之子死亡的法律责任（赔偿的责任）。

【争议焦点】江西省高速公路股份有限公司是否该承担赔偿责任。

23. 2001 年，原告于某在某银行储蓄所开立了人民币活期账户。2004 年 10 月一天的下午，原告持人民币 8000 元到该储蓄所存款，当原告将银行存折和 8000 元钱递给营业员时，突然被旁边一名头戴摩托车头盔的男子将钱抢走，原告即追赶该男子至营业室门口，并拦腰抱住该男子欲阻止其逃脱，在双方撕扯过程中，原告被另一名男子推倒在地，两犯罪嫌疑人随即驾驶摩托车逃窜。该银行未配备保安人员，并且所内的工作人员在犯罪分子实施抢劫的过程中，未参与制止犯罪分子的抢劫行为。后犯罪嫌疑人被公安机关抓获，对犯罪事实供认不讳，但抢劫的 8000 元钱已被挥霍。现原告于某提起诉讼要求被告某银行支行赔偿经济损失 8000 元。

【争议焦点】

（1）某银行应承担全部赔偿责任。

（2）某银行应承担部分赔偿责任。

（3）某银行不承担赔偿责任。

24. 王甲、韩乙系幼儿园大班的小朋友。一天上午，大班的马老师带领孩子们到院子里做游戏，当王甲、韩乙还有另外一些小朋友爬上滑梯准备往下滑时，有人找马老师，马老师嘱咐小朋友："大家注意安全，慢一点"，便出去了。当轮到韩乙时，她因为胆子小，坐在滑梯口一直不敢往下滑，这时站在她身后的王甲非常着急，使劲推了韩乙一下，韩乙极快地滑下，由于速度太快，导致韩乙落地时尾椎骨受挫，韩乙大哭，马老师听见哭声急忙返回，抱起韩乙，并严厉批评了王甲。韩乙当晚回家后不能坐下，连连喊疼，其父领其到医院检查，诊断为尾椎骨骨折。其父便要求王甲的父母和幼儿园赔偿损失。

【争议焦点】

（1）幼儿园应承担全部赔偿责任。

（2）王甲的父母应承担全部赔偿责任。

25. 2004 年农历腊月二十三日下午，急于赶回乡下家中过"小年"的李某在公路边上等候汽车，因当日刚下过大雪，路面结冰，李某等候多时，未见汽车。无奈之下，李某拦了一辆个体出租车，出租车司机程某提出因路滑难行，如有意外，其概不负责且加倍收费。李某因急于回家，表示同意。行驶过程中，因前方车辆行驶缓慢，程某遂将车驶入人行道，准备超车，但因路面太滑，刹车失控，该车撞到电线杆上，致使李某头部碰伤，李某因此支出医疗费用 5000 余元。后李某要求出租车司机程某赔偿其损失未果，遂诉至法院。审理中程某以其与李某事先有免责约定为由予以抗辩。

26. 徐某与其丈夫王某回娘家，路经一浮桥中央，桥上有一洞，徐某不慎掉入河中，王某脱下鞋跃入河中救妻，由于水性不好，王某被河水卷走，尸体后被捞起。徐某水性较好，反而被人救上岸。徐某遂要求浮桥所有者、管理者某村委会赔偿，村委会认为其对王某之死并无过错，故不同意承担赔偿责任。徐某遂向法院起诉，要求某村委会赔偿丧葬费、死亡补偿费、被抚养人生活费、精神抚慰金8万余元。

27. 王某是一家餐馆的老板。一天，王某的一个朋友徐某因单位报账之需，要王某帮忙开一张税务发票，金额为200元。王某立即照办开出了一张号码为NO.0228024的餐饮业发票，该发票同时附有兑奖联。但当时王某和徐某都没有刮开兑奖号码。后来徐某在单位报账时，会计将兑奖区刮开，发现该发票中了一等奖，奖金为5000元。徐某按照发票上的说明凭该发票和自己的身份证领取了5000元奖金。王某得知后，向徐某索要5000元奖金未果，遂将徐某起诉到法院。

28. "五一"期间，舒某驾驶自家桑塔纳轿车带全家旅游，5月7日晚，返家途中投宿于某县某宾馆，且按规定交纳了住宿费，当晚其轿车停放在该宾馆院内，未向宾馆交纳停车费，宾馆也未承诺照看。次日清早准备离开时，舒某发现自己的轿车被盗，即找宾馆索赔，宾馆向公安机关报案后以对轿车不负有保管义务为由拒绝赔偿。为此，舒某向法院起诉。

29. 一天夜晚，钟某在回家途中看见曹某纠缠女青年孟某，于是上前劝阻，却遭到曹某的殴打，下腹还被曹某随身携带的尖刀捅伤。钟某为此支付了医疗费1.14万元。案发后，曹某支付了赔偿费1.05万元，刑事附带民事诉讼又判决曹某赔偿钟某医药费等费用3.26万元（已执行）。其后，钟某觉得自己受伤是因为见义勇为所致，受益人也就是孟某应该给予适当的补偿，于是向法院提起民事诉讼，请求判令孟某赔偿2万元。

30. 陆某承包鱼塘进行养殖5年，但近来发现塘内饲养的鱼虾大量死亡，怀疑是今年1月份被相关部门批准合法营业的甲公司将污水排放到自己的鱼塘，致使鱼塘的水体污染。陆某于是将甲公司告上法庭，要求其赔偿因此造成的经济损失。但甲公司辩称流入鱼塘的污水符合国家规定的排放标准，并不会致鱼死亡，且污水排放不是自己一家，另外还有其他生活污水，而自己排放的污水是沿着污水沟排放的，当日流入是因为有大雨所致，是不可抗力，原告陆某也负有责任。

31. 小陈、小军均为"80后"。2009年2月认识，4月登记结婚，5月举行婚礼，6月欧洲旅行，7月离婚。离婚后，小军收到在欧洲消费的账单刷卡11万，提起了离婚后的财产纠纷诉讼。小陈认为是小军名下的个人债务不肯负担。

32. 老张系湖南省长沙市一退休工人，现年64岁，丧偶，没有子女。2002年4月与一28岁女子李某相识，此后两人大有相见恨晚的架势，很快同居。老张在邻居王某和赵某的劝说下，于2003年4月为新婚作准备，在邻居王某和赵某的帮助下花费近40万元盖了一栋房屋，老张不听邻居王某和赵某的劝阻，将户主登记为李某。在入住后不久，李某开始对老张态度冷淡，后来干脆不再开门，老张也就不能进入新房了。因二人没有经过合法婚姻登记，房屋户主又登记为李某，老张百口难辩。老张在邻居王某和赵某的劝说下将李某诉至法院，要求李某搬离。

33. 王某某2、程某某、王某某1、王某某（10岁）分别是死者王某的父亲、母亲、妻子、儿子。2010年7月17日上午，王某驾车发生交通事故当场死亡。为处理王某后事，王某某1已支付住宿、交通、生活等相关费用16122元，在办理王某丧葬事宜中，王某某2拿出1217元，王某某1拿出3000元。在王某交通事故案件审理中，王某某2、程某某因年事已高未去参与处理，去法院、中院参与诉讼的交通住宿费用均由王某某1支出。针对王某交通事故案件，经过一审、二审审理，二审中级人民法院最终确认王某的死亡赔偿金

280440 元、丧葬费 12348 元、被抚养人生活费 74395.6 元、亲属办理事故误工费 450 元、交通住宿费 4000 元、精神损害抚慰金 15000 元，共计 386633.6 元，王某某 2 已领取，并在领取时返还交警队预支的丧葬费 20000 元。后双方对死亡赔偿金的分配未能达成一致意见。王某某 1 以对于涉案的死亡赔偿金应事先作为夫妻共同财产进行分割后，再对剩余的死亡赔偿金作为王某的遗产进行第二次分配为由提起诉讼；要求在分割时，应先扣除外债及上诉人通过法律途径得到赔偿费所花的费用；在分割死亡赔偿金时，王某某 1 应多分。

34. 被继承人郭 A 系胡甲的舅母。1957 年 5 月，因被继承人郭 A 与其丈夫李 B 婚后长期未生育子女，故依法收养了案外人李 C。1986 年，被继承人郭 A 与丈夫李 B 将外甥女即胡甲从江苏宝应领到上海照顾抚养共同生活。李 B 死亡后，因被继承人郭 A 与案外人李 C 关系不和，经法院调解于 1996 年解除收养关系，并独自迁入上海市浦东新区 E 村 F 号 J 室居住，期间主要由胡甲赡养照顾。自 2001 年起，被继承人郭 A 因病，多次辗转入院治疗静养，并于 2006 年 10 月病逝于奉城红十字护理院，未留下遗嘱。期间，楼乙作为被继承人郭 A 的邻居及居委会基层干部代表，与被继承人郭 A 的工作单位退管会人员多次参与护送、照料和办理相关手续，并负责操办了被继承人郭 A 的丧葬事宜，钱款均由被继承人郭 A 自行承担。2008 年 10 月，楼乙将被继承人郭 A 遗留的塔陵墓穴办理了赎回。2012 年 4 月，胡甲得知楼乙领取塔陵赎回款的情况后，向楼乙讨要钱款遭拒，故于 2012 年 8 月诉至法院。

第四节　模拟法庭控辩式面试行政案例

1. 2005 年 8 月 12 日清晨，某县兽医检验所接到群众举报，称本镇张某收购并销售病死猪肉，随即县兽医检验所经向县政府汇报后，与工商部门、县经贸局工作人员一起赴现场检查。经检查，在张某住处查获约 2000 斤的病死猪肉，此前张某曾以每斤低于市场价 1~2 元的价格对外出售病死猪肉，获非法所得 1000 余元。当天下午，在联合执法人员的监督下，将查获的病死猪肉进行焚烧、深埋处理。2005 年 8 月 18 日，县经贸局以擅自屠宰生猪，在城区销售非城区定点屠宰厂生猪产品，违反《生猪屠宰管理条例》第十五条和《某省生猪屠宰管理办法》第三十二条规定为由，对张某做出生猪屠宰违法案件行政处罚决定书：（1）责令立即停止屠宰活动和销售生猪产品；（2）没收生猪及其产品约 2000 斤；（3）罚款 5000 元；（4）没收屠宰工具。该决定送达后，张某即于当天履行了该义务。2005 年 8 月 20 日县兽医监督所以张某购买病死猪并销售病死猪肉，违反了《××省动物防疫条例》第十五条、第三十一条为由，对张某又做出下列处罚：（1）责令停止经销病死猪肉行为；（2）没收病死猪肉，予以焚烧、深埋；（3）罚款人民币 10000 元。该处罚下达后，张某不服，向县农林局申请复议，县农林局经过复议认为，县兽医检验所所作具体行政行为，认定事实清楚，证据确凿，适用法律正确、程序合法，内容适当，故维持了县兽医检验所的处罚决定，张某认为行政机关对其违法行为已经作过处罚，现另一行政机关依据不同的法律法规对其再次处罚是重复处罚，遂向法院提起行政诉讼，要求法院撤销县兽医检验所的行政处罚决定。

【争议焦点】

第一种意见认为：张某的行为是两个独立的行为，即一个事实是在城区销售非城区定点屠宰厂生猪产品（进货渠道违法），另一个事实是购买销售病死猪肉的行为。那么，不同行政管理机关依据不同法律规定做出处罚并不是重复处罚。同时，张某的购买、销售病死猪的行为是严重损害人民切身利益的，应予严惩，以取得更好的社会效果。因此只要两个行政机关具体行政行为程序合法、适用法律正确就应该维持。

第二种意见认为：2005年8月12日，联合执法队在联合执法时，查到的事实是张某购买病死猪进行宰杀、出售，以牟取暴利，他的行为是一个连续状态，只是这个连续的状况（行为）触犯了两个以上的法律法规或规章，牵涉两个以上职能部门的管理权限。依据《行政处罚法》规定，对当事人的同一个违法行为，不得给予两次以上罚款的行政处罚。或者，两个以上的行政机关共同查处违法行为时，可以商定由其中一个行政机关从行政合理性原则出发，对当事人选择中性处罚，其他机关不再处罚。因此，县兽医检验所对张某罚款的处罚决定是属于重复处罚，依法应予撤销。

2. 2001年12月26日16时30分，原告张某驾驶农用三轮车去西村镇赶集，返家途中，顺车载上同村其他三人一起回家。当车行至乡道李家窑半坡路段时（车正在上坡），被告某市公安局某镇派出所民警赵某等人以抓捕犯罪嫌疑人为由驾驶警车超车拦截，将车横停于原告车前三四米处，要求原告停车接受检查。原告紧急刹车，致使车翻人伤。

【争议焦点】本案属行政赔偿还是民事赔偿？

3. 白某在乡里经营一个名为"某美发室"的理发店，还招有两个徒弟。理发店仅有一间房，且用玻璃柜隔出部分空间作居住使用，该房有前后两道门。2005年9月6日22时许，某县公安局接到该店有卖淫嫖娼嫌疑的举报电话后，即指令当地派出所出警检查，派出所指派两名民警前往检查。民警在敲该店后门未开的情况下破门进入室内，发现白某与一自称薛某的男子已上床就寝，当即表明执法身份和检查卖淫嫖娼嫌疑事项。白某和薛某声明系合法夫妻，民警要求其出示夫妻证明，薛、白二人则拒绝出示并打电话叫来邻居和亲朋予以证实，因此而聚集了众多群众围观。民警在群众证明薛、白二人系夫妻后欲离开现场，却遭到围观者阻止，直至派出所领导到场当众向薛、白二人赔礼道歉，表示负责修补损坏的门锁后，检查民警才得以撤离。次日，县公安局在薛、白二人要求查处举报人时制作了询问笔录和检查笔录，并进行相应的调查取证。薛、白二人提起行政诉讼，请求确认泸县公安局的检查行为违法。

4. 某县公安局办公室主任王某在一次宴请自己老战友的酒席上与酒店老板李某发生争执。在表明身份并扬言要吊销李某的营业执照的情况下，酒店老板李某仍不买账，王某一气之下，将酒店内的一台高级进口彩电砸坏。李某在多次向王某索赔无效的情况下，以王某为县公安局干部为由，要求公安局予以赔偿。被公安局拒绝后，李某以县公安局为被告，向县人民法院提起行政诉讼，请求法院判令县公安局赔偿自己的损失。

5. 2011年6月1日，李健雄通过广东省人民政府公众网络系统向广东省交通运输厅提出政府信息公开申请，政府公众网络系统以申请编号予以确认，并通过短信通知原告确认提交成功。交通运输厅未在法定期限内答复及提供所申请的政府信息，李健雄诉至法院。

广东省交通运输厅辩称：原告申请政府信息公开通过的是公众网络系统，而非被告的内部局域网。由于厅内网与互联网、省外网物理隔离，因此未能立即发现原告的申请。应视为不可抗力和客观原因造成，不应计算在答复期限内。

第七章　法检两院模拟法庭控辩式面试必读重点法律条文

本章就法检两院模拟法庭控辩式面试中，考生们需要重点掌握的《刑法》《民法通则》《侵权责任法》等重点法律条文与相关的司法解释条文进行列举。方便考生们在准备面试的过程中突出重点、有效准备，以提高面试成绩。

第一节　模拟法庭控辩式面试必读重点法律条文

一、《中华人民共和国刑法》重点条文

1979 年 7 月 1 日第五届全国人民代表大会第二次会议通过，1997 年 3 月 14 日第八届全国人民代表大会第五次会议修订。根据 1999 年 12 月 25 日《中华人民共和国刑法修正案》修正；根据 2001 年 8 月 31 日《中华人民共和国刑法修正案（二）》；根据 2001 年 12 月 29 日《中华人民共和国刑法修正案（三）》；根据 2002 年 12 月 28 日《中华人民共和国刑法修正（四）》；根据 2005 年 2 月 28 日《中华人民共和国刑法修正案（五）》；2006 年 6 月 29 日《中华人民共和国刑法修正案（六）》；根据 2009 年 2 月 28 日《中华人民共和国刑法修正案（七）》修正；根据 2009 年 8 月 27 日《全国人民代表大会常务委员会关于修改部分法律的决定》修正；根据 2011 年 2 月 25 日《中华人民共和国刑法修正案（八）》修正。

第一编　总　则

第一章　刑法的任务、基本原则和适用范围

第一条　【立法目的】为了惩罚犯罪，保护人民，根据《宪法》，结合我国同犯罪作斗争的具体经验及实际情况，制定本法。

第二条　【任务】《中华人民共和国刑法》的任务，是用刑罚同一切犯罪行为作斗争，以保卫国家安全，保卫人民民主专政的政权和社会主义制度，保护国有财产和劳动群众集体所有的财产，保护公民私人所有的财产，保护公民的人身权利、民主权利和其他权利，维护社会秩序、经济秩序，保障社会主义建设事业的顺利进行。

第三条　【罪刑法定】法律明文规定为犯罪行为的，依照法律定罪处刑；法律没有明文规定为犯罪行为的，不得定罪处刑。

　　第四条　【法律面前人人平等】对任何人犯罪，在适用法律上一律平等。不允许任何人有超越法律的特权。

　　第五条　【罪责刑相适应】刑罚的轻重，应当与犯罪分子所犯罪行和承担的刑事责任相适应。

第二章　犯　罪

第一节　犯罪和刑事责任

　　第十三条　【犯罪概念】一切危害国家主权、领土完整和安全，分裂国家、颠覆人民民主专政的政权和推翻社会主义制度，破坏社会秩序和经济秩序，侵犯国有财产或者劳动群众集体所有的财产，侵犯公民私人所有的财产，侵犯公民的人身权利、民主权利和其他权利，以及其他危害社会的行为，依照法律应当受刑罚处罚的，都是犯罪，但是情节显著轻微危害不大的，不认为是犯罪。

　　第十四条　【故意犯罪】明知自己的行为会发生危害社会的结果，并且希望或者放任这种结果发生，因而构成犯罪的，是故意犯罪。

　　故意犯罪，应当负刑事责任。

　　第十五条　【过失犯罪】应当预见自己的行为可能发生危害社会的结果，因为疏忽大意而没有预见，或者已经预见而轻信能够避免，以致发生这种结果的，是过失犯罪。

　　过失犯罪，法律有规定的才负刑事责任。

　　第十六条　【意外事件】行为在客观上虽然造成了损害结果，但是不是出于故意或者过失，而是由于不能抗拒或者不能预见的原因所引起的，不是犯罪。

　　第十七条　【刑事责任年龄】已满16周岁的人犯罪，应当负刑事责任。

　　已满14周岁不满16周岁的人，犯故意杀人、故意伤害致人重伤或者死亡、强奸、抢劫、贩卖毒品、放火、爆炸、投毒罪的，应当负刑事责任。

　　已满14周岁不满18周岁的人犯罪，应当从轻或者减轻处罚。

　　因不满16周岁不予刑事处罚的，责令他的家长或者监护人加以管教；在必要的时候，也可以由政府收容教养。

　　已满75周岁的人故意犯罪的，可以从轻或者减轻处罚；过失犯罪的，应当从轻或者减轻处罚。

　　第十八条　【特殊人员的刑事责任能力】精神病人在不能辨认或者不能控制自己行为的时候造成危害结果，经法定程序鉴定确认的，不负刑事责任，但是应当责令他的家属或者监护人严加看管和医疗；在必要的时候，由政府强制医疗。

　　间歇性的精神病人在精神正常的时候犯罪，应当负刑事责任。

　　尚未完全丧失辨认或者控制自己行为能力的精神病人犯罪的，应当负刑事责任，但是可以从轻或者减轻处罚。

　　醉酒的人犯罪，应当负刑事责任。

　　第十九条　【又聋又哑的人或盲人犯罪的刑事责任】又聋又哑的人或者盲人犯罪，可以从轻、减轻或者免除处罚。

　　第二十条　【正当防卫】为了使国家、公共利益、本人或者他人的人身、财产和其他权利免受正在进行的不法侵害，而采取的制止不法侵害的行为，对不法侵害人造成损害的，属于正当防卫，不负刑事责任。

正当防卫明显超过必要限度造成重大损害的，应当负刑事责任，但是应当减轻或者免除处罚。

对正在进行行凶、杀人、抢劫、强奸、绑架以及其他严重危及人身安全的暴力犯罪，采取防卫行为，造成不法侵害人伤亡的，不属于防卫过当，不负刑事责任。

第二十一条 【紧急避险】为了使国家、公共利益、本人或者他人的人身、财产和其他权利免受正在发生的危险，不得已采取的紧急避险行为，造成损害的，不负刑事责任。

紧急避险超过必要限度造成不应有的损害的，应当负刑事责任，但是应当减轻或者免除处罚。

第一款中关于避免本人危险的规定，不适用于职务上、业务上负有特定责任的人。

第二节 犯罪的预备、未遂和中止

第二十二条 【犯罪预备】为了犯罪，准备工具、制造条件的，是犯罪预备。

对于预备犯，可以比照既遂犯从轻、减轻处罚或者免除处罚。

第二十三条 【犯罪未遂】已经着手实行犯罪，由于犯罪分子意志以外的原因而未得逞的，是犯罪未遂。

对于未遂犯，可以比照既遂犯从轻或者减轻处罚。

第二十四条 【犯罪中止】在犯罪过程中，自动放弃犯罪或者自动有效地防止犯罪结果发生的，是犯罪中止。

对于中止犯，没有造成损害的，应当免除处罚；造成损害的，应当减轻处罚。

第三节 共同犯罪

第二十五条 【共同犯罪概念】共同犯罪是指二人以上共同故意犯罪。

二人以上共同过失犯罪，不以共同犯罪论处；应当负刑事责任的，按照他们所犯的罪分别处罚。

第二十六条 【主犯】组织、领导犯罪集团进行犯罪活动的或者在共同犯罪中起主要作用的，是主犯。

三人以上为共同实施犯罪而组成的较为固定的犯罪组织，是犯罪集团。

对组织、领导犯罪集团的首要分子，按照集团所犯的全部罪行处罚。

对于第三款规定以外的主犯，应当按照其所参与的或者组织、指挥的全部犯罪处罚。

第二十七条 【从犯】在共同犯罪中起次要或者辅助作用的，是从犯。

对于从犯，应当从轻、减轻处罚或者免除处罚。

第二十八条 【胁从犯】对于被胁迫参加犯罪的，应当按照他的犯罪情节减轻处罚或者免除处罚。

第二十九条 【教唆犯】教唆他人犯罪的，应当按照他在共同犯罪中所起的作用处罚。教唆不满18周岁的人犯罪的，应当从重处罚。

如果被教唆的人没有犯被教唆的罪，对于教唆犯，可以从轻或者减轻处罚。

第三十六条 【赔偿经济损失与民事优先原则】由于犯罪行为而使被害人遭受经济损

失的，对犯罪分子除依法给予刑事处罚外，并应根据情况判处赔偿经济损失。

承担民事赔偿责任的犯罪分子，同时被判处罚金，其财产不足以全部支付的，或者被判处没收财产的，应当先承担对被害人的民事赔偿责任。

第五节　死　刑

第四十九条　【死刑适用对象的限制】犯罪的时候不满 18 周岁的人和审判的时候怀孕的妇女，不适用死刑。

审判的时候已满 75 周岁的人，不适用死刑，但以特别残忍手段致人死亡的除外。

第六节　没收财产

第六十条　【以没收的财产偿还债务】没收财产以前犯罪分子所负的正当债务，需要以没收的财产偿还的，经债权人请求，应当偿还。

第四章　刑罚的具体运用

第一节　量　刑

第六十一条　【量刑的事实根据与法律依据】对于犯罪分子决定刑罚的时候，应当根据犯罪的事实、犯罪的性质、情节和对于社会的危害程度，依照本法的有关规定判处。

第六十二条　【从重处罚与从轻处罚】犯罪分子具有本法规定的从重处罚、从轻处罚情节的，应当在法定刑的限度以内判处刑罚。

第六十三条　【减轻处罚】犯罪分子具有本法规定的减轻处罚情节的，应当在法定刑以下判处刑罚。

犯罪分子虽然不具有本法规定的减轻处罚情节，但是根据案件的特殊情况，经最高人民法院核准，也可以在法定刑以下判处刑罚。

第六十四条　【犯罪物品的处理】犯罪分子违法所得的一切财物，应当予以追缴或者责令退赔；对被害人的合法财产，应当及时返还；违禁品和供犯罪所用的本人财物，应当予以没收。没收的财物和罚金，一律上缴国库，不得挪用和自行处理。

第二节　累　犯

第六十五条　【一般累犯】被判处有期徒刑以上刑罚的犯罪分子，刑罚执行完毕或者赦免以后，在五年以内再犯应当判处有期徒刑以上刑罚之罪的，是累犯，应当从重处罚，但是过失犯罪和不满 18 周岁的人犯罪的除外。

前款规定的期限，对于被假释的犯罪分子，从假释期满之日起计算。

第六十六条　【特别累犯】危害国家安全犯罪、恐怖活动犯罪、黑社会性质的组织犯罪的犯罪分子，在刑罚执行完毕或者赦免以后，在任何时候再犯上述任一类罪的，都以累犯论处。

第三节　自首和立功

第六十七条　【自首】犯罪以后自动投案，如实供述自己的罪行的，是自首。对于自首的犯罪分子，可以从轻或者减轻处罚。其中，犯罪较轻的，可以免除处罚。

被采取强制措施的犯罪嫌疑人、被告人和正在服刑的罪犯，如实供述司法机关还未掌握的本人其他罪行的，以自首论。

犯罪嫌疑人虽不具有前两款规定的自首情节，但是如实供述自己罪行的，可以从轻处罚；因其如实供述自己罪行，避免特别严重后果发生的，可以减轻处罚。

第六十八条 【立功】犯罪分子有揭发他人犯罪行为，查证属实的，或者提供重要线索，从而得以侦破其他案件等立功表现的，可以从轻或者减轻处罚；有重大立功表现的，可以减轻或者免除处罚。

第四节 数罪并罚

第六十九条 【判决宣告前一人犯数罪的并罚】判决宣告以前一人犯数罪的，除判处死刑和无期徒刑的以外，应当在总和刑期以下、数刑中最高刑期以上，酌情决定执行的刑期，但是管制最高不能超过三年，拘役最高不能超过一年，有期徒刑总和刑期不满三十五年的，最高不能超过二十年，总和刑期在三十五年以上的，最高不能超过二十五年。

数罪中有判处附加刑的，附加刑仍须执行，其中附加刑种类相同的，合并执行，种类不同的，分别执行。

第七十条 【判决宣告后发现漏罪的并罚】判决宣告以后，刑罚执行完毕以前，发现被判刑的犯罪分子在判决宣告以前还有其他罪没有判决的，应当对新发现的罪做出判决，把前后两个判决所判处的刑罚，依照本法第六十九条的规定，决定执行的刑罚。已经执行的刑期，应当计算在新判决决定的刑期以内。

第七十一条 【判决宣告后又犯新罪的并罚】判决宣告以后，刑罚执行完毕以前，被判刑的犯罪分子又犯罪的，应当对新犯的罪做出判决，把前罪没有执行的刑罚和后罪所判处的刑罚，依照本法第六十九条的规定，决定执行的刑罚。

第五节 缓刑

第七十二条 【适用条件】对于被判处拘役、三年以下有期徒刑的犯罪分子，同时符合下列条件的，可以宣告缓刑，对其中不满 18 周岁的人、怀孕的妇女和已满 75 周岁的人，应当宣告缓刑：

（一）犯罪情节较轻；

（二）有悔罪表现；

（三）没有再犯罪的危险；

（四）宣告缓刑对所居住社区没有重大不良影响。

宣告缓刑，可以根据犯罪情况，同时禁止犯罪分子在缓刑考验期限内从事特定活动，进入特定区域、场所，接触特定的人。

被宣告缓刑的犯罪分子，如果被判处附加刑，附加刑仍须执行。

第七十四条 【累犯不适用缓刑】对于累犯，不适用缓刑。

第二编　分　则

第二章　危害公共安全罪

第一百一十四条　【放火罪、决水罪、爆炸罪、投放危险物质罪、以危险方法危害公共安全罪之一】放火、决水、爆炸以及投放毒害性、放射性、传染病病原体等物质或者以其他危险方法危害公共安全，尚未造成严重后果的，处三年以上十年以下有期徒刑。

第一百一十五条　【放火罪、决水罪、爆炸罪、投放危险物质罪、以危险方法危害公共安全罪之二】放火、决水、爆炸以及投放毒害性、放射性、传染病病原体等物质或者以其他危险方法致人重伤、死亡或者使公私财产遭受重大损失的，处十年以上有期徒刑、无期徒刑或者死刑。

过失犯前款罪的，处三年以上七年以下有期徒刑；情节较轻的，处三年以下有期徒刑或者拘役。

第一百三十三条　【交通肇事罪】违反交通运输管理法规，因而发生重大事故，致人重伤、死亡或者使公私财产遭受重大损失的，处三年以下有期徒刑或者拘役；交通运输肇事后逃逸或者有其他特别恶劣情节的，处三年以上七年以下有期徒刑；因逃逸致人死亡的，处七年以上有期徒刑。

在道路上驾驶机动车追逐竞驶，情节恶劣的，或者在道路上醉酒驾驶机动车的，处拘役，并处罚金。

有前款行为，同时构成其他犯罪的，依照处罚较重的规定定罪处罚。

第一百三十四条　【重大责任事故罪；强令违章冒险作业罪】在生产、作业中违反有关安全管理的规定，因而发生重大伤亡事故或者造成其他严重后果的，处三年以下有期徒刑或者拘役；情节特别恶劣的，处三年以上七年以下有期徒刑。

强令他人违章冒险作业，因而发生重大伤亡事故或者造成其他严重后果的，处五年以下有期徒刑或者拘役；情节特别恶劣的，处五年以上有期徒刑。

第一百三十五条　【重大劳动安全事故罪；大型群众性活动重大安全事故罪】安全生产设施或者安全生产条件不符合国家规定，因而发生重大伤亡事故或者造成其他严重后果的，对直接负责的主管人员和其他直接责任人员，处三年以下有期徒刑或者拘役；情节特别恶劣的，处三年以上七年以下有期徒刑。

举办大型群众性活动违反安全管理规定，因而发生重大伤亡事故或者造成其他严重后果的，对直接负责的主管人员和其他直接责任人员，处三年以下有期徒刑或者拘役；情节特别恶劣的，处三年以上七年以下有期徒刑。

第一百三十六条　【危险物品肇事罪】违反爆炸性、易燃性、放射性、毒害性、腐蚀性物品的管理规定，在生产、储存、运输、使用中发生重大事故，造成严重后果的，处三年以下有期徒刑或者拘役；后果特别严重的，处三年以上七年以下有期徒刑。

第三章　破坏社会主义市场经济秩序罪

第五节　金融诈骗罪

第一百九十六条　【信用卡诈骗罪、盗窃罪】有下列情形之一，进行信用卡诈骗活动，数额较大的，处五年以下有期徒刑或者拘役，并处二万元以上二十万元以下罚金；数额巨大或者有其他严重情节的，处五年以上十年以下有期徒刑，并处五万元以上五十万元以下罚金；数额特别巨大或者有其他特别严重情节的，处十年以上有期徒刑或者无期徒刑，并处五万元以上五十万元以下罚金或者没收财产：

（一）使用伪造的信用卡，或者使用以虚假的身份证明骗领的信用卡的；

（二）使用作废的信用卡的；

（三）冒用他人信用卡的；

（四）恶意透支的。

前款所称恶意透支，是指持卡人以非法占有为目的，超过规定限额或者规定期限透支，并且经发卡银行催收后仍不归还的行为。

盗窃信用卡并使用的，依照本法第二百六十四条的规定定罪处罚。

第四章　侵犯公民人身权利、民主权利罪

第二百三十二条　【故意杀人罪】故意杀人的，处死刑、无期徒刑或者十年以上有期徒刑；情节较轻的，处三年以上十年以下有期徒刑。

第二百三十三条　【过失致人死亡罪】过失致人死亡的，处三年以上七年以下有期徒刑；情节较轻的，处三年以下有期徒刑。本法另有规定的，依照规定。

第二百三十四条　【故意伤害罪】故意伤害他人身体的，处三年以下有期徒刑、拘役或者管制。

犯前款罪，致人重伤的，处三年以上十年以下有期徒刑；致人死亡或者以特别残忍手段致人重伤造成严重残疾的，处十年以上有期徒刑、无期徒刑或者死刑。本法另有规定的，依照规定。

组织他人出卖人体器官的，处五年以下有期徒刑，并处罚金；情节严重的，处五年以上有期徒刑，并处罚金或者没收财产。

未经本人同意摘取其器官，或者摘取不满18周岁的人的器官，或者强迫、欺骗他人捐献器官的，依照本法第二百三十四条、第二百三十二条的规定定罪处罚。

违背本人生前意愿摘取其尸体器官，或者本人生前未表示同意，违反国家规定，违背其近亲属意愿摘取其尸体器官的，依照本法第三百零二条的规定定罪处罚。

第二百三十五条　【过失致人重伤罪】过失伤害他人致人重伤的，处三年以下有期徒刑或者拘役。本法另有规定的，依照规定。

第二百三十六条　【强奸罪】以暴力、胁迫或者其他手段强奸妇女的，处三年以上十年以下有期徒刑。

奸淫不满14周岁的幼女的，以强奸论，从重处罚。

强奸妇女、奸淫幼女，有下列情形之一的，处十年以上有期徒刑、无期徒刑或者死刑：

（一）强奸妇女、奸淫幼女情节恶劣的；

（二）强奸妇女、奸淫幼女多人的；

（三）在公共场所当众强奸妇女的；

（四）二人以上轮奸的；

（五）致使被害人重伤、死亡或者造成其他严重后果的。

第二百三十七条 【强制猥亵、侮辱妇女罪、猥亵儿童罪】以暴力、胁迫或者其他方法强制猥亵妇女或者侮辱妇女的，处五年以下有期徒刑或者拘役。

聚众或者在公共场所当众犯前款罪的，处五年以上有期徒刑。

猥亵儿童的，依照前两款的规定从重处罚。

第二百三十八条 【非法拘禁罪】非法拘禁他人或者以其他方法非法剥夺他人人身自由的，处三年以下有期徒刑、拘役、管制或者剥夺政治权利。具有殴打、侮辱情节的，从重处罚。

犯前款罪，致人重伤的，处三年以上十年以下有期徒刑；致人死亡的，处十年以上有期徒刑。使用暴力致人伤残、死亡的，依照本法第二百三十四条、第二百三十二条的规定定罪处罚。

为索取债务非法扣押、拘禁他人的，依照前两款的规定处罚。

国家机关工作人员利用职权犯前三款罪的，依照前三款的规定从重处罚。

第二百三十九条 【绑架罪】以勒索财物为目的绑架他人的，或者绑架他人作为人质的，处十年以上有期徒刑或者无期徒刑，并处罚金或者没收财产；情节较轻的，处五年以上十年以下有期徒刑，并处罚金。

犯前款罪，致使被绑架人死亡或者杀害被绑架人的，处死刑，并处没收财产。

以勒索财物为目的偷盗婴幼儿的，依照前两款的规定处罚。

第五章 侵犯财产罪

第二百六十三条 【抢劫罪】以暴力、胁迫或者其他方法抢劫公私财物的，处三年以上十年以下有期徒刑，并处罚金；有下列情形之一的，处十年以上有期徒刑、无期徒刑或者死刑，并处罚金或者没收财产：

（一）入户抢劫的；

（二）在公共交通工具上抢劫的；

（三）抢劫银行或者其他金融机构的；

（四）多次抢劫或者抢劫数额巨大的；

（五）抢劫致人重伤、死亡的；

（六）冒充军警人员抢劫的；

（七）持枪抢劫的；

（八）抢劫军用物资或者抢险、救灾、救济物资的。

第二百六十四条 【盗窃罪】盗窃公私财物，数额较大的，或者多次盗窃、入户盗窃、携带凶器盗窃、扒窃的，处三年以下有期徒刑、拘役或者管制，并处或者单处罚金；数额巨大或者有其他严重情节的，处三年以上十年以下有期徒刑，并处罚金；数额特别巨大或者有其他特别严重情节的，处十年以上有期徒刑或者无期徒刑，并处罚金或者没收财产。

第二百六十五条 【盗窃罪】以牟利为目的，盗接他人通信线路、复制他人电信码号或者明知是盗接、复制的电信设备、设施而使用的，依照本法第二百六十四条的规定定罪处罚。

第二百六十六条 【诈骗罪】诈骗公私财物，数额较大的，处三年以下有期徒刑、拘役或者管制，并处或者单处罚金；数额巨大或者有其他严重情节的，处三年以上十年以下有期徒刑，并处罚金；数额特别巨大或者有其他特别严重情节的，处十年以上有期徒刑或者无期徒刑，并处罚金或者没收财产。本法另有规定的，依照规定。

第二百六十七条 【抢夺罪；抢劫罪】抢夺公私财物，数额较大的，处三年以下有期徒刑、拘役或者管制，并处或者单处罚金；数额巨大或者有其他严重情节的，处三年以上十年以下有期徒刑，并处罚金；数额特别巨大或者有其他特别严重情节的，处十年以上有期徒刑或者无期徒刑，并处罚金或者没收财产。

携带凶器抢夺的，依照本法第二百六十三条的规定定罪处罚。

第二百六十九条 【抢劫罪】犯盗窃、诈骗、抢夺罪，为窝藏赃物、抗拒抓捕或者毁灭罪证而当场使用暴力或者以暴力相威胁的，依照本法第二百六十三条的规定定罪处罚。

第二百七十条 【侵占罪】将代为保管的他人财物非法占为己有，数额较大，拒不退还的，处二年以下有期徒刑、拘役或者罚金；数额巨大或者有其他严重情节的，处二年以上五年以下有期徒刑，并处罚金。

将他人的遗忘物或者埋藏物非法占为己有，数额较大，拒不交出的，依照前款的规定处罚。

本条罪，告诉的才处理。

第二百七十一条 【职务侵占罪；贪污罪】公司、企业或者其他单位的人员，利用职务上的便利，将本单位财物非法占为己有，数额较大的，处五年以下有期徒刑或者拘役；数额巨大的，处五年以上有期徒刑，可以并处没收财产。

国有公司、企业或者其他国有单位中从事公务的人员和国有公司、企业或者其他国有单位委派到非国有公司、企业以及其他单位从事公务的人员有前款行为的，依照本法第三百八十二条、第三百八十三条的规定定罪处罚。

第二百七十二条 【挪用资金罪；挪用公款罪】公司、企业或者其他单位的工作人员，利用职务上的便利，挪用本单位资金归个人使用或者借贷给他人，数额较大、超过三个月未还的，或者虽未超过三个月，但数额较大、进行营利活动的，或者进行非法活动的，处三年以下有期徒刑或者拘役；挪用本单位资金数额巨大的，或者数额较大不退还的，处三年以上十年以下有期徒刑。

国有公司、企业或者其他国有单位中从事公务的人员和国有公司、企业或者其他国有单位委派到非国有公司、企业以及其他单位从事公务的人员有前款行为的，依照本法第三百八十四条的规定定罪处罚。

第二百七十四条 【敲诈勒索罪】敲诈勒索公私财物，数额较大或者多次敲诈勒索的，处三年以下有期徒刑、拘役或者管制，并处或者单处罚金；数额巨大或者有其他严重情节的，处三年以上十年以下有期徒刑，并处罚金；数额特别巨大或者有其他特别严重情节的，处十年以上有期徒刑，并处罚金。

第二百九十二条 【聚众斗殴罪；故意伤害罪；故意杀人罪】聚众斗殴的，对首要分子和其他积极参加的，处三年以下有期徒刑、拘役或者管制；有下列情形之一的，对首要分子和其他积极参加的，处三年以上十年以下有期徒刑：

（一）多次聚众斗殴的；

（二）聚众斗殴人数多，规模大，社会影响恶劣的；

（三）在公共场所或者交通要道聚众斗殴，造成社会秩序严重混乱的；

（四）持械聚众斗殴的。

聚众斗殴，致人重伤、死亡的，依照本法第二百三十四条、第二百三十二条的规定定罪处罚。

第二百九十三条　【寻衅滋事罪】有下列寻衅滋事行为之一，破坏社会秩序的，处五年以下有期徒刑、拘役或者管制：

（一）随意殴打他人，情节恶劣的；

（二）追逐、拦截、辱骂、恐吓他人，情节恶劣的；

（三）强拿硬要或者任意损毁、占用公私财物，情节严重的；

（四）在公共场所起哄闹事，造成公共场所秩序严重混乱的。

纠集他人多次实施前款行为，严重破坏社会秩序的，处五年以上十年以下有期徒刑，可以并处罚金。

第六章　妨害社会管理秩序罪

第七节　走私、贩卖、运输、制造毒品罪

第三百四十七条　【走私、贩卖、运输、制造毒品罪】走私、贩卖、运输、制造毒品，无论数量多少，都应当追究刑事责任，予以刑事处罚。

走私、贩卖、运输、制造毒品，有下列情形之一的，处十五年有期徒刑、无期徒刑或者死刑，并处没收财产：

（一）走私、贩卖、运输、制造鸦片一千克以上、海洛因或者甲基苯丙胺五十克以上或者其他毒品数量大的；

（二）走私、贩卖、运输、制造毒品集团的首要分子；

（三）武装掩护走私、贩卖、运输、制造毒品的；

（四）以暴力抗拒检查、拘留、逮捕，情节严重的；

（五）参与有组织的国际贩毒活动的。

走私、贩卖、运输、制造鸦片二百克以上不满一千克、海洛因或者甲基苯丙胺十克以上不满五十克或者其他毒品数量较大的，处七年以上有期徒刑，并处罚金。

走私、贩卖、运输、制造鸦片不满二百克、海洛因或者甲基苯丙胺不满十克或者其他少量毒品的，处三年以下有期徒刑、拘役或者管制，并处罚金；情节严重的，处三年以上七年以下有期徒刑，并处罚金。

单位犯第二款、第三款、第四款罪的，对单位判处罚金，并对其直接负责的主管人员和其他直接责任人员，依照各该款的规定处罚。

利用、教唆未成年人走私、贩卖、运输、制造毒品，或者向未成年人出售毒品的，从重处罚。

对多次走私、贩卖、运输、制造毒品，未经处理的，毒品数量累计计算。

第三百四十八条　【非法持有毒品罪】非法持有鸦片一千克以上、海洛因或者甲基苯丙胺五十克以上或者其他毒品数量大的，处七年以上有期徒刑或者无期徒刑，并处罚金；

非法持有鸦片二百克以上不满一千克、海洛因或者甲基苯丙胺十克以上不满五十克或者其他毒品数量较大的，处三年以下有期徒刑、拘役或者管制，并处罚金；情节严重的，处三年以上七年以下有期徒刑，并处罚金。

第三百四十九条 【包庇毒品犯罪分子罪；窝藏、转移、隐瞒毒品、毒赃罪】包庇走私、贩卖、运输、制造毒品的犯罪分子的，为犯罪分子窝藏、转移、隐瞒毒品或者犯罪所得的财物的，处三年以下有期徒刑、拘役或者管制；情节严重的，处三年以上十年以下有期徒刑。

缉毒人员或者其他国家机关工作人员掩护、包庇走私、贩卖、运输、制造毒品的犯罪分子的，依照前款的规定从重处罚。

犯前两款罪，事先通谋的，以走私、贩卖、运输、制造毒品罪的共犯论处。

第八章　贪污贿赂罪

第三百八十二条 【贪污罪】国家工作人员利用职务上的便利，侵吞、窃取、骗取或者以其他手段非法占有公共财物的，是贪污罪。

受国家机关、国有公司、企业、事业单位、人民团体委托管理、经营国有财产的人员，利用职务上的便利，侵吞、窃取、骗取或者以其他手段非法占有国有财物的，以贪污论。

与前两款所列人员勾结，伙同贪污的，以共犯论处。

第三百八十三条 【对犯贪污罪的处罚规定】对犯贪污罪的，根据情节轻重，分别依照下列规定处罚：

（一）个人贪污数额在十万元以上的，处十年以上有期徒刑或者无期徒刑，可以并处没收财产；情节特别严重的，处死刑，并处没收财产。

（二）个人贪污数额在五万元以上不满十万元的，处五年以上有期徒刑，可以并处没收财产；情节特别严重的，处无期徒刑，并处没收财产。

（三）个人贪污数额在五千元以上不满五万元的，处一年以上七年以下有期徒刑；情节严重的，处七年以上十年以下有期徒刑。个人贪污数额在五千元以上不满一万元，犯罪后有悔改表现、积极退赃的，可以减轻处罚或者免予刑事处罚，由其所在单位或者上级主管机关给予行政处分。

（四）个人贪污数额不满五千元，情节较重的，处二年以下有期徒刑或者拘役；情节较轻的，由其所在单位或者上级主管机关酌情给予行政处分。

对多次贪污未经处理的，按照累计贪污数额处罚。

第三百八十四条 【挪用公款罪】国家工作人员利用职务上的便利，挪用公款归个人使用，进行非法活动的，或者挪用公款数额较大、进行营利活动的，或者挪用公款数额较大、超过三个月未还的，是挪用公款罪，处五年以下有期徒刑或者拘役；情节严重的，处五年以上有期徒刑。挪用公款数额巨大不退还的，处十年以上有期徒刑或者无期徒刑。

挪用用于救灾、抢险、防汛、优抚、扶贫、移民、救济款物归个人使用的，从重处罚。

第三百八十五条 【受贿罪】国家工作人员利用职务上的便利，索取他人财物的，或者非法收受他人财物，为他人谋取利益的，是受贿罪。

国家工作人员在经济往来中，违反国家规定，收受各种名义的回扣、手续费，归个人所有的，以受贿论处。

第三百八十六条　【对犯受贿罪的处罚规定】对犯受贿罪的，根据受贿所得数额及情节，依照本法第三百八十三条的规定处罚。索贿的从重处罚。

第三百八十七条　【单位受贿罪】国家机关、国有公司、企业、事业单位、人民团体，索取、非法收受他人财物，为他人谋取利益，情节严重的，对单位判处罚金，并对其直接负责的主管人员和其他直接责任人员，处五年以下有期徒刑或者拘役。

前款所列单位，在经济往来中，在账外暗中收受各种名义的回扣、手续费的，以受贿论，依照前款的规定处罚。

第三百八十八条　【受贿罪；利用影响力受贿罪】国家工作人员利用本人职权或者地位形成的便利条件，通过其他国家工作人员职务上的行为，为请托人谋取不正当利益，索取请托人财物或者收受请托人财物的，以受贿论处。

国家工作人员的近亲属或者其他与该国家工作人员关系密切的人，通过该国家工作人员职务上的行为，或者利用该国家工作人员职权或者地位形成的便利条件，通过其他国家工作人员职务上的行为，为请托人谋取不正当利益，索取请托人财物或者收受请托人财物，数额较大或者有其他较重情节的，处三年以下有期徒刑或者拘役，并处罚金；数额巨大或者有其他严重情节的，处三年以上七年以下有期徒刑，并处罚金；数额特别巨大或者有其他特别严重情节的，处七年以上有期徒刑，并处罚金或者没收财产。

离职的国家工作人员或者其近亲属以及其他与其关系密切的人，利用该离职的国家工作人员原职权或者地位形成的便利条件实施前款行为的，依照前款的规定定罪处罚。

第三百八十九条　【行贿罪】为谋取不正当利益，给予国家工作人员以财物的，是行贿罪。

在经济往来中，违反国家规定，给予国家工作人员以财物，数额较大的，或者违反国家规定，给予国家工作人员以各种名义的回扣、手续费的，以行贿论处。

因被勒索给予国家工作人员以财物，没有获得不正当利益的，不是行贿。

第三百九十条　【对犯行贿罪的处罚】对犯行贿罪的，处五年以下有期徒刑或者拘役；因行贿谋取不正当利益，情节严重的，或者使国家利益遭受重大损失的，处五年以上十年以下有期徒刑；情节特别严重的，处十年以上有期徒刑或者无期徒刑，可以并处没收财产。

行贿人在被追诉前主动交代行贿行为的，可以减轻处罚或者免除处罚。

第三百九十一条　【对单位行贿罪】为谋取不正当利益，给予国家机关、国有公司、企业、事业单位、人民团体以财物的，或者在经济往来中，违反国家规定，给予各种名义的回扣、手续费的，处三年以下有期徒刑或者拘役。

单位犯前款罪的，对单位判处罚金，并对其直接负责的主管人员和其他直接责任人员，依照前款的规定处罚。

第三百九十二条　【介绍贿赂罪】向国家工作人员介绍贿赂，情节严重的，处三年以下有期徒刑或者拘役。

介绍贿赂人在被追诉前主动交代介绍贿赂行为的，可以减轻处罚或者免除处罚。

第三百九十三条　【单位行贿罪】单位为谋取不正当利益而行贿，或者违反国家规定，给予国家工作人员以回扣、手续费，情节严重的，对单位判处罚金，并对其直接负责的主管人员和其他直接责任人员，处五年以下有期徒刑或者拘役。因行贿取得的违法所得归个人所有的，依照本法第三百八十九条、第三百九十条的规定定罪处罚。

第三百九十四条　【贪污罪】国家工作人员在国内公务活动或者对外交往中接受礼物，依照国家规定应当交公而不交公，数额较大的，依照本法第三百八十二条、第三百八十三条的规定定罪处罚。

第三百九十五条　【巨额财产来源不明罪；隐瞒境外存款罪】国家工作人员的财产、支出明显超过合法收入，差额巨大的，可以责令该国家工作人员说明来源，不能说明来源的，差额部分以非法所得论，处五年以下有期徒刑或者拘役；差额特别巨大的，处五年以上十年以下有期徒刑。财产的差额部分予以追缴。

国家工作人员在境外的存款，应当依照国家规定申报。数额较大、隐瞒不报的，处二年以下有期徒刑或者拘役；情节较轻的，由其所在单位或者上级主管机关酌情给予行政处分。

第三百九十六条　【私分国有资产罪；私分罚没财物罪】国家机关、国有公司、企业、事业单位、人民团体，违反国家规定，以单位名义将国有资产集体私分给个人，数额较大的，对其直接负责的主管人员和其他直接责任人员，处三年以下有期徒刑或者拘役，并处或者单处罚金；数额巨大的，处三年以上七年以下有期徒刑，并处罚金。

司法机关、行政执法机关违反国家规定，将应当上缴国家的罚没财物，以单位名义集体私分给个人的，依照前款的规定处罚。

第九章　渎职罪

第三百九十七条　【滥用职权罪；玩忽职守罪】国家机关工作人员滥用职权或者玩忽职守，致使公共财产、国家和人民利益遭受重大损失的，处三年以下有期徒刑或者拘役；情节特别严重的，处三年以上七年以下有期徒刑。本法另有规定的，依照规定。

国家机关工作人员徇私舞弊，犯前款罪的，处五年以下有期徒刑或者拘役；情节特别严重的，处五年以上十年以下有期徒刑。本法另有规定的，依照规定。

二、《中华人民共和国民法通则》重点条文

第一章　基本原则

第一条　为了保障公民、法人的合法的民事权益，正确调整民事关系，适应社会主义现代化建设事业发展的需要，根据宪法和我国实际情况，总结民事活动的实践经验，制定本法。

第二条　中华人民共和国民法调整平等主体的公民之间、法人之间、公民和法人之间的财产关系和人身关系。

第三条　当事人在民事活动中的地位平等。

第四条　民事活动应当遵循自愿、公平、等价有偿、诚实信用的原则。

第五条　公民、法人的合法的民事权益受法律保护，任何组织和个人不得侵犯。

第六条　民事活动必须遵守法律，法律没有规定的，应当遵守国家政策。

第七条　民事活动应当尊重社会公德，不得损害社会公共利益，扰乱社会经济秩序。

第八条　在中华人民共和国领域内的民事活动，适用中华人民共和国法律，法律另有规定的除外。

第四章　民事法律行为和代理

第一节　民事法律行为

第五十四条　民事法律行为是公民或者法人设立、变更、终止民事权利和民事义务的合法行为。

第五十五条　民事法律行为应当具备下列条件：

（一）行为人具有相应的民事行为能力；

（二）意思表示真实；

（三）不违反法律或者社会公共利益。

第五十七条　民事法律行为从成立时起具有法律约束力。行为人非依法律规定或者取得对方同意，不得擅自变更或者解除。

第五十八条　下列民事行为无效：

（一）无民事行为能力人实施的；

（二）限制民事行为能力人依法不能独立实施的；

（三）一方以欺诈、胁迫的手段或者乘人之危，使对方在违背真实意思的情况下所为的；

（四）恶意串通，损害国家、集体或者第三人利益的；

（五）违反法律或者社会公共利益的；

（六）经济合同违反国家指令性计划的；

（七）以合法形式掩盖非法目的的。

无效的民事行为，从行为开始起就没有法律约束力。

第五十九条　下列民事行为，一方有权请求人民法院或者仲裁机关予以变更或者撤销：

（一）行为人对行为内容有重大误解的；

（二）显失公平的。

被撤销的民事行为从行为开始起无效。

第六十条　民事行为部分无效，不影响其他部分的效力的，其他部分仍然有效。

第六章　民事责任

第一节　一般规定

第一百零六条　公民、法人违反合同或者不履行其他义务的，应当承担民事责任。

公民、法人由于过错侵害国家的、集体的财产，侵害他人财产、人身的，应当承担民事责任。

没有过错，但法律规定应当承担民事责任的，应当承担民事责任。

第一百零七条 因不可抗力不能履行合同或者造成他人损害的，不承担民事责任，法律另有规定的除外。

第一百零九条 因防止、制止国家的、集体的财产或者他人的财产、人身遭受侵害而使自己受到损害的，由侵害人承担赔偿责任，受益人也可以给予适当的补偿。

第二节 违反合同的民事责任

第一百一十一条 当事人一方不履行合同义务或者履行合同义务不符合约定条件的，另一方有权要求履行或者采取补救措施，并有权要求赔偿损失。

第一百一十二条 当事人一方违反合同的赔偿责任，应当相当于另一方因此所受到的损失。

当事人可以在合同中约定，一方违反合同时，向另一方支付一定数额的违约金；也可以在合同中约定对于违反合同而产生的损失赔偿额的计算方法。

第一百一十三条 当事人双方都违反合同的，应当分别承担各自应负的民事责任。

第一百一十四条 当事人一方因另一方违反合同受到损失的，应当及时采取措施防止损失的扩大；没有及时采取措施致使损失扩大的，无权就扩大的损失要求赔偿。

第一百一十五条 合同的变更或者解除，不影响当事人要求赔偿损失的权利。

第一百一十六条 当事人一方由于上级机关的原因，不能履行合同义务的，应当按照合同约定向另一方赔偿损失或者采取其他补救措施，再由上级机关对它因此受到的损失负责处理。

第三节 侵权的民事责任

第一百一十七条 侵占国家的、集体的财产或者他人财产的，应当返还财产，不能返还财产的，应当折价赔偿。

损坏国家的、集体的财产或者他人财产的，应当恢复原状或者折价赔偿。

受害人因此遭受其他重大损失的，侵害人并应当赔偿损失。

第一百一十八条 公民、法人的著作权（版权）、专利权、商标专用权、发现权、发明权和其他科技成果权受到剽窃、篡改、假冒等侵害的，有权要求停止侵害，消除影响，赔偿损失。

第一百一十九条 侵害公民身体造成伤害的，应当赔偿医疗费、因误工减少的收入、残废者生活补助费等费用；造成死亡的，并应当支付丧葬费、死者生前扶养的人必要的生活费等费用。

第一百二十条 公民的姓名权、肖像权、名誉权、荣誉权受到侵害的，有权要求停止侵害，恢复名誉，消除影响，赔礼道歉，并可以要求赔偿损失。

法人的名称权、名誉权、荣誉权受到侵害的，适用前款规定。

第一百二十一条 国家机关或者国家机关工作人员在执行职务中，侵犯公民、法人的合法权益造成损害的，应当承担民事责任。

第一百二十二条 因产品质量不合格造成他人财产、人身损害的，产品制造者、销售者应当依法承担民事责任。运输者、仓储者对此负有责任的，产品制造者、销售者有权要求赔偿损失。

第一百二十三条　从事高空、高压、易燃、易爆、剧毒、放射性、高速运输工具等对周围环境有高度危险的作业造成他人损害的，应当承担民事责任；如果能够证明损害是由受害人故意造成的，不承担民事责任。

第一百二十四条　违反国家保护环境防止污染的规定，污染环境造成他人损害的，应当依法承担民事责任。

第一百二十五条　在公共场所、道旁或者通道上挖坑、修缮安装地下设施等，没有设置明显标志和采取安全措施造成他人损害的，施工人应当承担民事责任。

第一百二十六条　建筑物或者其他设施以及建筑物上的搁置物、悬挂物发生倒塌、脱落、坠落造成他人损害的，它的所有人或者管理人应当承担民事责任，但能够证明自己没有过错的除外。

第一百二十七条　饲养的动物造成他人损害的，动物饲养人或者管理人应当承担民事责任；由于受害人的过错造成损害的，动物饲养人或者管理人不承担民事责任；由于第三人的过错造成损害的，第三人应当承担民事责任。

第一百二十八条　因正当防卫造成损害的，不承担民事责任。正当防卫超过必要的限度，造成不应有的损害的，应当承担适当的民事责任。

第一百二十九条　因紧急避险造成损害的，由引起险情发生的人承担民事责任。如果危险是由自然原因引起的，紧急避险人不承担民事责任或者承担适当的民事责任。因紧急避险采取措施不当或者超过必要的限度，造成不应有的损害的，紧急避险人应当承担适当的民事责任。

第一百三十条　二人以上共同侵权造成他人损害的，应当承担连带责任。

第一百三十一条　受害人对于损害的发生也有过错的，可以减轻侵害人的民事责任。

第一百三十二条　当事人对造成损害都没有过错的，可以根据实际情况，由当事人分担民事责任。

第一百三十三条　无民事行为能力人、限制民事行为能力人造成他人损害的，由监护人承担民事责任。监护人尽了监护责任的，可以适当减轻他的民事责任。

有财产的无民事行为能力人、限制民事行为能力人造成他人损害的，从本人财产中支付赔偿费用。不足部分，由监护人适当赔偿，但单位担任监护人的除外。

第四节　承担民事责任的方式

第一百三十四条　承担民事责任的方式主要有：

（一）停止侵害；

（二）排除妨碍；

（三）消除危险；

（四）返还财产；

（五）恢复原状；

（六）修理、重作、更换；

（七）赔偿损失；

（八）支付违约金；

（九）消除影响、恢复名誉；

（十）赔礼道歉。

以上承担民事责任的方式，可以单独适用，也可以合并适用。

人民法院审理民事案件，除适用上述规定外，还可以予以训诫、责令具结悔过、收缴进行非法活动的财物和非法所得，并可以依照法律规定处以罚款、拘留。

三、《中华人民共和国侵权责任法》重点条文

第二章　责任构成和责任方式

第六条　行为人因过错侵害他人民事权益，应当承担侵权责任。

根据法律规定推定行为人有过错，行为人不能证明自己没有过错的，应当承担侵权责任。

第七条　行为人损害他人民事权益，不论行为人有无过错，法律规定应当承担侵权责任的，依照其规定。

第八条　二人以上共同实施侵权行为，造成他人损害的，应当承担连带责任。

第九条　教唆、帮助他人实施侵权行为的，应当与行为人承担连带责任。

教唆、帮助无民事行为能力人、限制民事行为能力人实施侵权行为的，应当承担侵权责任；该无民事行为能力人、限制民事行为能力人的监护人未尽到监护责任的，应当承担相应的责任。

第十条　二人以上实施危及他人人身、财产安全的行为，其中一人或者数人的行为造成他人损害，能够确定具体侵权人的，由侵权人承担责任；不能确定具体侵权人的，行为人承担连带责任。

第十一条　二人以上分别实施侵权行为造成同一损害，每个人的侵权行为都足以造成全部损害的，行为人承担连带责任。

第十二条　二人以上分别实施侵权行为造成同一损害，能够确定责任大小的，各自承担相应的责任；难以确定责任大小的，平均承担赔偿责任。

第十三条　法律规定承担连带责任的，被侵权人有权请求部分或者全部连带责任人承担责任。

第十四条　连带责任人根据各自责任大小确定相应的赔偿数额；难以确定责任大小的，平均承担赔偿责任。

支付超出自己赔偿数额的连带责任人，有权向其他连带责任人追偿。

第十七条　因同一侵权行为造成多人死亡的，可以以相同数额确定死亡赔偿金。

第二十二条　侵害他人人身权益，造成他人严重精神损害的，被侵权人可以请求精神损害赔偿。

第二十三条　因防止、制止他人民事权益被侵害而使自己受到损害的，由侵权人承担责任。侵权人逃逸或者无力承担责任，被侵权人请求补偿的，受益人应当给予适当补偿。

第二十四条　受害人和行为人对损害的发生都没有过错的，可以根据实际情况，由双方分担损失。

第三章　不承担责任和减轻责任的情形

第二十六条　被侵权人对损害的发生也有过错的，可以减轻侵权人的责任。

第二十七条 损害是因受害人故意造成的，行为人不承担责任。

第二十八条 损害是因第三人造成的，第三人应当承担侵权责任。

第二十九条 因不可抗力造成他人损害的，不承担责任。法律另有规定的，依照其规定。

第三十条 因正当防卫造成损害的，不承担责任。正当防卫超过必要的限度，造成不应有的损害的，正当防卫人应当承担适当的责任。

第三十一条 因紧急避险造成损害的，由引起险情发生的人承担责任。如果危险是由自然原因引起的，紧急避险人不承担责任或者给予适当补偿。紧急避险采取措施不当或者超过必要的限度，造成不应有的损害的，紧急避险人应当承担适当的责任。

第三十四条 用人单位的工作人员因执行工作任务造成他人损害的，由用人单位承担侵权责任。

第三十六条 网络用户、网络服务提供者利用网络侵害他人民事权益的，应当承担侵权责任。

网络用户利用网络服务实施侵权行为的，被侵权人有权通知网络服务提供者采取删除、屏蔽、断开链接等必要措施。网络服务提供者接到通知后未及时采取必要措施的，对损害的扩大部分与该网络用户承担连带责任。

网络服务提供者知道网络用户利用其网络服务侵害他人民事权益，未采取必要措施的，与该网络用户承担连带责任。

第三十七条 宾馆、商场、银行、车站、娱乐场所等公共场所的管理人或者群众性活动的组织者，未尽到安全保障义务，造成他人损害的，应当承担侵权责任。

因第三人的行为造成他人损害的，由第三人承担侵权责任；管理人或者组织者未尽到安全保障义务的，承担相应的补充责任。

第四十七条 明知产品存在缺陷仍然生产、销售，造成他人死亡或者健康严重损害的，被侵权人有权请求相应的惩罚性赔偿。

第六十二条 医疗机构及其医务人员应当对患者的隐私保密。泄露患者隐私或者未经患者同意公开其病历资料，造成患者损害的，应当承担侵权责任。

第十一章 物件损害责任

第八十五条 建筑物、构筑物或者其他设施及其搁置物、悬挂物发生脱落、坠落造成他人损害，所有人、管理人或者使用人不能证明自己没有过错的，应当承担侵权责任。所有人、管理人或者使用人赔偿后，有其他责任人的，有权向其他责任人追偿。

第八十六条 建筑物、构筑物或者其他设施倒塌造成他人损害的，由建设单位与施工单位承担连带责任。建设单位、施工单位赔偿后，有其他责任人的，有权向其他责任人追偿。

因其他责任人的原因，建筑物、构筑物或者其他设施倒塌造成他人损害的，由其他责任人承担侵权责任。

第八十七条 从建筑物中抛掷物品或者从建筑物上坠落的物品造成他人损害，难以确定具体侵权人的，除能够证明自己不是侵权人的外，由可能加害的建筑物使用人给予补偿。

第八十八条 堆放物倒塌造成他人损害，堆放人不能证明自己没有过错的，应当承担侵权责任。

第八十九条 在公共道路上堆放、倾倒、遗撒妨碍通行的物品造成他人损害的，有关单位或者个人应当承担侵权责任。

第九十条 因林木折断造成他人损害，林木的所有人或者管理人不能证明自己没有过错的，应当承担侵权责任。

第九十一条 在公共场所或者道路上挖坑、修缮安装地下设施等，没有设置明显标志和采取安全措施造成他人损害的，施工人应当承担侵权责任。

窨井等地下设施造成他人损害，管理人不能证明尽到管理职责的，应当承担侵权责任。

第二节 模拟法庭控辩式面试必读最新司法解释

一、《最高人民法院、最高人民检察院、公安部、国家安全部、司法部印发〈关于办理死刑案件审查判断证据若干问题的规定〉和〈关于办理刑事案件排除非法证据若干问题的规定〉的通知》（法发〔2010〕20号）重点条文

各省、自治区、直辖市高级人民法院、人民检察院、公安厅（局）、国家安全厅（局）、司法厅（局），解放军军事法院、军事检察院、总政治部保卫部，新疆维吾尔自治区高级人民法院生产建设兵团分院、新疆生产建设兵团人民检察院、公安局、司法局、监狱管理局：

为进一步完善我国刑事诉讼制度，根据中央关于深化司法体制和工作机制改革的总体部署，经过广泛深入调查研究，最高人民法院、最高人民检察院、公安部、国家安全部和司法部近日联合制定了《关于办理死刑案件审查判断证据若干问题的规定》和《关于办理刑事案件排除非法证据若干问题的规定》（以下简称两个《规定》），现印发给你们，请遵照执行。

为了在司法实践中严格贯彻执行两个《规定》，现提出以下意见：

（一）充分认识制定、执行两个《规定》的重要意义

两个《规定》对政法机关办理刑事案件特别是死刑案件提出了更高的标准、更严的要求，对于完善我国刑事诉讼制度，提高执法办案水平，推进社会主义法治建设，具有十分重要的意义。中央对两个《规定》高度重视，中央政治局常委、中央政法委书记周永康同志主持召开中央政法委员会全体会议暨司法体制改革专题汇报会，认真讨论了两个《规定》，要求各级人民法院、人民检察院、公安机关、国家安全机关和司法行政机关要依法履行职责，严格执行两个《规定》，讲事实、讲证据、讲法律、讲责任，确保办案质量，依法惩治犯罪、切实保障人权、维护司法公正，确保办理的每一起刑事案件都能经得起法律和历史的检验。各省、自治区、直辖市相关部门要从全面准确执行国家法律，贯彻党和国家刑事政策的高度，积极加强宣传工作，充分认识出台两个《规定》的重要意义。

（二）认真组织开展对两个《规定》的培训

各级人民法院、人民检察院、公安机关、国家安全机关、司法行政等单位和部门应当根据实际情况，通过不同途径，采取不同方式，认真、及时地开展对两个《规定》的培训和学习工作，要精心组织相关办案人员参加专项培训，确保使每一名刑事办案人员都能够全面掌握两个《规定》的具体内容。

（三）严格贯彻执行两个《规定》

两个《规定》不仅全面规定了刑事诉讼证据的基本原则，细化了证明标准，还进一步具体规定了对各类证据的收集、固定、审查、判断和运用；不仅规定了非法证据的内涵和外延，还对审查和排除非法证据的程序、证明责任等问题进行了具体的规范。切实把两个《规定》贯彻好、执行好，对于进一步提高执法办案水平，进一步强化执法人员素质，必将发挥重要作用。各相关部门在司法实践中要严格贯彻落实两个《规定》，牢固树立惩罚犯罪与保障人权并重的观念、实体法与程序法并重的观念，依法、全面、客观地收集、审查、判断证据，严把事实关、证据关，切实提高刑事案件审判质量，确保将两个《规定》落到实处，把每一起刑事案件都办成铁案。在贯彻执行中遇到的新情况、新问题和探索出的新经验、新做法，要认真总结，并及时报告中央主管部门。

另，办理其他刑事案件，参照《关于办理死刑案件审查判断证据若干问题的规定》执行。

最高人民法院　最高人民检察院　公安部　国家安全部　司法部
二〇一〇年六月十三日

二、《最高人民法院、最高人民检察院、公安部、国家安全部、司法部关于办理刑事案件排除非法证据若干问题的规定》（法发〔2010〕20 号）重点条文

为规范司法行为，促进司法公正，根据刑事诉讼法和相关司法解释，结合人民法院、人民检察院、公安机关、国家安全机关和司法行政机关办理刑事案件工作实际，制定本规定。

第一条　采用刑讯逼供等非法手段取得的犯罪嫌疑人、被告人供述和采用暴力、威胁等非法手段取得的证人证言、被害人陈述，属于非法言词证据。

第二条　经依法确认的非法言词证据，应当予以排除，不能作为定案的根据。

第三条　人民检察院在审查批准逮捕、审查起诉中，对于非法言词证据应当依法予以排除，不能作为批准逮捕、提起公诉的根据。

第四条　起诉书副本送达后开庭审判前，被告人提出其审判前供述是非法取得的，应当向人民法院提交书面意见。被告人书写确有困难的，可以口头告诉，由人民法院工作人员或者其辩护人做出笔录，并由被告人签名或者捺指印。

人民法院应当将被告人的书面意见或者告诉笔录复印件在开庭前交人民检察院。

第五条　被告人及其辩护人在开庭审理前或者庭审中，提出被告人审判前供述是非法取得的，法庭在公诉人宣读起诉书之后，应当先行当庭调查。

法庭辩论结束前，被告人及其辩护人提出被告人审判前供述是非法取得的，法庭也应当进行调查。

第六条 被告人及其辩护人提出被告人审判前供述是非法取得的，法庭应当要求其提供涉嫌非法取证的人员、时间、地点、方式、内容等相关线索或者证据。

第七条 经审查，法庭对被告人审判前供述取得的合法性有疑问的，公诉人应当向法庭提供讯问笔录、原始的讯问过程录音录像或者其他证据，提请法庭通知讯问时其他在场人员或者其他证人出庭作证，仍不能排除刑讯逼供嫌疑的，提请法庭通知讯问人员出庭作证，对该供述取得的合法性予以证明。公诉人当庭不能举证的，可以根据刑事诉讼法第一百六十五条的规定，建议法庭延期审理。

经依法通知，讯问人员或者其他人员应当出庭作证。

公诉人提交加盖公章的说明材料，未经有关讯问人员签名或者盖章的，不能作为证明取证合法性的证据。

控辩双方可以就被告人审判前供述取得的合法性问题进行质证、辩论。

第八条 法庭对于控辩双方提供的证据有疑问的，可以宣布休庭，对证据进行调查核实。必要时，可以通知检察人员、辩护人到场。

第九条 庭审中，公诉人为提供新的证据需要补充侦查，建议延期审理的，法庭应当同意。

被告人及其辩护人申请通知讯问人员、讯问时其他在场人员或者其他证人到庭，法庭认为有必要的，可以宣布延期审理。

第十条 经法庭审查，具有下列情形之一的，被告人审判前供述可以当庭宣读、质证：

（一）被告人及其辩护人未提供非法取证的相关线索或者证据的；

（二）被告人及其辩护人已提供非法取证的相关线索或者证据，法庭对被告人审判前供述取得的合法性没有疑问的；

（三）公诉人提供的证据确实、充分，能够排除被告人审判前供述属非法取得的。

对于当庭宣读的被告人审判前供述，应当结合被告人当庭供述以及其他证据确定能否作为定案的根据。

第十一条 对被告人审判前供述的合法性，公诉人不提供证据加以证明，或者已提供的证据不够确实、充分的，该供述不能作为定案的根据。

第十二条 对于被告人及其辩护人提出的被告人审判前供述是非法取得的意见，第一审人民法院没有审查，并以被告人审判前供述作为定案根据的，第二审人民法院应当对被告人审判前供述取得的合法性进行审查。检察人员不提供证据加以证明，或者已提供的证据不够确实、充分的，被告人该供述不能作为定案的根据。

第十三条 庭审中，检察人员、被告人及其辩护人提出未到庭证人的书面证言、未到庭被害人的书面陈述是非法取得的，举证方应当对其取证的合法性予以证明。

对前款所述证据，法庭应当参照本规定有关规定进行调查。

第十四条 物证、书证的取得明显违反法律规定，可能影响公正审判的，应当予以补正或者做出合理解释，否则，该物证、书证不能作为定案的根据。

第十五条 本规定自二〇一〇年七月一日起施行。

三、《最高人民法院、最高人民检察院、公安部、家安全部、司法部关于办理死刑案件审查判断证据若干问题的规定》（节录）重点条文

为依法、公正、准确、慎重地办理死刑案件，惩罚犯罪，保障人权，根据《中华人民共和国刑事诉讼法》等有关法律规定，结合司法实际，制定本规定。

第一条　办理死刑案件，必须严格执行刑法和刑事诉讼法，切实做到事实清楚，证据确实、充分，程序合法，适用法律正确，确保案件质量。

第二条　认定案件事实，必须以证据为根据。

第三条　侦查人员、检察人员、审判人员应当严格遵守法定程序，全面、客观地收集、审查、核实和认定证据。

第四条　经过当庭出示、辨认、质证等法庭调查程序查证属实的证据，才能作为定罪量刑的根据。

第五条　办理死刑案件，对被告人犯罪事实的认定，必须达到证据确实、充分。

证据确实、充分是指：

（一）定罪量刑的事实都有证据证明；

（二）每一个定案的证据均已经法定程序查证属实；

（三）证据与证据之间、证据与案件事实之间不存在矛盾或者矛盾得以合理排除；

（四）共同犯罪案件中，被告人的地位、作用均已查清；

（五）根据证据认定案件事实的过程符合逻辑和经验规则，由证据得出的结论为唯一结论。

办理死刑案件，对于以下事实的证明必须达到证据确实、充分：

（一）被指控的犯罪事实的发生；

（二）被告人实施了犯罪行为与被告人实施犯罪行为的时间、地点、手段、后果以及其他情节；

（三）影响被告人定罪的身份情况；

（四）被告人有刑事责任能力；

（五）被告人的罪过；

（六）是否共同犯罪及被告人在共同犯罪中的地位、作用；

（七）对被告人从重处罚的事实。

第三十二条　对证据的证明力，应当结合案件的具体情况，从各证据与待证事实的关联程度、各证据之间的联系等方面进行审查判断。

证据之间具有内在的联系，共同指向同一待证事实，且能合理排除矛盾的，才能作为定案的根据。

第三十三条　没有直接证据证明犯罪行为系被告人实施，但同时符合下列条件的可以认定被告人有罪：

（一）据以定案的间接证据已经查证属实；

（二）据以定案的间接证据之间相互印证，不存在无法排除的矛盾和无法解释的疑问；

（三）据以定案的间接证据已经形成完整的证明体系；

（四）依据间接证据认定的案件事实，结论是唯一的，足以排除一切合理怀疑；

（五）运用间接证据进行的推理符合逻辑和经验判断。

根据间接证据定案的，判处死刑应当特别慎重。

第三十四条 根据被告人的供述、指认提取到了隐蔽性很强的物证、书证，且与其他证明犯罪事实发生的证据互相印证，并排除串供、逼供、诱供等可能性的，可以认定有罪。

第三十五条 侦查机关依照有关规定采用特殊侦查措施所收集的物证、书证及其他证据材料，经法庭查证属实，可以作为定案的根据。

法庭依法不公开特殊侦查措施的过程及方法。

第三十六条 在对被告人做出有罪认定后，人民法院认定被告人的量刑事实，除审查法定情节外，还应审查以下影响量刑的情节：

（一）案件起因；

（二）被害人有无过错及过错程度，是否对矛盾激化负有责任及责任大小；

（三）被告人的近亲属是否协助抓获被告人；

（四）被告人平时表现及有无悔罪态度；

（五）被害人附带民事诉讼赔偿情况，被告人是否取得被害人或者被害人近亲属谅解；

（六）其他影响量刑的情节。

既有从轻、减轻处罚等情节，又有从重处罚等情节的，应当依法综合相关情节予以考虑。

不能排除被告人具有从轻、减轻处罚等量刑情节的，判处死刑应当特别慎重。

第四十一条 本规定自二〇一〇年七月一日起施行。

四、《最高人民法院关于审理人身损害赔偿案件适用法律若干问题的解释》重点条文

第二条 受害人对同一损害的发生或者扩大有故意、过失的，依照民法通则第一百三十一条的规定，可以减轻或者免除赔偿义务人的赔偿责任。但侵权人因故意或者重大过失致人损害，受害人只有一般过失的，不减轻赔偿义务人的赔偿责任。

适用民法通则第一百零六条第三款规定确定赔偿义务人的赔偿责任时，受害人有重大过失的，可以减轻赔偿义务人的赔偿责任。

第三条 二人以上共同故意或者共同过失致人损害，或者虽无共同故意、共同过失，但其侵害行为直接结合发生同一损害后果的，构成共同侵权，应当依照民法通则第一百三十条规定承担连带责任。

二人以上没有共同故意或者共同过失，但其分别实施的数个行为间接结合发生同一损害后果的，应当根据过失大小或者原因力比例各自承担相应的赔偿责任。

第四条 二人以上共同实施危及他人人身安全的行为并造成损害后果，不能确定实际侵害行为人的，应当依照民法通则第一百三十条规定承担连带责任。共同危险行为人能够证明损害后果不是由其行为造成的，不承担赔偿责任。

第六条 从事住宿、餐饮、娱乐等经营活动或者其他社会活动的自然人、法人、其他组织，未尽合理限度范围内的安全保障义务致使他人遭受人身损害，赔偿权利人请求其承担相应赔偿责任的，人民法院应予支持。

因第三人侵权导致损害结果发生的，由实施侵权行为的第三人承担赔偿责任。安全保障义务人有过错的，应当在其能够防止或者制止损害的范围内承担相应的补充赔偿责任。

安全保障义务人承担责任后，可以向第三人追偿。赔偿权利人起诉安全保障义务人的，应当将第三人作为共同被告，但第三人不能确定的除外。

　　第七条　对未成年人依法负有教育、管理、保护义务的学校、幼儿园或者其他教育机构，未尽职责范围内的相关义务致使未成年人遭受人身损害，或者未成年人致他人人身损害的，应当承担与其过错相应的赔偿责任。

　　第三人侵权致未成年人遭受人身损害的，应当承担赔偿责任。学校、幼儿园等教育机构有过错的，应当承担相应的补充赔偿责任。

　　第八条　法人或者其他组织的法定代表人、负责人以及工作人员，在执行职务中致人损害的，依照民法通则第一百二十一条的规定，由该法人或者其他组织承担民事责任。上述人员实施与职务无关的行为致人损害的，应当由行为人承担赔偿责任。

　　属于《国家赔偿法》赔偿事由的，依照《国家赔偿法》的规定处理。

　　第九条　雇员在从事雇佣活动中致人损害的，雇主应当承担赔偿责任；雇员因故意或者重大过失致人损害的，应当与雇主承担连带赔偿责任。雇主承担连带赔偿责任的，可以向雇员追偿。

　　前款所称从事雇佣活动，是指从事雇主授权或者指示范围内的生产经营活动或者其他劳务活动。雇员的行为超出授权范围，但其表现形式是履行职务或者与履行职务有内在联系的，应当认定为从事雇佣活动。

　　第十条　承揽人在完成工作过程中对第三人造成损害或者造成自身损害的，定作人不承担赔偿责任。但定作人对定作、指示或者选任有过失的，应当承担相应的赔偿责任。

　　第十一条　雇员在从事雇佣活动中遭受人身损害，雇主应当承担赔偿责任。雇佣关系以外的第三人造成雇员人身损害的，赔偿权利人可以请求第三人承担赔偿责任，也可以请求雇主承担赔偿责任。雇主承担赔偿责任后，可以向第三人追偿。

　　雇员在从事雇佣活动中因安全生产事故遭受人身损害，发包人、分包人知道或者应当知道接受发包或者分包业务的雇主没有相应资质或者安全生产条件的，应当与雇主承担连带赔偿责任。

　　属于《工伤保险条例》调整的劳动关系和工伤保险范围的，不适用本条规定。

　　第十二条　依法应当参加工伤保险统筹的用人单位的劳动者，因工伤事故遭受人身损害，劳动者或者其近亲属向人民法院起诉请求用人单位承担民事赔偿责任的，告知其按《工伤保险条例》的规定处理。

　　因用人单位以外的第三人侵权造成劳动者人身损害，赔偿权利人请求第三人承担民事赔偿责任的，人民法院应予支持。

　　第十三条　为他人无偿提供劳务的帮工人，在从事帮工活动中致人损害的，被帮工人应当承担赔偿责任。被帮工人明确拒绝帮工的，不承担赔偿责任。帮工人存在故意或者重大过失，赔偿权利人请求帮工人和被帮工人承担连带责任的，人民法院应予支持。

　　第十四条　帮工人因帮工活动遭受人身损害的，被帮工人应当承担赔偿责任。被帮工人明确拒绝帮工的，不承担赔偿责任；但可以在受益范围内予以适当补偿。

　　帮工人因第三人侵权遭受人身损害的，由第三人承担赔偿责任。第三人不能确定或者没有赔偿能力的，可以由被帮工人予以适当补偿。

参考文献

［1］艾理生主编：《公务员面试专项突破》，经济日报出版社 2007 年版。

［2］燕继荣、王水主编：《国家公务员招录面试演讲词精选》，上海三联出版社 2006 年版。

［3］《国家公务员录用考试实战系列教材》编写组编：《公务员面试真题 1000 道详解——国家公务员录用考试实战系列教材》，中国建材工业出版社 2005 年版。

［4］张汉夫主编：《2005 国家公务员录用考试面试教程》，朝华出版社 2004 年版。

［5］蒋娇主编：《挑战 500 强面试官——新东方大愚求职系列丛书》，群言出版社 2006 年版。

［6］王丽平、谢文辉主编：《面试宝典：30 位求职者名企面试攻略》，中国时代经济出版社 2007 年版。

［7］刘东辉、刘琼编：《面试指南》，湖南人民出版社 2007 年版。

［8］周盈主编：《面试教程》，中国铁道出版社 2007 年版。

［9］陈国强编著：《面试礼仪与口才》，中国经济出版社 2007 年版。

［10］《公务员录用考试新思维系列教材》编写组编：《面试高分攻略》，经济日报出版社 2007 年版。

［11］石志夫、俸锡金编：《面试的方法与技巧——国家公务员录用考试公共科目专用教材》，中国铁道出版社 2005 年版。

［12］蓝天著：《我能！求职应聘实战指南》，北京大学出版社 2005 年版。

［13］朱庆芳主编：《国家公务员考试全国通用教材：面试》，中央文献出版社 2004 年版。

［14］马德顺主编：《面试考试题解》，机械工业出版社 2004 年版。

［15］北京全品教育研究所组编：《面试》，光明日报出版社 2004 年版。

［16］杨毅宏等编：《世界 500 强面试实录——世界 500 强通用选人标准与在华实践的真实记录！》，机械工业出版社 2005 年版。

［17］刘小平、邓靖松编：《现代人力资源测评理论与方法》，中山大学出版社 2006 年版。

［18］王垒主编：《人力资源管理》，北京大学出版社 2003 年版。

［19］刘耀中编著：《人员测评》，中国纺织出版社 2003 年版。

［20］［新西兰］泰勒、奥德里斯科尔著：《结构化面试方法——现代职业生涯规划系列教材》，时勘等译，中国轻工业出版社 2006 年版。

［21］［美］弗莱著，连丹波、范辉政译：《好好准备面试：101 个必须掌握的求职技巧》，中国劳动出版社 2004 年版。

［22］［美］马克·P. 科森提诺著：《发现工作力——决定面试成败的22个实践案例》，黄敏、晓凡译，经济管理出版社2004年版。

图书在版编目（CIP）数据

云南省法检两院录用工作人员考试. 面试教程/马
慧娟等编著. —昆明：云南大学出版社，2015
ISBN 978 - 7 - 5482 - 2294 - 1

Ⅰ.①云… Ⅱ.①马… Ⅲ.①法律工作者—资格考试
—自学参考资料 Ⅳ.①D92

中国版本图书馆 CIP 数据核字（2015）第 081523 号

云南省法检两院录用工作人员考试
面试教程

马慧娟等　编著

策划编辑：李俊峰
责任编辑：李　红
封面设计：刘文娟
出版发行：云南大学出版社
印　　装：昆明卓林包装印刷有限公司
开　　本：787mm×1092mm　1/16
印　　张：10.75
字　　数：259 千
版　　次：2015 年 5 月第 1 版
印　　次：2015 年 5 月第 1 次印刷
书　　号：ISBN 978 - 7 - 5482 - 2294 - 1
定　　价：33.00 元

社　　址：云南省昆明市翠湖北路 2 号云南大学英华园内
　　　　　（邮编：650091）
发行电话：0871 - 65033244　65031071
E - mail：market@ ynup. com